U0643591

"十四五"国家重点出版物出版专项规划项目

重大出版工程规划

中华元典学术史丛书

总主编
李振宏

汉书

学术史

曲柄睿 著

山东城市出版传媒集团·济南出版社

图书在版编目（CIP）数据

《汉书》学术史/曲柄睿著. —济南：济南出版
社，2022. 11

（中华元典学术史／李振宏主编）

ISBN 978 – 7 – 5488 – 5448 – 7

Ⅰ. ①汉… Ⅱ. ①曲… Ⅲ. ①中国历史—西汉时代—
纪传体 ②《汉书》—研究 Ⅳ. ①K234. 104. 2

中国版本图书馆 CIP 数据核字（2022）第 221294 号

《汉书》学术史
HANSHU XUESHUSHI

出 版 人	田俊林
图书策划	朱孔宝　张雪丽
责任编辑	宋　涛　张慧敏　孙　愿
装帧设计	牛　钧

出版发行　济南出版社
地　　址　山东省济南市二环南路 1 号（250002）
发行热线　0531 – 86922073　67817923
　　　　　　　　86131701　86131704
印　　刷　山东临沂新华印刷物流集团有限责任公司
版　　次　2022 年 11 月第 1 版
印　　次　2023 年 1 月第 1 次印刷
成品尺寸　148mm×210mm　32 开
印　　张　10. 75
字　　数　205 千
定　　价　68. 00 元

（济南版图书，如有印装错误，请与出版社联系调换。
联系电话：0531 – 86131736）

总　序

从春秋战国到秦汉之际，中国历史经历了一个长达六百年的大动荡、大变革时代。在这场深刻的历史变迁中，此前思想文化领域中各种处于萌芽状态的意识形态、哲学观念、历史意识、宗教神学、文化科学等，都以成熟的形态凝聚、荟萃，而涌现出一批文化元典，为后世中华文化的发展，奠定了一个义域广阔的开放性基础。这些文化元典，包括传统所谓"六经"和先秦诸子之书，历史地奠定了中国文化的发展道路，塑造了中国文化的精神面貌，中国传统文化的文化基因，就深埋在这批文化典籍之中。

这批文化典籍以及后世原创性的具有开创意义的文化典籍，传统称之为"中华经典"，从 20 世纪 90 年代开始，人们改用"元典"的称谓。这一改变确有深意，但却为人留下疑惑。以笔者之见，这一称谓的改变，反映着文化观念的一大进步。"经典"表征着典籍的神圣性和权威性，经典思想意味着它的只能遵循而不能分析和质疑的属性，经典思维束缚了思想的发展。我们知道，马克思主义哲学的本质属性是其革命性和批判性，它要求我们以科学理性的态度对待传统文化，要求我们从对

"经典"膜拜和盲从的传统积习中解放出来，以更科学的态度对待传统，以更理性的态度研究传统。从"经典"到"元典"，这一典籍称谓的改变，意味着我们对传统文化的研究，正在走上更为科学而理性的道路。那么，何谓"元典"？

　　元者，始也，首也，意谓"第一"和"初始"。这是中国最早的一批文化典籍，对于后世思想文化的发展，具有初始意义。

　　元者，大也，意谓宏大而辽阔。这批文化典籍提供的思想场域，涵盖了后世中国思想发展的诸多问题意识，具有全覆盖的特点。

　　元者，善也，吉也，有美好、宝贵和嘉言之意。这批文化典籍提供了后世中国最宝贵、善良和美好的思想修养资源。

　　元者，基也，根也，具有基础、根本、本源之意。这批文化典籍是后世中国文化的基础和出发点，一切思想元素都来源于此，一切思想的发展都以此为根基。

　　元者，要也，有主要、重要之意。这批文化典籍不是中国文化典籍的全部，但却是中国文化中最重要、最核心的部分。

　　总之，"元典"包含有始典、首典、基本之典及大典、善典、宝典等意蕴。"元典"称谓，既在某种程度上包含了传统的圣典、经典之义，又避开了对传统典籍非理性尊崇的嫌疑。

这是笔者以前曾经做过的表述，转述于斯。这批文化元典，包含了中国文化的基本要义，奠定了后世中华文化的发展方向，但并不意味着由文化元典所奠定的文化精神是一成不变的。从先秦元典到现代的中华文化，是一个生成、发展、传承、演变而不断提升的历史过程，是一个思想发展的生生不息的过程。

思想发展的动力何在？马克思、恩格斯说过："思想的历史除了证明精神生产随着物质生产的改造而改造，还证明了什么呢？"（《马克思恩格斯选集》第1卷，人民出版社1995年版，第292页）的确如此，中国元典精神的发展，就是和中国社会经济的发展、中国历史进程的演变，平行而进的。中国历史的每一次变革，以至每一个新的历史时代，都催促当时代哲人从元典著作中寻找答案，并从新的历史条件出发，对元典著作做出符合新时代需要的创造性阐释，为时代的发展提供精神动力。这种不断地返本开新的思想创造活动，就形成了生生不息的元典文化的学术史、思想史。

历代学人对元典精神的时代性阐释，都是元典文化精髓在更高层次上的发扬和转换，是将原有文化元典本已蕴含的文化意蕴在新形势下重新发现、重新唤起，并赋之以新的生命活力。这样，历代学人对文化元典的重新阐释，就构成了中华文化精神的发展史。我们今人所继承的中华文化传统，就是这样伴随着时代的发展在不断的阐释中形成的。中国文化精神，不仅深埋在固有的文化元典中，也活跃在历代学人对元典不断阐释的学术史之中。而要认识今天中国文化的基本精神，理解这种文化的思维特性，洞彻我们的民族心理，就需要下功夫去做元典学术史的研究工作，并把研究的成果向社会推广。济南出版社策划出版的这套《中华元典学术史》丛书，立意就正在这里。本丛书的组织者，希望我们的社会大众，能够在这套书中，看到我们民族文化的精髓和内核，了解中国思想文化发展的历史轨迹，明白民族文化的发展趋势和历史走向，从而更加科学而理性地看待我们所传承并将继续发扬光大的民族文化传统。

从这样的著述宗旨出发，我们要求著述者坚持学术史研究最重要的方法论思想，深刻揭示元典著作被不断阐述、返本开新的时代内涵，从中国历史的发展过程中阐释元典精神的生命力；

从学术史著述的基本特性出发，我们要求著述者严格遵循传统的"辨章学术、考镜源流"的学术史逻辑，清晰地描述元典精神发展演变的历史线索，以揭示中国文化精神的思想轨迹；

从本丛书的社会使命出发，我们要求著述者偏重从思想史的角度，梳理元典思想发展的线索，而不囿于传统元典研究的文献考订方面，将读者定位于社会大众，希望社会读者能够真正得到思想的启发；

从本丛书的预期效果出发，我们要求著述者恪守"学术著作、大众阅读"的著述风格，要求在坚持学术性的同时强调可读性，把适合大众阅读作为在写作方面的基本原则。

经过几年的努力，本丛书终于要和读者见面了。自我检视，这些著述已经实现了丛书设计者的初衷，达成了预期目标，可以放心地交给社会大众去接受检验了。当然，文化著述的最终评判者是读者，是真正喜欢它们的社会大众。我们真诚地希望丛书可以唤起人们对元典文化的热爱，唤起人们对自我文化传统学术史和思想史的关注，从民族文化的历史脉络中汲取营养，从而更自觉地承担起传承中华民族优秀文化传统的历史使命。

李振宏

2022 年 7 月 20 日

目 录

序　章

《汉书》的历史意义和史学价值

宋代诗人陆游留下了这样的诗句：

> 三黜归来结草庐，平生狂态扫无余。
>
> 但思下帷授《老子》，那复骑牛读《汉书》。
>
> 历历旧游浑似梦，萧萧残发不胜梳。
>
> 闲中事业君知否？不把渔竿即荷锄。

在这首题为《舟中遣怀》的诗中，陆游提到了两个典故。其一，下帷讲授《老子》者乃西汉末年隐士严君平。因感汉政将乱，他隐居于成都，以卖卜为生，闲时以讲授《老子》自娱。其二，骑牛读《汉书》者乃隋唐之际的大英雄李密，他曾将《汉书》挂在牛角之上，一边骑牛一边阅读。两个典故一隐一显，一静一动，表达了诗人惫于事业的情态。相反，阅读《汉书》成了有志功名的象征。

清人缪烜同样借《汉书》排遣抑郁，在题为《夜读》的诗中他说："铩羽归来叹索居，侯门寄食漫踟蹰。笑他浊酒瓶长馨，雨冷灯微读《汉书》。"凄清风雨时刻，面对人生事业的委顿，诗人选择在《汉书》与浊酒的陪伴下度过漫漫长夜。

类似的诗作还有很多。我们不禁要问，诗人饱经沧桑、历尽磨难之后选择阅读的《汉书》，究竟是一部怎样的著作，其中又寄托了怎样的期待呢？

《汉书》是东汉史学家班彪（3—54）与班固（32—92）、班昭（约45—约117）两代人及马续合力完成的中国古代第一部纪传体皇朝史。纪传体指的是史书的体裁，包含以皇帝为编年单元的"本纪"、以公卿大夫等人为主要叙述对象的"列传"、容纳皇朝各种制度的"志"、按时间线索排列皇朝大事的"表"等。这种史学体裁经司马迁（约前145—约前86）开创，至班固修订成熟，成为此后中国古代皇朝正史的基本撰述模式。皇朝史指的是以单一皇朝为书写对象的史书。司马迁的《史记》是一部纪传体通史，上起传说中的黄帝，下至汉武帝（刘彻，前156—前87），叙述了夏商周秦汉五个朝代的历史，并不能算作皇朝史。班彪、班固父子并不满意司马迁的做法，他们"断汉为史"，用纪传体的体裁单独叙述西汉一代的历史，开创了皇朝史的撰述传统。

如此看来，《汉书》在体裁和内容上，都有开创之功。

先说《汉书》记载的历史对象西汉。今日人们回顾中国古代历史，都习于歌颂强汉盛唐。西汉是中国古代国力强大的时代。汉高祖刘邦（前256—前195）提三尺剑，平秦灭楚，开创了布衣将相之局。汉文帝刘恒（前202—前157），轻徭薄赋，待民以宽，逐步地恢复了社会经济，拉开了"文景之治"的序幕。特别是汉武帝时，汉朝在文化上取得了大繁荣，名人异士辈出；在军事上北逐匈奴，开疆拓土，进入了极端繁荣的时代。此后的汉宣帝刘询（前 91—前 48）勤于吏治，思复武帝之功，为西汉迎来了中兴时刻。西汉是古人向往的英雄时代，如同暗夜中的繁星熠熠生辉。

再说《汉书》的体裁。在《史记》以前，古代的史书基本上以编年体为主，按照时间顺序记载王朝大事，其典型代表就是鲁国史书《春秋》。不过《春秋》记事非常简略，一年中只记有限的几件大事，被今日学者戏称作"十大新闻"式的史书，并不能帮助人们详细了解历史。为了补充《春秋》叙事，解释其中道理，为《春秋》作注解的"传"出现了。在各种注解《春秋》的"传"中，以《左传》记录的事件最为丰富，它保留了《春秋》按照时间顺序排列事件的体例，又增加了很多内容，将零星的记录串联起来，形成了更为完整的历史记载。这种史书，后人称之为编年体。编年体史书符合事件发生发展的一般顺序，好处是便于人们了解一件事情的起源、经过、结果，缺点是有些事件时间跨度太大，以致人们读到了结果，却忘记了起因。纪传体史书叙述的核心是人，好处是在单一人物的传记里可以读到某一事件的全貌，缺点是无法清晰呈现事件的时间线索。不过，自春秋战国以降，社会上兴起一股"人之发现"的潮流，人的价值逐渐超越了神，因此以人为核心的纪传体史书虽不能称作完美，却取代了编年体史书，成为汉代以后史学体裁的主流。

《汉书》顺应了"人之发现"的潮流，又突出了西汉的伟大，成为在体裁和内容上都别具一格的著作，特别是其"断汉为史"的做法，树立了用史学肯定王朝正统的标杆，成为后代政权不断效法的对象。后人仰视西汉，可以绕过《史记》而只读《汉书》；后代政权要确立自己的正统，则会通过修撰前朝历史和本朝国史的做法予以强化。这些活动都始于《汉书》。

与此同时，《汉书》的内容包罗万象，举凡天文地理、山川沟洫、世间百态，都在其中有所体现。班固素有"博洽"之称，是东汉初首屈一指的大知识分子。后来的政治家和学者，通过《汉书》了解西汉的政治制度、法律体系、军事方略，并作为本朝行政的参考。许多抽绎《汉书》某一类知识或者删削节略《汉书》而成的专书也出现了，为后代王朝建立自己的国家典制提供了帮助。在类书大量涌现之前，《汉书》发挥了百科全书的作用。即便是类书出现之后，人们仍认真研读《汉书》，从中汲取知识和经验。

更值得一提的是班固的精彩文笔。曹魏刘劭认为可以称作人之特长的"人流之业"有十二种，"文章家"即其一。他说"能属文著述，是谓文章""文章之才，国史之任也"（《人物志·流业》），其中的代表便是司马迁、班固。今人熟悉鲁迅先生评价《史记》是所谓"史家之绝唱，无韵之《离骚》"，却很少有人知道，古代人们同样认可班固的文章高妙，并不逊于司马迁，他们热衷阅读《汉书》，也希望从中运化出写作的灵感与才情。

若仅仅如此，《汉书》即便成为统治者喜爱的史书，也未必能成为知识阶层喜欢阅读的书籍，更无法成为慰藉逆境中人们心灵的良药。所以《汉书》一定还另有魅力，等待我们发现。

班彪曾经批评司马迁只有为富豪和侠客立传的兴趣，而缺乏为隐士与有德之士记载的耐心。因而，《汉书》不但为富豪与侠客立传，同时也补充了更多的仁义之士与守节之辈。在班氏父子完成的这部书里，不仅可以读到王朝流转变迁宛若星汉运行的宏大历史，也能看到一二平凡如草木但仍旧坚忍执着的生命。比如前面提到的严君平，他之所以隐居于成都，平日卖卜，闲时讲习《老子》，并不仅仅是为隐居而隐居，而是因为汉成帝（刘骜，前51—前7）时大将军王凤辅政，西汉已现末世衰相，他无意于此倾颓之世屈身富贵而已。《汉书》更记载了苏武的个人经历。汉武帝时，苏武出使匈奴被困，单于将他置于北海荒无人烟处牧羊，没有粮食的时候，苏武便挖掘野鼠所藏而食。即便在这样艰苦的条件下，苏武仍卧起不离汉朝信物节杖，久而久之，节旄尽落。后苏武得归，同样陷于匈奴的李陵在为他送行时说："今足下还归，扬名于匈奴，功显于汉室，虽古竹帛所载，丹青所画，何以过子卿!"苏武功业，已经为当时人所深深叹服。然而苏武返国后第二年，却因为卷入宫廷政治斗争未能封侯。虽尽忠于国，个人遭际却异常坎坷，对于苏武这样的情况，班固也照实记录。

正是班固坚持如实记录个体的生命历程，使得《汉书》不仅具有皇朝史书的价值，更有了人生史与心灵史的意义。司马迁撰述《史记》时立下"究天人之际"的抱负，记载历史不光有着保存史料的目的，也有探讨生命价值的初衷。在《史记·伯夷列传》中，司马迁发出经典般的疑问：有人说"天道无亲，常与善人"，可是像伯夷、叔齐这样的善人，积仁洁行反而饿死了，更不用说仲尼弟子中那些安贫乐道、守志不改的人往往短命了；反观古代的大盗盗跖，每天以杀害无辜的人为乐，最后竟然享有高年寿考。近代那些操行不轨、专犯忌讳的坏人，终身逸乐，富厚累世；而那些正身行道、仗义执言之辈却遭灾遇祸。由此，司马迁不禁困惑地发出"傥所谓天道，是邪非邪"的拷问。对命运不公的追问，对功业难成的怅惘，对世事无常的慨叹，在自纪传体史书初创的时代，就已经成为其基本的标识，烙印在文字中，融化在精神里。

班彪、班固父子继承了司马迁拷问命运的传统，更将有限生命与无限时间之间不可调和的矛盾通过一个又一个鲜活的形象凸显出来。个体生命的叠加绝非时代图景的总和，历史洪流的运动也不应掩盖每个人的挣扎与斗争。与其说《汉书》提供了西汉历史的全景式鸟瞰，不如说它通过描述这个时代的不同层次的色彩，绘饰若干有穿透力的线条，采择数个耀眼的光点，给出了一个时代的立体样貌。它并不全面，甚至还有缺陷，有的地方存在大量的留白。但是因为它独特，因为它跳跃，也因为它充满力量，所以它比那种面面俱到的史著更为饱满丰饶。

换言之，《汉书》能够吸引历代人物念兹在兹，不光因为它有历史价值和史学意义，还因为在这部书中，每个人都能找到自己的影子，找到自己在古代历史中的幻象。千江有水千江月，大英雄读《汉书》和隐逸士读《汉书》自不相同，而古往今来，有多少隐逸士原本是大英雄，又有多少大英雄成了隐逸士呢？正因为如此，《汉书》长盛不衰，常读常新，历代皇帝读它，士子读它，就连乡里塾师、童蒙稚子也读它，它本身成了一个文化符号与精神象征。借由它，人们获得了自身的历史投射，也求得了时空中的精神坐标。

以今日的眼光看，《汉书》是一部历史书。但以古人的眼光看，《汉书》是一部知识手册、典仪大全、治国方略、文学范本，同时也是极目骋怀、寄托心志的情感之书，不同要素共同孕育于一身，汇成复调。于是，为了更好地读懂《汉书》、理解《汉书》，自东汉以降，历代不断涌出《汉书》学者，他们或注释词句，或训诂音义，或考订名物，或勘核版本，或品评人物，或论述史例，将研习《汉书》上升到学术史意义的高度，形成了中国古代学术长河中蔚为壮观的《汉书》学术史潮流。《汉书》本身的复调奏鸣，演变成历代《汉书》学者的大合唱与交响乐，鼓荡不绝，流响至今。

以下即将呈现在各位读者眼前的，就是粗略勾勒《汉书》学术史发展流变的一部小书，上起班氏父子创制《汉书》，下讫当代学人研究《汉书》，凡近两千年事，并不面面俱到，只叙说《汉书》学发展过程的起承转合及其关节要处。希望读者能由此书，对《汉书》及以之为代表的中国古代史学稍微有些兴趣，便是作者最为欣慰之事了。

第一章
《汉书》的形成

　　《汉书》继承了《史记》开创的纪传体体裁，断汉为史，确立了纪传体断代史的写作模式，成为后代王朝正史的范本。

　　班氏家族两代三人不懈努力撰述《汉书》，既受到两汉学术风气转换的影响，也面临东汉初政治环境的压力。《汉书》的形成史，既是汉代学术史的缩影，也是东汉政治史的反映。

《汉书》为何而作

《汉书》是在东汉时编撰完成的。如果从班彪在东汉光武帝建武年间（25—56）立志创作《后传》开始算起，到班固开始撰写《汉书》，再至东汉和帝时（89—105）班昭、马续续成《汉书》八表及《天文志》为止，整个《汉书》的编撰过程持续了数十年。

换言之，《汉书》不是一时、一人的作品，而是穷班氏家族数人之力、承东汉初学术昌明之风、得当代一流学者之助而完成的一部史书。今日读者都了解班固是《汉书》的作者，诚然不错；但是这部伟大作品实际上凝结了数人数十年的心血，其间经历了众多挑战与波折，此番情状也不宜为后人遗忘。

班氏家族为什么编撰《汉书》？

以今天的常识来忖度，后代为前代修史是一件再正常不过的事情。可是如果对中国古代史学稍有了解，就会发现这个"常识"的形成并没有那么简单。首先，所谓的后代为前代修史，指的是官方修史制度。这种制度的真正定型，其实是在唐代。其次，在唐以后官方修史的制度设计中，官方认证的前代史书只有一种。这两点在今人的头脑中或许没有明确形成，但隐隐约约的印象却早已根深蒂固。随便信步至一家稍具规模的书店，能够看到的各种装帧、各种版式、各种升级变形的"二十四史"，都是类似"常识"引导下的结果；同时，这些"二十四史"进一步形塑了人们的史学观念，使人们愈发坚信，中国古代一朝唯有一部史书。

实际上，在魏晋南北朝时期，私人修史风气盛行，基本没有定型的后代为前代修史的制度，也没有限定每一时代只能有一部史书。比如，人们耳熟能详的《三国志》，其实就是一部私修史书，不过是因为陈寿（233—297）在西晋受到朝中高官张华等人的赏识，得到了时人"善叙事，有良史之才"的评价，他撰述的史书才获得了超越众家三国史的地位。位列"二十四史"的《后汉书》，作者是南朝刘宋的范晔（398—445）。在他之前与之后，尚有三国时谢承，魏晋时薛莹、张璠，西晋时司马彪、华峤，东晋时袁宏、谢沈、张莹、袁山松，南朝刘宋时刘义庆，南朝萧梁时萧子显等人曾著述关于东汉历史的著作。范晔的《后汉书》获得超迈众史的地位，也经历了漫长的过程。

所以说班氏家族开始编撰《汉书》，并不是官方指定的修史工作。

今日的常识中还有一种观念，即盛世修史。这种观点其实也颇为可疑。上述魏晋南北朝时的诸多史书，其成书环境都未必当得上"盛世"二字。

西晋承三国余绪，百废待兴而主昏政谬。晋武帝（司马炎，236—290）时宰辅何曾在一次侍奉皇帝宴饮结束后与儿子们谈论道："国家应天受禅，创业垂统。吾每宴见，未尝闻经国远图，惟说平生常事，非贻厥孙谋之兆也。及身而已，后嗣其殆乎！"（《晋书·何曾传》）司马炎没有经国远略，使西晋在立国之初就萌亡国之兆。他死后，朝中既缺乏强力大臣辅政，又没有德行高妙之人扶持，加之清谈盛行导致不重事功、崇述虚华的政治风气，终于使女主虐于内、宗王乱于外。东晋干宝在《晋纪·总论》中描述西晋礼乐刑政崩坏的情形是"如室斯构，而去其凿契；如水斯积，而决其堤防；如火斯畜，而离其薪燎也"。就此看来，西晋绝对算不上盛世。

东晋南朝长期与北方少数民族政权对峙，虽然存在短时间的和平局面，但从整体历史发展来看，双方的互相征讨以及南朝内部的变乱和攻战几乎没有片刻停歇，这一时期恐怕也难以冠以盛世之名。

再看《汉书》形成的东汉初年。经两汉之际长期的动荡与征战，东汉政权建立起来了，但它的社会基础尚不稳固。一方面，大量的人口依附在豪强的荫蔽之下，无法提供徭役赋税，延缓了国家经济的复苏。另一方面，东汉政权是各地豪强互相承认妥协的产物。南阳的刘氏皇族通过联姻、封赏等手段，换取了地方豪强对他们统治地位的支持，由此遗留的隐患便是在中央外戚坐大，干涉朝局；在地方豪强典政，主导乡里。光武帝刘秀（前5—57）笃信谶纬之学，对善言谶者拔擢显位、不欲言者便加贬抑，而且他的格局不是很大，执政酷烈且严苛，导致东汉初政治风气呈现一种迷幻混沌又紧张急切的状态。尽管刘秀在统治末年有封泰山、禅梁父的举措，试图宣告天下已入太平之世，不过就当时边患频仍、灾害不断的局面来说，东汉还远谈不上盛世，充其量是进入了恢复发展的稳定时期。

所以说班氏修史的举措，也不是盛世修史风气感召影响的结果。

仔细考察班彪修史的工作可发现，这其实是中国古代民间修史、私人修史传统的延续。

私人修史的工作起源甚早。史称孔子（前551—前479）删定《春秋》，或许应该被看作私人修史之始。《春秋》是先秦时期各国史书的通行名称，《墨子·明鬼》中记有周、燕、宋、齐各国《春秋》，《隋书·李德林传》引作"百国《春秋》"。孔子对《春秋》加以删改，后人认为其中蕴含了夫子的微言大义，有无量价值。孔子究竟在《春秋》中隐藏了自己的何种想法，在这里不作讨论，但是孔子将自己的想法通过历史表达出来，却为后世私人修史以寄托己见的做法开了先河。

中国古代历史的经验提示：家族往往是传承学术文化的载体。政治气氛紧张时，他们是文化的保护者；政治环境清明时，他们是文化的创造者。正是一个又一个学术性家族的存在，使得中国古代的文化在一定程度上能够摆脱王朝更迭、异族统治和政治动荡的影响，保持相对稳定的连续发展。班氏家族独特的政治地位和文化水平，自然为他们编撰《汉书》提供了保证。

《汉书》还有一个亲缘关系最近的文本——《史记》。如果没有司马迁编撰《史记》，由此开创了"以人叙传"的风气；如果没有《史记》传布之后，西汉学术界掀起续修《史记》的热潮，积累了大量成果，恐怕很难讲中国历史上会不会出现《汉书》这么一部著作。

以下，便逐一讨论促发《汉书》形成的各个要素，以便读者明了《汉书》之"前史"。

汉武帝时代的司马迁与《史记》

讨论《汉书》，不能不从《史记》讲起；讨论《史记》，则不能不了解诞生《史记》之汉武帝时代；讨论汉武帝时代，又不能不从秦亡汉兴的历史说起。

《汉书·公孙弘卜式兒宽传》"赞"中描述了汉武帝时代的风貌："汉兴六十余载，海内艾安，府库充实，而四夷未宾，制度多阙。上方欲用文武，求之如弗及，始以蒲轮迎枚生，见主父而叹息。群士慕向，异人并出。"简单的几句话，勾勒出这个时代非凡的状貌。

经济上，汉武帝即位之初，国家府库充盈，据说太仓的粟米堆积如山，竟满溢出来腐败不能食用；钱库中所藏钱币因绳索腐烂不能清点总数；各地街巷中都有马匹，阡陌之间成群结队，如果乘一匹母马去参加聚会，同行的人都会觉得不体面；看守街道的小人物都能吃上精米肉食；为吏者将职业传递给子孙，还有些世代担任同一官职者以官为姓氏。这个时代，"人人自爱而重犯法，先行义而后绌耻辱"（《史记·平准书》）。

政治上，经过汉高祖、汉惠帝（刘盈，前 210—前 188）、汉高后（吕雉，前 241—前 180）、汉文帝、汉景帝几代统治者的恢复，到了汉武帝统治时期，实现了最安定的局面。不过这个安定局面，确实来之不易。

汉承秦制，所承者包括据秦之地、用秦之人、承秦之制。①其中，最为主要者是承秦律法、官僚制度、郡县制度。秦始皇（嬴政，前259—前210）统一六国之后，面对空前广袤的国土，也曾疑惑应该以何种方式来统治。摆在他面前的有两条路，一条是延续周王朝的分封制，以宗法血缘为基础，将宗室子弟分封至各地；另一条是继承并扩大战国以来的郡县制，在各地设立郡、县两级政府，而所设郡县长官未必从宗室子弟中选择。今天看来，郡县制最有利于中央集权，最能保证国家的统一和稳固，选择它应该不存在什么疑问。可历史的情况并非如此，郡县制的推行不仅面临很大阻力，而且还屡经反复。

嬴政即位后的第二十六个年头（前221），天下归于秦统。丞相王绾向嬴政建议分封诸子至燕、齐、楚等遥远的六国故地镇守，以维护统治。这个建议得到了群臣的一致响应，只有廷尉李斯反对。他认为：周王朝分封子弟很多，初衷当然是"封建亲戚，以藩屏周"，可随着年代推移，各封国血缘关系逐渐淡漠，互相攻击好像仇人一般，连周天子都不能禁止，更别说期待他们供奉守卫周室了。所以李斯建议还是以郡县制作为新建立帝国的国家结构形式。

八年后，即秦始皇三十四年（前213），在一次宫廷宴会上，博士淳于越借颂寿之机，再次向嬴政建议效法殷周，推行分封，

---

① 陈苏镇：《〈春秋〉与"汉道"——两汉政治与政治文化研究》，北京：中华书局，2011年，第43—66页。

甚至还搬出了"事不师古而能长久者，非所闻也"的大道理加以论断。这时已经是丞相的李斯重申前论，并强调"五帝不相复，三代不相袭，各以治，非其相反，时变异也"(《史记·秦始皇本纪》)，再一次维护了郡县制。

那么，郡县制此后就彻底在秦代站稳脚跟了吗？这样说也不准确。还是应该用李斯的那句话来回答，即"非其相反，时变异也"。秦推行郡县制，诚然吸取了周末诸侯各自攻伐的教训，但是在各有风俗的六国故地建立秦的郡县，用秦国律法一贯统治，却也忽视了六国故地历史和社会环境的独特性。

目前，学者已经形成共识，认为东方政策的失败是导致秦朝灭亡的根本原因之一。[①] 在东方各国故地，秦朝运用自商鞅变法以后在关中秦境实行有年的法律制度，牢笼黎民，绳墨黔首。从出土的秦法实例来看，秦法虽然有严苛的一面，却也有许多标准化的规定，从今日现代化的视角考虑，倒有几分工业大生产以后的色彩，不能说全无价值。因此，秦法真正令东方各国故地头疼之处在于，其作为外来律法与本地风俗发生矛盾时，并没有留下足够的缓冲时间来调适。《荀子·议兵》说秦"使民也酷烈"，换言之，秦人将律法带到东方时，也带去了急促紧迫的政治风格：追求效率，强调事功，不徇私，不容情。在战国时就被视为"虎狼之国"的秦带来了虎狼之法，造成关东六国故地对秦的印象极差，于是，反秦复国的运动就像浸了油的绳索，只差一个火星就会熊熊燃烧。

秦二世元年（前209），陈胜、吴广发动了大泽乡起义，拉

---

① 王子今：《秦汉区域文化研究》，成都：四川人民出版社，1998年，第348页。

起了亡秦的大旗。陈胜将手下将领派往六国故地，重新建立诸侯国，实行平民王政。陈胜死后，项梁拥立楚国王族后裔熊心为楚怀王，战国的王政又短暂复兴了。而后项羽成为诸侯霸主，又按照在反秦战争中的军功大小分封诸侯王。直到刘邦灭楚重建帝业（前202），短短几年时间，号令三嬗，连司马迁都感叹"自生民以来，未始有受命若斯之亟也"（《史记·秦楚之际月表》）。

如此急切的政权更迭，如此剧烈的历史转变，无不提醒新建立的汉朝要吸取教训。吸取谁的教训呢？秦自不必说了。贾谊的千古名篇《过秦论》已经传递出汉朝君臣念兹在兹地感喟于秦的强大与速亡间的巨大反差。除此之外是不是可以说，汉吸取的教训也包括楚的呢？无论是陈胜之张楚、怀王之楚还是项羽之楚，都打破了秦朝建立的郡县制，恢复了分封制。如果说这个制度没有价值，是纯粹的历史倒退，那么为什么这三个政权要前赴后继、孜孜不倦地恢复它呢？如果它有价值，那么它的价值又在哪里呢？作为在怀王之楚和项羽之楚下都生活过的亲历者，刘邦及汉朝诸臣亲身感受到了秦法与各地风俗的巨大差异，他们未必不会意识到郡县制和分封制在当时历史条件下的作用与局限。

旋兴旋灭的秦和楚，给汉朝君臣上了生动的一课。

西汉建立之初，将天下分为汉中央政府直辖郡和诸侯国，建立了郡国并行的国家结构。在中央政府的直辖郡县内，行汉法；在诸侯国境内，行诸侯法。中央政府的直辖郡范围，大致与秦昭王至秦始皇统一六国前的疆域相当；诸侯王统治的范围，大致与战国时关东六国的疆域相当。汉高祖刘邦设立郡国并行制度，既考虑了在秦国故地行秦法的可行性，又兼顾了关东六国故地的风俗传统；既维护了秦始皇开创的大一统帝国格局，又设计了单一与多元并存的国家结构。汉帝国的政治设计，采秦楚之长，收治安之效，在当时是可行的做法，不能以后世郡县优于封建的眼光来衡量。

汉高祖刘邦最初分封追随自己灭楚的诸大功臣做诸侯王，如韩信、彭越、黥布等人各占数十城，领地千余里，这对于皇权来说威胁太大。刘邦利用数年时间，逐一翦灭异姓诸侯王，分封同姓子弟到各诸侯国做王。不能不说，这时刘邦心里可能还是存着法效殷周的念头，期待同姓诸侯王藩岳坐镇，为国干城。他特地与诸侯杀白马盟誓，限定了皇帝和诸侯之间的权力和义务。白马之盟又称作汉之约或汉法之约，基本内容包括三条：第一，非刘氏不得封王；第二，非有功不得封侯；第三，父子相继，传国不绝。① 前两条是皇帝的权力，即诸侯王由皇帝选择同姓子弟任命，诸侯王不能在境内分封次级诸侯；第三条限定了皇帝和诸侯互相保障的义务，即双方各自承认对方法统延绵不绝。封爵的誓词是"使河如带，泰山若厉。国以永宁，爰及苗裔"（《史记·高祖功臣侯者年表》），意为即使黄河水干、泰山土崩，只要汉朝存在，诸侯便能世代传承。

随着时间推移，汉的同姓子弟也难免像殷周诸侯一样，与中央的关系逐渐疏远。郡国并行制度毕竟是一种权宜之计，当汉中央政府实力足够强大，且政治局势向着有利于中央政府的方向发展时，诸侯国问题被解决是迟早的事。汉景帝时期，以

---

① 曲柄睿：《"高皇帝约"与汉帝位继承原则的确立》，《史林》2013 年第 4 期。

吴王刘濞为首的七个刘姓诸侯王兴兵造反，被汉朝廷迅速镇压。这以后诸侯国的力量越来越弱，汉武帝听从主父偃的建议，设立"推恩令"，允许诸侯王向朝廷申请用本国国土分封自己的所有子弟。于是诸侯国越来越小，再没有能力与中央政府对立了。

汉武帝朝以后，郡国并行制在政治上的影响逐渐减弱了，但是它的存在提示了一种深刻的社会问题，代表着一种不能不让人关注的历史情况。西汉建立后直至汉景帝时期，郡与国之间的矛盾都很尖锐。郡是中央集权的代表，国则是战国分封的余绪。郡国并存的状态，即便在汉朝建立之后依然存在，特别在汉初表现了强劲的生命力。汉朝在统一国家的结构中容纳了对立分裂的要素，这种状态更趋近于战国时的政治形势。由此，有学者便将秦末陈涉起义至汉景帝在位之间的历史称作"后战国时代"，用以表示其独特性。[①] 与后战国时代相匹配的，是汉初的文化呈现出浓厚的战国色彩。《史记》的出现与这一历史时期的独特性密不可分。

司马迁作《史记》的起因被保存在《太史公自序》中，这篇文字是《史记》的序言，是《史记》七十列传的最后一篇，也是司马迁的家族史。司马迁在此文中叙述了司马氏自上古传说时代就掌握天文星历之术，自己的父亲司马谈（约前165—前110）担任汉太史令，以及他自称"太史公"的历史。在这篇自序中，司马迁记录下了司马谈留下的一篇很重要的文章，名为《论六家要指》，讨论自先秦以来的六个主要学术流派，分别是

---

① 李开元：《汉帝国的建立与刘邦集团——军功受益阶层研究》，北京：生活·读书·新知三联书店，2000 年，第 74 页。

阴阳、儒、墨、名、法和道德。司马谈指出，各家学说均有优势，也有局限，只有道德家"不为物先，不为物后，故能为万物主"，是最精微高明者。

西汉自建立以后，一直将黄老学说奉为统治要道。比如继萧何为相的曹参，曾任齐国相。齐地是黄老道家学说兴盛之地，曹参拜当地的黄老学大师盖公为师，学到了"治道贵清静而民自定"的精义。而后他做了汉朝廷的丞相，也秉承了这种理念。到了汉文帝时期，文帝尊崇长者，奉行无为而治。文帝的皇后窦氏，更是雅好黄帝、老子书，命自己的儿孙都学习相关著作。汉武帝即位之初，仍旧是窦太后掌握政权，黄老学说依然保持汉家执政中心理念的地位。即便武帝后来尊崇儒术，可朝堂之中仍充斥着厚重少文的长者与黄老学说的信徒。这说明，长期延续的政治传统，不会因为统治者的更替及新观念的引入就迅速消亡。更可能的情况是，在与新观念的竞争中，旧的传统改头换面，以其他形式继续发挥作用。

司马谈提倡黄老学说固然与西汉政权一直尊崇此说有关，但如果结合前面提到的"后战国时代"来理解，就更能理解司马谈提倡黄老的缘由。战国时期各主要的思想家都意识到了当时社会思想的分裂，并提倡思想的统一。比如《庄子·天下》形容当时的思想界存在"天下大乱，贤圣不明，道德不一。天下多得一察焉以自好"的情形，面临"道术将为天下裂"的局面。《荀子·非十二子》，也举各家学说说明思想界的混乱。即便是当时最大的两个学术派别——儒、墨两家，也面临着"儒分为八，墨离为三"（《韩非子·显学》）的困境。学说纷呈、互相攻击，是政治分裂在文化领域的反映。随着政治一统，文化也会逐渐找到统一的出路。

各家学说统一到哪里呢？《吕氏春秋》给出了答案。《吕氏春秋》是秦庄襄王（前281—前247）及秦王嬴政两朝的相国吕不韦组织门客撰写的一部内容驳杂的著作，《汉书·艺文志》将其归入"诸子略·杂家"，并认为这一派"杂家"提倡"兼儒、墨，合名、法"。这种提法，现在来看，是不是可以在司马谈的《论六家要指》那里找到影子？胡适在论述《吕氏春秋》时说道："这种'病万变，药亦万变'的思想，正是司马谈说的'与时迁移，应物变化，立俗施事，无所不宜'的道家的要旨。"他认为，《吕氏春秋》"是《汉书》时代所谓'杂家'，这便是《史记》时代所谓'道家'"。[1] 也就是说，战国秦汉时代提到的"道家"应该是"黄老道家"，其理论根源就是黄老学说。既然黄老学说能"兼儒、墨，合名、法"，自然代表了思想统一的趋势。有学者指出，《吕氏春秋》以"备天地万物古今之事"为目的，是要为统一帝国提供完备的指导思想和治国方略。[2]《吕氏春秋》设计了秦在政治上统一六国以后的文化蓝图，但由于国祚短促，秦朝未来得及推行具体的文化建设，换言之，文化上战国混乱的状态，并没有随着政治上战国的结束而消亡。

即便到了汉武帝时期，"后战国时代"在文化上依然发挥着影响。汉武帝时期的另一座文化上的丰碑《淮南子》，同样属于"杂家"者流，而其实质也是黄老学说。《淮南子》的成书经历与《吕氏春秋》接近，是汉武帝的族叔淮南王刘安（前179—

---

① 胡适：《中国中古思想史长编》，上海：上海古籍出版社，2013年，第51页。
② 陈博：《从正统道学到黄老思想》，新北市：花木兰文化出版社，2013年，第151页。

前122）组织宾客完成的。这本书的目的是在"观天地之象，通古今之事"的基础上"统天下，理万物，应变化，通殊类，非循一迹之路，守一隅之指"（《淮南子·要略》）。很明显，《淮南子》的主张与《论六家要指》的一致，都是要建立一个学术上的一统局面。政治上结束战国是在秦代，但文化上结束战国的工作秦人没有完成，到了汉武帝时代，随着诸侯国问题的逐渐解决，文化上结束战国的问题应该有一个结论了。初步完成这项工作的，便是《史记》。

当整个汉朝都奉行黄老学说时，司马谈将其作为各家各派学问的终极归旨，是符合当时社会风气和学术传统的做法。司马谈本人"学天官于唐都，受易于杨何，习道论于黄子"，更是亲身投入黄老学说的实践中。他的学术经历同样影响到司马迁。《太史公自序》记载司马迁"年十岁则诵古文"，什么是"古文"？学者指出，汉代提到的"古文"有三个含义，第一是先秦六国古文字及其写本；第二是转写自六国古文字之文本，主要指儒家经传；第三便是先秦古书。司马迁所诵之古文，应该取先秦古书的含义。① 后来，司马迁随孔安国学习《尚书》，随董仲舒（前179—前104）学习《春秋》，通天文历算之学，并一度参与汉武帝时期《太初历》的编订工作。

司马谈死后三年，即汉武帝元封三年（前108），司马迁担任太史令。"史"在汉代有很多含义，既代表具有文字工作的能力，也作为政府部门中文书工作负责人的普遍称呼。太史令主

---

① 陈侃理：《司马迁"年十岁则诵古文"辨——兼及汉代古文经书抄本用字的古今问题》，《文本·思想·史事：汉唐历史文献工作坊论集》，北京师范大学，2016年，第78页。

要负责两项专门的工作，即观测天文及档案管理。司马迁曾在《报任安书》中说："仆之先人，非有剖符丹书之功，文史星历，近乎卜祝之间，固主上所戏弄，倡优畜之，流俗之所轻也。"讲的就是司马谈没有战功，以观星和文字为职守，不受皇帝重视。成书于东汉、专门记录汉代官制情况的《汉官仪》称："太史令秩六百石。望郎三十人，掌故三十人。""望郎"是观察天象运行的官职，"掌故"则是保存历史典故的官职。太史令下辖两类官职，标志着太史令的两个工作重心。太史令的具体职能在《汉官仪》中还有更详细的记载，比如"掌天时星历，凡岁奏新年历；凡国祭祀丧娶之事，奏良日；国有瑞应灾异，记之"。这样看来，司马谈、司马迁父子明习天文，是从事太史工作的基本前提。

《太史公自序》中提到了要"拾遗补艺，成一家之言"。这里的"成一家之言"，其实是指文献上的工作，是在"厥协六经异传，整齐百家杂语"之后完成的一家之言。这项工作就是司马谈校订秘书，也就是整理汉朝皇家图书馆藏书的继续。担任太史令以后，司马迁曾"䌷史记石室金匮之书"，讲的就是此事。"䌷"是整理缀集之意；"石室""金匮"指的是皇家图书馆；"史记"在这里指的是战国各国的历史记录，而不是司马迁后来完成的《史记》。司马迁说自己"悉论先人所次旧闻，弗敢阙"，有学者认为其意思是将司马谈校整图书的过程、考镜源流的资料，分散在《史记》的著书诸人以及其他有关的各篇中。①

---

① 逯耀东：《抑郁与超越：司马迁与汉武帝时代》，北京：生活·读书·新知三联书店，2008 年，第 56 页。

这个意见无疑是合理的。

《报任安书》提到的"究天人之际，通古今之变，成一家之言"，被认为是司马迁修史的最高追求，也成为古往今来史家对自己的期许。至于什么是"天人之际"，什么又是"一家之言"，在经过先前的讨论后，读者应该有了几分判断。比如前文提到的《淮南子·要略》就有"观天地之象，通古今之事"的学术追求，很明显是"究天人之际，通古今之变"的另一个版本。也就是说，在汉代的学术界，沟通天人是一个经常被讨论的话题。前有董仲舒向汉武帝进"天人三策"，提出"孔子作《春秋》，上揆之天道，下质诸人情，参之于古，考之于今"（《汉书·董仲舒传》），后有公孙弘上疏盛赞武帝"明天人分际，通古今之义"（《史记·儒林列传》），西汉初几乎所有著名思想家都主动讨论天与人的关系。这不是一个偶然现象，而是黄老学说大盛而引起的学术转向的必然。

司马谈、司马迁父子生在一个世代研究天文学的家族中，他们也都学习过天文学，并担任了观测天象的太史令职务，对"天"的认识比那些泛论"天人感应"的学者更为深刻。那么他们打算如何表现"天人之际"呢？《太史公自序》中记录了司马谈与司马迁的对话。这一年汉武帝欲去泰山封禅，却没有请担任太史令的司马谈随从，司马谈因此抑郁而死。弥留之际，他对司马迁说："余先周室之太史也。自上世尝显功名于虞夏，典天官事。后世中衰，绝于予乎？汝复为太史，则续吾祖矣。"这是叮嘱司马迁要坚守家学传统，并将其发扬光大。司马谈还说："自获麟以来四百有余岁，而诸侯相兼，史记放绝。今汉兴，海内一统，明主贤君忠臣死义之士，余为太史而弗论载，废天下之史文，余甚惧焉，汝其念哉！"所谓"获麟"是代指中国古代文化史上的一个大事，指鲁哀公十四年（前481）鲁国捕获了一只麒麟，孔子认为当时天下无道，麒麟不应出现，由此他联想到自己的生平经历，意兴阑珊，从此不再删定《春秋》。"获麟以来""史记放绝"就是指孔子作《春秋》以来这段时间内的历史变化没有文献记录。与东周的乱世相比，西汉建立以来出现了大量"明主贤君忠臣死义之士"，司马谈将记录他们的经历作为自己的人生使命，但是此时他已经没有能力完成了，所以将这份工作交给了司马迁。司马谈的嘱托，同时包含了自己的家族传统——天官之学，与人生使命——记录"明主贤君忠臣死义之士"的历史，就是要用自己所学解释历史发展变化的轨迹，这不正是司马迁所说的"究天人之际"吗？

　　司马迁开创了纪传体的史书撰写体裁，其中包括"本纪""世家""列传""书"和"表"五种体例。这五种体例，都可以在先秦时期的文献那里找到根源。学者根据自20世纪初出土的简帛材料，综合传世文献的记载，指出先秦时期的史书应该包括谱牒类、纪年类、档案类和故事类等。谱牒类史书记录的是"世系"或"谱牒"，先秦时期讲世系的书是《世本》，《大戴礼记》中的《五帝德》和《帝系》也是类似的著作。纪年类的史书是先秦史书的大宗，前文提到的各国《春秋》应该就是纪年类的史书。与谱牒类史书记录家族的历史不同，纪年类史书记录的是国家的历史。这类史书以事系日，以日系月，以月系时，以时系年，提供了历史发展与人事代谢的时间坐标。司马迁作"本纪"和"世家"两种体例分别讲帝系和王侯世系，作"列传"讨论人物的个人史，即个人的历史，应该是采用了谱牒类史书的框架，又参考了纪年类史书的模式。他在《史记》中设计的"表"，如《十二诸侯年表》《六国年表》之类，则更清楚地宗于纪年类史书。[1] 至于"书"这种体例，记载的是某一类专门学问，如《礼书》《乐书》记载礼乐沿革兴替，《律书》《历书》记载律历规则，《封禅书》记载汉武帝封禅事，《河渠书》记载天下河流水渠分布，《平准书》记载汉代国家财政情形，其性质类似今日的专科著作，与先秦时期的"志"书很接近。先秦典籍中提到了一种叫作《故志》或"某某之志"的文献，韦昭注《国语·楚语》云"《故志》谓所记前世成败之书"，这种理解已经有史学意味了。有学者认为"志"的内容多是警句、训言或某种道德信条。[2] 因而，也有学者推测"故志""训典"是古代典谟训诰和五帝、唐虞、三代故事的混合，可能是选自档案或与这些档案有关的历史掌故。[3]

可见，司马迁并非凭空创造了"纪传体"体裁，而是综合了先秦时期多种史书体例。此前的学术积累，构成了《史记》诞生的先决条件。通过这种新的体裁，司马迁开始了他"究天人之际"的工作，具体来说，就是用人事变迁印证天象运行。

司马迁在《史记·天官书》中写道："夫天运，三十岁一小变，百年中变，五百载大变；三大变一纪，三纪而大备：此其

---

[1] 上文参考李零：《简帛古书与学术源流（修订本）》，北京：生活·读书·新知三联书店，2008 年，第 280—286 页。

[2] 王晖：《春秋战国时期历史经验总结的思潮与史书》，《史学史研究》1998 年第 4 期。

[3] 李零：《从简帛发现看古书的体例和分类》，《中国典籍与文化》2001 年第 1 期。最新的研究可以参考张海波：《先秦志书篇名、体例问题补证》，《中国史研究》2016 年第 4 期。

大数也。为国者必贵三五。上下各千岁，然后天人之际续备。"
在《史记》中，"三五"的意涵应该包括所有与"三""五"相
关的天数，既包括三辰五星，亦包括天道变化之三十年、五百
年、一千五百年等数。

"三五"之数不仅仅关乎天象运行，更关乎人事兴替。《史
记》中载周太史儋言："始周与秦国合而别，别五百载复合，合
十七岁而霸王者出焉。"天象变化，王朝代谢，两者息息相关，
此即所谓"天人之际"。

司马迁在《史记》中的一大创举，就是用人物作为传记的
基本单位加以叙述。《史记》之前的诸多经传如《公羊传》《穀
梁传》《左传》以及《礼记》《韩诗外传》等，都是汇集言论、
行事、文字解释，用以阐发经典的含义，不专述人物的文本。
自《史记》始，"传"有了"人物传记"的含义。司马迁以
"人"作为列传的基本单位来叙述，自然与他的"天人观"分
不开。

《史记》见盛观衰、原始察终的写作主张，与天官星占之学
亦大有关联。《史记》之《天官书》中言"余观史记，考行
事"，《太史公自序》则表达为"比集论其行事，验于轨度以
次"，都是用人事验证天道的意思。"行事"是人物活动的意思。
《十二诸侯年表》载"鲁君子左丘明惧弟子人人异端，各安其
意，失其真，故因孔子史记具论其语，成《左氏春秋》"。左丘
明阐发道理，亦不能摆脱孔子所述"行事"之意。《史记》模
拟《春秋》，亦希望通过书写人事而收获同等的效果。

"究天人之际"在司马迁那里就是以天象与人事相应，讨论
天象运行对人事的影响，用人事印证天象。司马迁的"成一家

之言"，则是要结束战国学术分裂、各自言说的局面，建立起黄老学说旗帜下的一统的学术局面。

司马迁所学与其父一样驳杂，有很浓厚的战国色彩，这是他能够总结战国学术文化的前提条件。如同但丁是欧洲中世纪的最后一位诗人，又是新时代的最初一位诗人一样，司马迁是"后战国时代"文化的最后继承者，又是帝制时代史学文化的开创者。

《史记》一书有着强烈的承前启后的意义。说承前，是因为它继承了多种战国文献体裁，更以总结战国至汉代学术传统为己任，在倡导文化多元的同时又以黄老天人学说一以贯之，有浓厚的战国痕迹；说启后，是因为它开拓了"以人叙传"的纪传体写作体裁，丰富了史学的书写模式，拓展了史学关注范畴。放在汉代的学术环境中衡量，《史记》非承前不能启后，承前的意义更大于启后。《史记》的出现，可以看作战国学术的终结和汉代学术的开始。

续修《史记》的工作

司马迁曾怀着极大的抱负创作《史记》，期待能够将此书
"藏之名山，传之其人"（《报任安书》）。这个工作，却是由司马
迁的外孙杨恽（？—前54）完成的。

司马迁去世后，《史记》曾流传出来，但影响不大。直到杨
恽在汉宣帝时宣布此书，学者们才重视起来。"宣布"的意思可
能是宣告《史记》传本下落、各篇篇目，甚至可能包括展示
《史记》全书内容等。① 据《汉书·司马迁传》记载，杨恽是在
为平通侯时宣布此书的，学者考证其时是在汉宣帝地节四年
（前66）至五凤二年（前56）间，则《史记》广为学界所知，
也应该就在这段时间。

《后汉书·班彪列传》称《史记》经杨恽传布之后，"后好
事者颇或缀集时事"，出现了众多的续修者。唐章怀太子李贤
（655—684）注释这些好事者"谓扬雄、刘歆、阳城衡、褚少

---

① 易平：《杨恽与〈太史公书〉》，《大陆杂志》第93卷第1期，1997年。易平认
　为杨恽只宣布了《史记》的部分篇卷；吕世浩则认为易平的论证有误，杨恽是
　否宣布《史记》全本因史料缺乏已不得而知。相关讨论见吕世浩著《从〈史
　记〉到〈汉书〉——转折过程与历史意义》，台北：台湾大学出版中心，2009
　年，第111—129页。

孙、史孝山之徒也"。李贤所举仅其中数家，实际上续修《史
记》者远不止此数。唐代史学家刘知幾（661—721）在《史
通》中记载，续《史记》者包括刘向（约前77—前6）、刘歆
（前50—23）、冯商、卫衡、扬雄（前53—18）、史岑、梁审、
肆仁、晋冯、段肃、金丹、冯衍、韦融、萧奋、刘恂等。

　　李贤和刘知幾著录的人物互有重复，偶存舛误。比如李贤
注将史孝山系于东汉中期的史岑（《后汉书·文苑列传》注），而
东汉的官修史书《东观汉记》记载东汉初人时将史岑与扬雄、
司马相如（前179—前118）并列，称其为"前世史岑"[1]，足
见史岑应为西汉至两汉之际人物[2]。刘知幾所录卫衡是东汉末灵
帝时人物（《华阳国志》卷一〇），李贤所录阳城衡是东汉初人
物，东汉初桓谭在《新论》中称他作"阳城子张"，同时代的
王充在《论衡》中分别称他作"阳城子张"（《对作篇》）和
"阳城子长"（《超奇篇》）。东晋常璩（约291—361）在《华阳
国志·序志》中称自己参考前人文献，其中包括"阳成子玄"
的作品。既然"阳成子玄"有关于蜀地的史作，学者便判断
"阳成子玄"与"阳城子张"和"阳城子长"是同一人，即阳
城衡。[3]刘知幾所录卫衡，错杂于两汉之际人物中，不宜是东汉
灵帝时人物，而应从阳城衡为宜。梁审、肆仁、韦融、萧奋、
刘恂诸人年代失考，而排除舛误，则自杨恽、褚少孙始，至刘
恂止，应有17家续修《史记》者。

---

[1]　《文选》卷六〇《齐竟陵文宣王行状》注引。
[2]　相关考证见吕世浩《从〈史记〉到〈汉书〉——转折过程与历史意义》，第
　　182—184页。
[3]　相关考证见吕世浩《从〈史记〉到〈汉书〉——转折过程与历史意义》，第
　　178—180页。

如此之多的学者续修《史记》，起码说明这样两个问题：第一，《史记》在当时的学术界引起了轰动；第二，《史记》开创的纪传体体裁，特别是以人叙传的做法得到了学者们的认可。

扬雄的《法言》引用人物事例，明显参考了《史记》。如其《寡见》篇有言："司马子长有言，曰五经不如《老子》之约也，当年不能极其变，终身不能究其业。"汪荣宝已经指出此为《史记·太史公自序》记述司马谈《论六家要指》之句。① 《法言》谈论人物，多从《史记》而出，如"子胥、种、蠡孰贤""韩信、黥布皆剑立，南面称孤，卒穷时戮，无乃勿乎""甘罗之悟吕不韦，张辟强之觉平、勃，皆以十二龄，戊、良乎"（《重黎》）。《法言》是扬雄感于时人论述不同于圣人而作，说"虽小辩，终破大道而或众，使溺于所闻而不自知其非也"。他批评最多的就是《史记》，所谓"太史公记六国，历楚汉，讫麟止，不与圣人同，是非颇谬于经"（《汉书·扬雄传》）。换言之，扬雄续修《史记》的工作，固然是看到了《史记》体裁蕴藏的巨大潜力，也体味到了司马迁的才华，但他更希望用儒家思想去规训《史记》，即"用法应之"，建立一套新的历史解释模式。

比如说，对于陈胜、吴广，扬雄与司马迁的评价就完全相反。《史记·太史公自序》称："秦失其政，而陈涉发迹，诸侯作难，风起云蒸，卒亡秦族。天下之端，自涉发难。"司马迁认为陈胜发难亡秦，是历史转折中的关键人物，从秦汉历史发展来看，陈胜有历史功绩。《法言》则不然，所谓："或问：'陈

---

① 汪荣宝撰，陈仲夫点校：《法言义疏》，北京：中华书局，1987 年，第 222 页。

胜、吴广。'曰：'乱。'曰：'不若是则秦不亡。'曰：'亡秦乎？恐秦未亡而先亡矣。'"扬雄认为陈胜、吴广乃乱臣贼子，他们的亡秦功绩不足一提。须知刘邦曾为陈胜置守冢三十家，陈胜的历史地位是得到西汉官方承认的，扬雄为了批评司马迁，竟能置当朝官方历史评价于不顾，确实表明他对《史记》代表的学术观点十分的不认同了。

司马迁用人事与天道运行呼应，设立传记以突出人物的"行事"。他在撰写合传时，对同一传记中不同人物的品性是否接近没有太多考虑，于是有老子与韩非、郦生与陆贾合传的情况出现。至于"酷吏""货殖""循吏""游侠""佞幸"诸汇传名目，也都不是从人物的品性出发，更多的是体现其行事风格。扬雄依然使用诸如"酷吏""货殖""循吏""游侠""佞幸"这些《史记》开创的类传名，又开创了"臣自得""臣自失""美行""言辞""执正""折节""守儒""灾异"等名目来容纳西汉一代人物。比如，"美行"包含东园公、绮里季、夏黄公、角里先生，这四位是"商山四皓"，《史记》中没有其传记，记其行事也颇为隐晦；"言辞"包含娄敬、陆贾，此二人在《史记》中分属两传；"执正"包含王陵、申屠嘉，二人在《史记》中时代相隔略远，也不同传；"折节"包含周昌、汲黯，二人情况与王陵、申屠嘉类似；"守儒"包含辕固、申公；"灾异"包含董相、夏侯胜、京房。在继承司马迁"以人叙传"的基础上，扬雄希望突出人的品行和事迹在人物分类方面的作用，这应该被认作是"是非同于经"的价值判断方式。

另一位续修《史记》的儒学大师刘向其实也有与扬雄同样的倾向。刘向曾经总结汉代流传的各种女性故事，编撰成《列女传》。《列女传》很明显是人物传记，是《史记》"以人叙传"影响下的产物，但其分类方式与《史记》并不相同。《列女传》今传本有《母仪传》《贤明传》《仁智传》《贞顺传》《节义传》《辩通传》《孽嬖传》①，是以人物事迹或性格区别分类的。刘向在《七略别录》中自叙道："臣向与黄门侍郎歆所校《列女传》，种类相从为七篇，以著祸福荣辱之效，是非得失之分，画之于屏风四堵。"② 所谓"种类相从"，即"祸福荣辱""是非得失"，也就是说，道德的高下、人性的善恶和事迹的优劣应该是其分类的基本原则。

《列女传》成书之后，刘向还编撰先秦、秦汉故事成《新序》《说苑》两书，同样以性格和活动作为人物分类与合并传记的标准。"说"实际上是先秦、秦汉时期的一种文体，与"传"相同，功能是解释儒家经典。有学者认为传授经书时，发挥论点积累内容，形成的文字就是"说"。③ 另有学者指出，"叙"或者"序"也是经典训释的体裁。④ 既然如此，《说苑》，应即"说"之文汇渊薮。《新序》亦有"新作""新说"之意。《新序》和《说苑》都是试图为儒生解经提供新的理解视角或材料的作品，正因为如此，刘向开创以事迹、性格和道德品质分类系人的新角度也不足为奇了，其初衷与司马迁著《史记》是不同的。

就此看来，刘向《列女传》中出现"贞顺"和"孽嬖"的

---

① 王照圆著，虞思徵点校：《列女传补注》，上海：华东师范大学出版社，2012 年。
② 徐坚：《初学记》卷二五，北京：中华书局，1980 年，第 599 页。
③ 周勋初：《历历如贯珠的一种新文体——储说》，《周勋初文集》第一卷，南京：江苏古籍出版社，2000 年，第 381 页。
④ 朱东润：《八代传叙文学述论》，上海：复旦大学出版社，2006 年，第 24 页。

对应，实在是突破《史记》传统的一大创举。刘向结合释经传统，同时接受了《史记》对人物分类的意向，逐渐将依据人物事迹或性格分类叙述人物历史的写作手法发挥纯熟。尽管《列女传》并不是历史著作，但是它的出现却开辟了杂传的写作风潮。《隋书·经籍志》中"杂传"条下有所谓《高士传》《逸士传》《逸民传》《至人高士传》《高隐传》《高僧传》《止足传》《孝子传》《孝德传》《孝友传》《忠臣传》《良吏传》《文士传》《列士传》《童子传》《幼童传》《美妇人传》《列仙传》等，其中不乏以品性来定义人物的著作，继承并突破了刘向的《列女传》，无论是"高""逸"还是"孝""忠"，都有明确的道德意蕴，其鲜明的指向性，虽远超刘向在《列女传》中将"贞顺"和"孽嬖"并列的举措，但终究是处在刘向《列女传》开创的轨则下。借用日本学者冈村繁的话说："刘向缘此而从自己所信奉的儒教立场出发，希求通过确立严格的妇道和振兴士道，来开辟一条拯救祖国衰运之路。"[1]《列女传》表现出的道德至上的倾向，与刘向的儒学背景有着密切的联系。[2]

刘向、扬雄续修《史记》的工作试图改变司马迁以黄老学说为宗旨、以叙述人物历史功绩为主干的写作模式，希望以儒家学说作为价值判断的基准，以此行文，以此传世。他们的观点极大地影响了班彪、班固父子编撰《汉书》的工作。

---

[1] 冈村繁著，陆晓光译：《刘向〈列女传〉的女性观》，《汉魏六朝的思想和文学》，上海：上海古籍出版社，2002年，第17—18页。
[2] 以上参考曲柄睿：《刘向、扬雄对〈汉书〉合传的影响》，《史学理论与史学史学刊》2014年卷。

两汉之际的风云变幻与班彪的《后传》

记录班氏家族历史的文本主要有两个：一是《汉书·叙传》，也就是班固为《汉书》作的序，其中详细追述了班氏祖先诞生、迁徙、兴盛的历史；二是南朝刘宋时范晔《后汉书》中的《班彪列传》，此传直接从班彪讲起，后附班固。前者与《史记》的《太史公自序》类似，既录书，又传人；后者与《汉书·司马迁传》类似，更重人物生平。将两篇文献对读，能够既知其世，又知其人，对《汉书》形成的历史环境与编撰者的心态，可以获得更为清晰的认识。

班氏的祖先是春秋时楚国名相令尹子文的后裔，本姓芈。因令尹子文初生时曾饮虎乳，而楚人称虎作"班"，所以子文之子以"班"为号。秦国灭楚，令尹子文后裔迁于今山西省北部，以"班"为氏。这是班氏在先秦时期的活动情况。

到了秦始皇末年，班氏祖先班壹于楼烦之地畜牧，繁殖马、牛、羊数千群。待西汉初建时，班壹已积累大量财富，在北边一代极有声势。至西汉末年，班壹子孙陆续入朝做官，到了他的玄孙班况这一代，竟做到了左曹越骑校尉的比二千石大官。汉建始元年（前32）班况的女儿嫁给了汉成帝为婕妤，家世由此更加显赫。班况的长子班伯是汉成帝的中常侍，通《诗》《尚书》《论语》，虽与贵游子弟为伍，却志在四海。他曾出使匈奴，任定襄太守，明断有吏才，后因病返京，改任成帝侍中，后迁水衡都尉，病卒。班况次子班斿同样博学有才，曾任谏大夫、右曹中郎将等职，还与刘向同校秘书，得到"秘书之副"的赏赐。班况三子班稺也曾任黄门郎、中常侍等职，后外迁广平相。班稺年少时曾与王莽友善，汉平帝（刘衎，前9—5）时，王莽专权，班稺拒绝向执政的王莽献媚，辞官为汉成帝守陵。

上述情况见于《汉书·叙传》，虽然不乏夸耀之处，不过通过班氏家族在两汉之际的表现来看应基本属实，特别是班稺不依附王莽，为人所难能。这个家族自班壹以后便不曾缺乏钱财，自班况以后更是跻身外戚，地位贵显，但班伯兄弟能倾心学问，全身远祸，确实有过人之处。传中说"班氏不显莽朝，亦不罹咎"，既表明了班氏的政治操守，也体现了他们的政治智慧。

《汉书·叙传》载班氏谱系

一世	二世	三世	四世	五世	六世	七世	八世
班壹	班孺	班长	班回	班况	班伯		
					班斿	班嗣	
					班稺	班彪	班固
				班婕妤			班超
							班昭

班稺的儿子班彪自幼与兄长班嗣共同学习。由于家中有皇室赐书，且内足于财，班彪能专心学问。班彪与父亲的朋友扬雄等人都有所接触，耳濡目染之下知识水平也有所提高。可以

说，班彪具备了学术创造的最好条件：藏书丰富、资金充足、交游广泛。他本人好学深思，只要遇到稳定的政治环境，一定可以迅速崭露头角。遗憾的是，两汉之际的政治动荡，迅速波及了班彪，他不可能独善其身。

西汉自元帝（刘奭，前74—前33）以后，自然灾害频仍，统治阶级内部和社会矛盾逐渐尖锐。在地方，一些大家族经过长期兼并成为豪强大姓，他们与地方政府争夺统治权力，在乡里间极有影响，非但普通百姓不堪其扰，国家权威也受到其挑战。在中央，元帝以后各帝均迷信儒学，将其视作解决一切问题的灵丹妙药。对于现实政治中的问题，皇帝和大臣们寄希望于礼仪改制，而不是寻找实际的解决办法。西汉前期那种务实的政治风格被放弃了，取而代之的是迷幻虚无的政治气候。汉元帝的外戚王氏长期执政，自大将军王凤至王莽接连传递五代，由于当轴的时间太久，汉朝吏民对王氏的权威由服从到习惯，由习惯到自然，反而对刘氏皇帝感到陌生，知有王氏而不知有刘氏。皇家权威的旁落动摇了汉朝的统治根基，加之汉成帝没有子嗣，过继的汉哀帝（刘欣，前25—前1）和之后的汉平帝也都没有子嗣，史称"国统三绝"，皇权本身遭遇了继承人危机，汉家天下的核心统治力量衰弱了。西汉由盛转衰，起自汉元帝，终于王莽。

汉元帝与其父汉宣帝不同，他倾心儒教，试图化解武帝、宣帝以来"霸王道杂之"的汉家制度之戾气，推动社会矛盾的缓和。虽然汉元帝的初衷很好，但是他没有深入改革的勇气和能力，使本该大刀阔斧推进的政治改革停留在礼仪改革的层面上。汉元帝即位以后，左右大臣劝他恢复古制，由奢入俭，其间虽有反复，但取得的最大成就是改革宗庙制度。具体来说，是将汉朝设立在各郡国的太上皇庙、太祖庙、太宗庙，以及其附带的工作人员、日常祭祀都废除，建立起新的宗庙制度。此后宗庙虽曾重建，但至汉成帝时又被废除。尽管这项改革收到了节约国家财政的效果，但是没有解决实际的政治和社会问题，对国家贡献不大。而且改庙制毕竟是在精神领域发力的工作，它表明汉朝政治改革的方向只浮在表面，不曾触及实质。

汉朝希望通过类似的精神改革换取天意的支持。当时的儒生鼓吹这样一套宇宙观：天与人相感应；王朝的建立源自某种特殊的天命；王朝面临的危机，都是天命衰微所致，必须再次获得天命，才能克服危机，再造盛世。很明显，这套理论是唬人的假把戏，但在当时的社会环境下，却被人们奉为圭臬。聚集在汉元帝周围的儒生京房善治《易》，以占卜方式做了很多政治预言，深得元帝赏识，他便以此登庸，建立了考课官员之法。同在元帝身边的儒生翼奉，用阴阳学说解释日食、地震等灾异，劝诫元帝疏远外戚、少兴土工。汉成帝时辅政的王根任用儒生李寻，李寻看到"汉家有中衰厄会之象"，且会有洪水之灾，向王根建议诸多改革事项。有人请李寻帮助夏贺良，使夏贺良成为待诏。成为待诏后，夏贺良向哀帝大谈阴阳休咎吉凶悔吝之道，陈说："汉历中衰，当更受命。成帝不应天命，故绝嗣。今陛下久疾，变异屡数，天所以谴告人也。宜急改元易号，乃得延年益寿，皇子生，灾异息矣。得道不得行，咎殃且亡，不有洪水将出，灾火且起，涤荡民人。"（《汉书·眭两夏侯京翼李传》）这些胡话在汉朝政坛产生了很大影响，是当时具有蛊惑力的言论。

于是，汉哀帝"推历定纪"，希冀让汉朝重新获得天命：将年号改为"太初元将"；改自己的尊号为"陈圣刘太平皇帝"（《汉书·眭两夏侯京翼李传》）。这个古怪称号为后来王莽篡权埋下了伏笔。王莽自称舜之后人，祖上是陈姓，"陈圣刘"就是"王胜刘"之意。改元与改尊号，自然不能解决汉朝的实际困难，更不可能再造汉家盛世，只能浪费本应用于解决复杂社会矛盾的时间。

汉哀帝死后，王莽立年仅九岁的刘衎为汉平帝。五年后，平帝早死，王莽又选择了一个年幼的刘姓宗室子弟为皇太子，史称"孺子婴"。王莽以代理皇帝的身份自居，不仅将朝政大权揽在手中，更是在宫室、舆服等方面比拟至尊。他要取代汉朝，只差一个契机。

很快，契机来了。

有一个叫哀章的太学生，伪作了两条所谓天帝除书，一条内容是"天帝行玺金匮图"，另一条是"赤帝行玺某传予黄帝金策书"。这第二条简册大有门道。在汉代流行的天命理论中，刘邦建立的西汉属火德，《汉书》中记载刘邦斩白蛇时，神秘的老姬称刘邦为"赤帝子"便是其明证。那么，哀章简册中的"赤帝"，很明显就是刘邦了。又根据天命理论，火德之汉终将为一个得土德的王朝所取代，则"黄帝"一说，自然指的是得土德的天选者了。这个天选者不是别人，正是王莽，理由就是王莽是舜的后代，而刘邦是尧的后代，尧舜禅让，就是土德取代火德的历史范本，现在舜的后裔理所应当代替尧的后代占有天命。

哀章所上简册，被视作上天要求改朝换代的命令。王莽如获至宝，郑重地跑到刘邦的宗庙里拜受天命。然后他下达诏书，正式宣布即天子之位，改国号为"新"。可笑的是，哀章伪作的简册，为了凑够人数，胡乱编造了两个名字，王莽还真派人找到了他们，分别是故城门令史王兴和卖饼的王盛，并将他们由布衣拔擢为卿相，以显示符命的准确。

在天下人的瞩目下，王莽终于开始了社会改革，这是人们盼望已久并对王莽寄予厚望之处。不过，王莽很快就让天下人大失所望了。他一味地按照经典所载进行改革，很多措施施行不便，又朝令夕改，更让吏民手足无措。西汉中期以后积累的社会矛盾，并没有因为换了国号和皇帝就自然消解，百姓的生活也没有随着天命的改换好起来，反而更加糟糕了。王莽改制的失败，源于他延续了西汉后期迷信儒家主张的做法，混淆了政治改革和精神主张之间的区别。

旧朝沦丧，时局动荡。年仅二十岁的班彪，只能选择依附于割据陇西的隗嚣。隗嚣是天水人士，曾在王莽朝出仕，于国师刘歆府中任职。更始政权建立以后，他在乡里起兵呼应，割据天水以西以治。更始政权与赤眉政权相攻伐，隗嚣据地自守，招揽三辅耆老士大夫。他"素谦恭爱士，倾身引接为布衣交"（《后汉书·隗嚣公孙述列传》），号称得人，由是名震西州，闻于山东。班彪正是在这种情况下投奔隗嚣的。

当时，公孙述已经在蜀地称帝，随后刘秀在冀州称帝，同年赤眉政权拥立放牛少年刘盆子为天子，而更始帝刘玄尚在，四境之内天子数人，更别提各地的中小武装势力"大者连州郡，小者据县邑"了。天下云扰，动荡的时局考验着士人们的政治眼光和道德操守，出处进退之间，非但关系当代身家性命，也关乎后代的历史评价。隗嚣想在乱世有所作为，便以东周名存实亡的例子试探班彪，想咨询自己是否可以在纵横纷繁的乱世中重建一统。班彪心里明白，隗嚣这是想趁机称帝，便明确表示了反对。班彪的理由是，周实行封建制，将子弟分封各处，导致本根衰微、枝叶强大，方有纵横之事；汉朝实行郡县制，乃中央集权，并无地方割据的可能，汉家实因国统三绝而亡于外戚之手，并非亡于尖锐的社会矛盾。进一步讲，王莽擅权之后，百姓思汉，乡仰刘氏，各地起义武装也多假兴复汉室的旗号，因此欲以异姓称帝是万万不可能的。隗嚣对班固所言不以为然，班彪更作《王命论》，申说汉家尧后、应天顺时、德运不绝、异姓不立的理论。《王命论》警告隗嚣："苟昧于权利，越次妄据，外不量力，内不知命，则必丧保家之主，失天年之寿，遇折足之凶，伏铁钺之诛。"但如果能以诸侯身份退居臣位，辅佐刘姓后裔，则可以收到"福祚流于子孙，天禄其永终矣"（《汉书·叙传》）的美好结局。

上述主张自然不被隗嚣接受。班彪判断隗嚣终会自取灭亡，便改投了割据河西走廊地区的窦融。窦融后归顺光武帝，班彪也由此加入东汉政权。班彪的政治选择表明他心系汉室，是个坚定的复兴汉室之士。在《王命论》中，班彪提到了"德运兴替"，这是汉朝儒生的惯常说法。班彪的政治主张，建立在他的学术观点的基础上。与他"虽修儒学，然贵老严之术"的兄长班嗣不同，《汉书·叙传》说班彪"唯圣人之道然后尽心焉"。可见，无论是在政治上还是学术上，班彪都与西汉的主流意识形态相一致，可以说他是一个倾向保守的人。这当然与他的外戚身份和学术背景有密切关系，而他的立场又影响了他的认识和判断。可以说，用汉家的官方标准来衡量一切政治行为和学

术主张，成为班彪头脑中根深蒂固的常识。他以此应对纷繁的
时局，也以此观察历史。

进入东汉以后，班彪续修《史记》（时称《太史公》），采访
前史遗事，傍贯异闻，完成《史记后传》数十篇。这部书以
"斟酌前史而讥正得失"为目的，试图纠正司马迁《史记》的
阙失，成为一部形式和内容都符合班彪政治立场与学术主张的
著作。

班彪承认《史记》记录了从汉建立至汉武帝时的历史是司
马迁的功绩，但他认为《史记》的缺点也十分明显。首先，司
马迁的学术立场有问题。他论术学时"崇黄老而薄五经"，"分
散百家之事"。其次，司马迁的价值观也有问题。他为商人立
传，"轻仁义而羞贫穷"；他为游侠立传，"贱守节而贵俗功"。
这些都是司马迁"大敝伤道"之处，至于"务欲以多闻广载为
功，论议浅而不笃"就更不用说了。再次，《史记》的形式也有
问题。班彪认为司马迁定下体例，为帝王作本纪，为公侯作世
家，为卿大夫作列传，可是他却把项羽列在本纪、陈涉列在世
家，而将淮南王、衡山王并入列传，自坏其例；而且在具体行
文中，《史记》也有不能"整齐之处"，比如为司马相如作传时
举出他的郡县、字等信息，但对于萧何、曹参、陈平乃至与司
马迁同时代的董仲舒，反而或者不书字，或者在籍贯部分只书
县而不书郡。

司马迁先黄老而后五经，在班彪看来是问题，但今日看来
却不是问题。司马迁生活的时代，黄老思想并未完全退出政治
舞台，而且司马氏的家学就是黄老之道，他尊崇黄老与班彪尊
崇经学一样，都是本于自己的学术立场。至于《史记》中对不

同历史人物籍贯记录的不同，学者也有考察。司马迁生活的时
代，战国遗风犹存，而战国时代记录人物的籍贯就是以县为主，
比如《战国策》记录吕不韦是"濮阳人"、聂政是"轵"人，
《韩非子》中出现的"温人""郑人"等，都是以县作为人物籍
贯。到了两汉之际，郡才逐渐变得重要起来，其表现就是兴起
了记录郡内先贤耆旧的郡国书。学者由是指出："《史记》以县
名为人物的籍贯乃是来自战国的旧传统，《汉书》以郡名为人物
籍贯则是因为西汉后期逐渐形成了以郡为单位的区域观念。"①
汉初的郡国并行制，其实就是司马迁仍然受战国因素影响的现
实基础。班彪与司马迁生活的时代不同，面对的历史环境及学
术传统不同，各自表达了与之相适应的学术观点，并不值得非
议。刘向、扬雄对司马迁的批评，被班彪所继承，同样可以在
上述的时代背景考察下加以理解。不过就此看来，班彪完成的
《后传》，一定在体例和内容上对《史记》有大幅的改动。

　　班彪所作《后传》中有一个特别值得关注和讨论的地方。
班彪说《史记》"上自黄帝，下讫获麟，作本纪、世家、列传、
书、表凡百三十篇"（《后汉书·班彪列传》），这里的"获麟"不
是导致《春秋》绝笔的那次获麟，而是指汉武帝时事，武帝还
为此改元"元狩"。这说明班彪注意到了《史记》起自黄帝，
下至汉朝，是一部贯通性的史书，又说"迁之所记，从汉元至
武以绝，则其功也"，可见他仅仅以记录下汉代历史作为司马迁
的历史贡献。由此看来，在班彪心中，撰写《后传》虽然是续

---

① 胡宝国：《汉唐间史学的发展》（修订本），北京：北京大学出版社，2014 年，
　　第 1—8 页。

补《史记》的工作,其价值反而大于整部《史记》,只有西汉历史,也就是他面对的近代史最重要、最值得记录。这么看来,与其说班彪要"续修"《史记》,不如说是要"改写"《史记》。这说明,班彪已经存了断汉为史的念头,试图创作一部断代的皇朝史。或许只待他将汉武帝以后的历史记载完全,便会着手整合西汉初至武帝时的历史,由此完成一部独一无二的西汉历史书。

这种断汉为史的观点,在此前续修《史记》诸人那里都没有见到过。这充分表明,班彪并不只是因循前人的工作,抑或仅仅希望用自己的学术观点重新组织材料,而是将目光聚焦在经学的维度上,意图用经典中的德运兴替之说来印证西汉历史。他在《王命论》中宣传"世俗见高祖兴于布衣,不达其故,以为适遭暴乱,得奋其剑,游说之士至比天下于逐鹿,幸捷而得之,不知神器有命,不可以智力求也",固然是刺讥隗嚣之论,但也未尝不是他自己的思想轨迹。所谓"岂徒暗于天道哉?又不睹之于人事矣"(《王命论》)的主张,又何尝不是"究天人之际,通古今之变"的变体?《后传》的目标是以历史标明正统,用经学佐证过去。因此,与其说班彪意欲创作一部史书,毋宁说他要完成一部以经学为依据的阐明汉家尧后的宣传册。

进一步讲,班彪相信历史发展存在一个划定的规律,这种规律就是五德终始说。从秦汉直至宋代,五德终始说是历代王朝阐释正统的基本理论。① 如果将理论与经验观察得来的资料联

---

① 刘浦江:《正统与华夷:中国传统政治文化研究》,北京:中华书局,2017 年,第 61 页。

合运用，当然可以预测未来。班彪的工作实际上是对汉代儒生理念的修正，他承认德运兴替，但更主张汉德未衰。理论须得经验的辅佐方才有力，规律更需要历史事实的支持才可肯定。既然历史的轨迹已经确定了，班彪要做的工作就是去找证据证明。能支持他的证据，就是东汉的建立。《后传》如果和东汉历史接续上，则是天命未改、汉德未衰的最有力证据，其力量比多少儒生的鼓吹都有影响力。

据学者考证，班彪创作《后传》的时间约略在东汉光武帝建武十三年至二十三年（37—47）之间①，这是东汉政权刚刚完成统一战争、开始进行社会建设与恢复生产的时间段。其间，东汉内政并不稳固，在内尚有"郡国大姓及兵长、群盗处处并起，攻劫在所，害杀长吏"的情况发生；在外则有羌人、匈奴寇边，蛮夷反叛；光武帝又信图谶，好吏治，杀大臣，政治风气紧张严肃，就连刘秀自己都说："天下重器，常恐不任，日复一日，安敢远期十岁乎？"（《后汉书·光武帝纪》）——无论如何，新立之东汉都称不上安定稳固。这时班彪要写一部鼓吹汉得天命的著作，非但可以廓清西汉末"汉当再受命"的思想迷雾，更对新政权安定人心有支持作用。

现有史料看不到班彪工作的现实政治利益。班彪任职常以六百石为限，官位不显，且早卒。范晔评价他"敷文华以纬国典，守贱薄而无闷容"（《后汉书·班彪列传》），表彰他虽处下位却怡然自得，有文章传世。看来班彪蕴含于《后传》的种种意图，以及自己的诸多努力，是出于自己家族的传统以及所受

① 吕世浩：《从〈史记〉到〈汉书〉——转折过程与历史意义》，第189页。

的教养熏陶，绝非受了什么利益诱惑。范晔又说他"将以世运未弘，非所谓贱焉耻乎"，这句话源自《论语·泰伯》"邦有道，贫且贱焉，耻也"，意即班彪所处时代虽正趋于"有道"，但毕竟尚未实现，班彪穷困而止足，不能用《论语》上的话来否定。范晔推崇班彪的忧国之心，也看到了班彪为了弘大世运所做的努力。从这个角度来说，班彪又可以说是一个理想主义者。

保守故道与畅想未来，两者共存于班彪身上。他尊重传统，期待写出顺天应人的西汉历史；他心怀希望，试图能用西汉的历史佐证东汉政权的正统，并以此正风俗、一人心。

东汉初的政局与班固修撰《汉书》

班彪没有完成《后传》便离世，他的儿子班固试图完成这项工作。

班固生于汉光武帝建武八年（32），是年班彪三十岁，正避地于河西窦融处，班固因此生在张掖郡。同年，班固的弟弟班超（32—102）也出生了。五岁那年，班固随父亲来到洛阳；六岁时随班彪赴徐令之任，直到建武十九年（43），也就是十二岁前，班固应该一直都在徐地生活。此后，班固又随父亲返回洛阳。生在班氏这样一个文化家族中，班固从小就表现了很高的天赋和向学之心。九岁那年，班固就能属文诵诗赋；十三岁时，班固在洛阳见到了父亲的学生王充，王充对班彪称赞班固说："这个孩子将来必定记录汉家历史！"（《后汉书·班彪列传》注引谢承《后汉书》）班固十六岁那年，班彪调到了司徒玉况府，有学者推测这一年起班固进入太学学习。① 他博贯载籍，穷究九流百家之言，与崔骃、李育、傅毅齐名，又宽和容众，深得诸

---

① 郑鹤声：《汉班孟坚先生固年谱》，台北：台湾商务印书馆，1980 年，第19 页。

儒信服。①

　　班固续修父作《后传》的时间在《后汉书》中的记载有些模糊。据本传，东汉明帝（刘庄，28—75）永平（58—75）初年，骠骑将军、东平王刘苍辅政，打开东阁之门，广纳英雄，班固向他上书推荐了六名人才。② 而后本传载班彪卒，班固归乡里，欲完成父亲遗著。看起来像是班固先向刘苍上书，而后回家撰述。但刘苍辅政是在明帝永平元年（58），班彪乃卒于光武帝建武三十年（54），两者先后次序不可颠倒。班彪是卒于望都长任上，望都就在今河北省保定市辖境内，作为长子，班固必然前往望都护班彪灵柩返乡，本传记载的"归乡里"，可能也是指这次孝行。于是在光武帝建武三十年（54），班固中断了洛阳生活，返回故乡扶风，开始了丁忧。

　　在居忧期间，班固开始整理父亲遗著③，这项工作一直持续到永平五年（62）。当时有人向汉明帝告发班固"私改作国史"，班固因此被收系京兆狱，不得不中止修史工作。"私改作国史"在当时是一个很重的罪名，之前扶风就有一个叫苏朗的人因为

① 上述班固生平，参考郑鹤声的《汉班孟坚先生固年谱》、陆侃如的《读郑鹤声〈班固年谱〉》（《陆侃如冯沅君合集》第 8 卷《陆侃如散论集》，合肥：安徽教育出版社，2011 年，第 331—333 页）、陆侃如的《中古文学系年》（《陆侃如冯沅君合集》第 10 卷《中古文学系年》，第 51—68 页）。
② 本传称班固"始弱冠"，《汉书·叙传》颜师古注以为"谓年二十也"，但从班固卒年推算，永平元年（58）班固已经二十七岁了，可以说"弱冠"在这里只是代指年轻，并非作为"二十岁"的严格替代。可参考郑鹤声的《汉班孟坚先生固年谱》，第 24 页。
③ 此从陆侃如说，见陆侃如的《中古文学系年》，第 68 页。郑鹤声从陈汉章说，认为班固修史是在永平元年（58）居忧结束之后，见陈汉章的《缀学堂初稿》卷二《马班作史年岁考》，北京大学图书馆藏清光绪十九年（1893）象山陈氏刻本，及郑鹤声的《汉班孟坚先生固年谱》第 33 页。

"伪言图谶事"被拘捕处死。此时的班氏家族已经不复西汉时期的风光，前朝外戚的光环在本朝更没有任何优势，不能荫蔽班固，他的前途堪忧。弟弟班超担心他被屈打成招，紧急前往洛阳向汉明帝上书，居然被皇帝召见，得以陈说班固著述的意图。这时扶风郡也将班固续修的《后传》亦即《汉书》送至洛阳。汉明帝听了班超的陈说，又见到了班固的著作，决定给班固一个机会。

汉明帝任命班固为兰台令史，和前睢阳县令陈宗、长陵县令尹敏、司隶从事孟异共同编撰《世祖本纪》；然后又迁班固为"郎"，令其继续负责点校秘书的工作。班固又撰功臣、平林、新市、公孙述事，作列传、载记二十八篇，基本上将东汉初的历史撰述完毕。班固所为，实际上是东汉官修史书活动的开始，整个工作持续了十余年之久。他完成的本纪、列传、载记诸篇，就是日后《东观汉记》的基础。

本传中出现的"国史"字样是范晔使用的，东汉初修《东观汉记》以前，没有"国史"一词。所以，班固的罪名与图谶有关。东汉承西汉、王莽余绪，图谶之学兴盛，各种政治势力均用以神化自己。光武帝刘秀更是个中老手，他命令尹敏整理图谶，垄断图谶的解释权。班固续修西汉历史，必然要对王莽篡位至东汉建立之间各种政治势力的兴起、联系、继承、败亡做出解释，而这些问题，已经由刘秀用图谶解释完毕了，如果班固的解释不同于东汉官方，肯定会遭遇与苏朗相同的结局。

而且东汉初的政治现实迫使班固不得不如此。

东汉政权建立之初，就体现出重文法吏的苛刻特色。范晔笔下的东汉政治风格以吏治苛细为最大特点，此风气本诸光武、明帝躬亲吏事。范晔称光武帝刘秀为人严谨，"好吏事，动如节度，又不喜饮酒"（《后汉书·马援列传》），东晋袁宏的《后汉纪》也称刘秀"勤吏治，俗颇苛刻"。光武帝做人做事的风格遗传给了明帝，史称明帝"性褊察，好以耳目隐发为明"（《后汉书·第五钟离宋寒列传》）。在如此治国理念的影响下，东汉的政治风气一直以严苛著称，仅在章帝（刘炟，57—88）时有所缓和。

由此，文法吏治如疾风骤雨般遍布朝野内外，上至三公九卿，下至细民百姓，无不波及。下面即列举范晔《后汉书》中记载的光武、明帝时期政治苛细的情况，以明晰范晔对东汉吏治的理解。

第一，诏书切责公卿。光武帝切责侯霸："崇山、幽都何可偶，黄钺一下无处所。欲身试法邪？将杀身以成仁邪？"（《后汉书·伏侯宋蔡冯赵牟韦列传》）

光武、明帝苛察三公，"以课核三公，其人或失而其礼稍薄，至有诛斥诘辱之累"（《后汉书·朱冯虞郑周列传》）。

第二，改易公卿守长。光武时相位难居，"后千乘欧阳歙、清河戴涉相代为大司徒，坐事下狱死，自是大臣难居相任"（《后汉书·伏侯宋蔡冯赵牟韦列传》）。

光武帝多改易郡守，"以二千石长吏多不胜任，时有纤微之过者，必见斥罢，交易纷扰，百姓不宁"（《后汉书·朱冯虞郑周列传》）。

因度田不实，"诸郡守多下狱"（《后汉书·申屠刚鲍永郅恽列传》）。

第三，杖刑官吏。光武时风气："时内外群官，多帝自选

举，加以法理严察，职事过苦，尚书近臣，乃至捶扑牵曳于前，群臣莫敢正言。"（《后汉书·申屠刚鲍永郅恽列传》）

明帝时风气："帝性褊察，好以耳目隐发为明，故公卿大臣数被诋毁，近臣尚书以下至见提拽。尝以事怒郎药崧，以杖撞之。"（《后汉书·第五钟离宋寒列传》）

第四，法令严苛，乐用文吏。建武十四年（38）群臣上疏："古者肉刑严重，则人畏法令；今宪律轻薄，故奸轨不胜。宜增科禁，以防其源。"（《后汉书·宣张二王杜郭吴承郑赵列传》）此议虽为杜林所驳，却表明了光武朝大臣的普遍观点，即要以重典治世。

光武帝时非但法令苛刻，吏治亦严猛，乐用文吏。章帝时第五伦上疏称："光武承王莽之余，颇以严猛为政，后代因之，遂成风化。郡国所举，类多辨职俗吏，殊未有宽博之选以应上求者也。"（《后汉书·第五钟离宋寒列传》）西晋华峤总结光武、明帝的政治风格道："世祖既以吏事自婴，帝尤任文法，总揽威柄，权不借下。"（《太平御览·皇王部·显宗孝明皇帝》）

光武帝刘秀倾向文吏政治，根源是他性格促狭、见识不高。史称光武帝在田家时勤于稼穑，乡里目为"谨厚者"，心中所想不过"仕宦当作执金吾，娶妻当得阴丽华"之类的粗朴志向。被更始政权任命为司隶校尉后，刘秀"使前整修宫府。于是置僚属，作文移，从事司察，一如旧章"（《后汉书·光武帝纪》），仍是采用原先熟悉的文案工作流程。其实对比与刘秀争天下的公孙述，便能看到二人相同之处。公孙述初为郎，后任职地方，"政事修理，奸盗不发"，亦是典型的文吏做派。后来公孙述称帝，范晔形容他"性苛细，察于小事。敢诛杀而不见大体，好改易郡县官名。然少为郎，习汉家制度，出入法驾，銮旗旄骑，陈置陛戟，然后挥出房闼"（《后汉书·隗嚣公孙述列传》）。公孙述性情苛细、明习制度、讲究排场等诸多行为都与刘秀颇为相似。马援同时见过公孙述和刘秀，他评价前者"修饰边幅，如偶人形"，评价后者"好吏事，动如节度"（《后汉书·马援列传》），事虽不同，风格却近似。

汉明帝行事举动处处学习其父，吏治苛刻有过之而无不及，长久以来的积弊使朝中大臣以自保为上、逢迎为先。虽然汉明帝这次在修史问题上判了班固缓刑，但不代表他彻底对班固放心，他派去和班固共同修史诸人，若非皇亲，即是国戚，他们起到了监督班固修史的作用。班固经历过一次牢狱生活，对于本朝政局的冷酷与残忍有明确的体会，又经过汉明帝朝十余年的监视修史生活，倘若他还有几分风骨的话，恐怕也在长期政治考验的风霜雨雪及明枪暗箭的磨砺中销蚀殆尽了。

汉明帝先命班固完成撰修东汉初期历史的工作，而后才让他去完成《汉书》的编写。而贯彻东汉对图谶的政治解释，立足于自己的儒学主张，延续并完善《史记》的列传范式，是班固撰写《汉书》的前提，亦是对明帝的保证。他在长期监察、反复指示下完成的《世祖本纪》成了《汉书》的范本，而不是《史记》。《汉书》是班固向汉明帝表态的政治宣言，为了让明帝放心，班固多次表示不会再写出一部像《史记》那样意在讥刺主上的作品，自己也绝不会成为第二个司马迁。

再反观班彪对司马迁和《史记》的批评，虽然也涉及是否立足光大汉朝这个政治立场，可他毕竟没有像班固那样经历政治干预，其《后传》充其量是一部表达自己见解的私修著作。

学术和政治的矛盾，对班彪的工作没有多少干扰，在班固这里反而成了首要解决的问题。如此，班固将对司马迁的批评堂而皇之地写在《汉书》中，又多次表达"宣汉"的意见，这其中又有几分出自他的本心呢？与保守而充满理想的班彪相比，班固是一个现实主义者。

班固在政治上的得意反而不能使他保持作为学者的纯粹。到了汉章帝时期，班固更得宠幸，史称他"数入读书禁中，或连日继夜。每行巡狩，辄献上赋颂，朝廷有大议，使难问公卿，辩论于前，赏赐恩宠甚渥"（《后汉书·班固传》），是皇帝身边离不开的人物。有学者指出，班固这类人物无论读书有多少，总在皇帝面前甘居幼稚无知的状态，早已具备了中世纪专制君主所需要的御用学者的性格。① 日益膨胀的班固依附于大将军窦宪，在他威势煊赫之时，其家奴竟敢辱骂洛阳令。于是，窦宪失势之日也成了班固败亡之时，他被早已对其心怀怨恨的洛阳令下令抓捕，并被拷打致死。

班固晚年政治上的狂态与他学者的身份和智识极不相称，反倒像投机官员暴得大位的常见举动。但是如果回顾班固的一生，也并非不能理解他的行为。从他有志继承父亲的事业却横遭打断，长期处于政权高压监督之下，所有的学术工作都被制定了方向、限定了范围，作为学者所应该获得的独立、自由的精神状态都被剥夺开始，班固或者已经认清了在他所处的时代，想要独善其身是不可能的。既然如此，何不随波逐流、与世浮

---

① 朱维铮著，廖梅、姜鹏整理：《中国史学史讲义稿》，上海：复旦大学出版社，2015 年，第 126 页。

沉?《汉书》评价汉武帝留下的辅政大臣霍光"不学无术",终于招致灭亡。那么,学而有术会怎么样呢?这些问题可能终生萦绕在班固耳畔心头,时时捶打他的学术良心,拷问他的政治欲望。良心与欲望交缠,操守和野心互战,学术与政治的尖锐对立导致了班固悲剧的命运。东晋袁宏的《后汉记》评价他"虽笃志于学,以著述为务,然好傅会权宠,以文自通",南朝刘宋范晔的《后汉书》评价他"智及之而不能守之",实在是很中肯的。

班固用汪洋恣肆的笔触写下文如星月的《两都赋》《答宾戏》,当他旗鼓高歌而连日继夜地周旋于宫廷之中时,是他的喜剧;当他幽囚于洛阳狱,刑械加身,疾痛惨怛而欲出不得之际,又是他的悲剧。

可是班固的悲剧又有其必然性。在中国古代,私人修史可以在一定程度上保持独立,但由于缺乏图书资料而往往失诸简陋;官方修史可以保证材料荦荦大端,却因为政权干预导致史观僵化。想要保持独立的评断,就可能因采访不足而失实;希望广泛占有材料,就不得不接受官方的管控与限制。班固的悲剧命运,何尝不是古代史学家面临的共性难题呢?

班昭的工作与《汉书》在东汉的传布

　　根据《后汉书·班固传》,《汉书》的编撰自永平中受诏始至建初中乃成,历经二十余年。建初是汉章帝年号,一共有九年,所谓"建初中"则必定不是元、二与八、九年。张怀瓘《书断》卷下《能品》称:"明帝使孟坚成父彪所述《汉书》,永平初受诏,至章帝建初,二十五年而成。"① 陈汉章《马班作史年岁考》略同此说,认为《汉书》成于建初七年(82)。② 由此向前推二十五年则为永平元年(58)。郑鹤声亦同此说。③ 班固自归家丁忧开始修史,永平五年(62)中辍,而后经过诸多磨难方才重拾其业,如果从永平五年(62)算起,以"二十余年"为计则超出建初年限,所以《后汉书》所论班固修史本末,乃以永平元年(58)为断,自无可疑。

　　不过范晔认为《汉书》在章帝时已经完成,这恐怕是欠考虑的表述。《史通·古今正史》称班固死后,书颇散乱,其中

---

① 《景印文渊阁四库全书·子部·艺术类》,台北:台湾商务印书馆,1986年。
② 陈汉章:《缀学堂初稿》卷二《马班作史年岁考》,清光绪十九年象山陈氏刻本。
③ 郑鹤声:《汉班孟坚先生固年谱》,第66页。

《八表》和《天文志》尚未完成。其妹班昭整理《汉书》，传授给马融（79—166）等十名郎吏，而《八表》和《天文志》是待诏东观的马续所作。马融和马续分别是马严（17—98）的第五子和第七子，而马严曾与班固一起勘定《建武注记》，因此，他们与班氏及《汉书》的渊源实在是太过深厚了，由他们来整理和传布《汉书》，的确非常合适。

班固因卷入大将军窦宪案，于汉和帝（刘肇，79—105）永元四年（92）被下狱致死，这一年马融才十四岁。到了汉和帝元兴元年（105），皇帝驾崩，邓太后（邓绥，81—121）临朝听政，她命令班昭整理及教授《汉书》，马融受读可能就发生在此年，当时他已经二十七岁了。马续的年龄或与马融接近，不过，他们或许都不是《汉书》最初的读者。

《后汉书》记载《汉书》著成之后，"当世甚重其书，学者莫不讽诵焉"。在写本时代，文献的传布靠的是学术中心内学者们的推动。洛阳是东汉的国都，大量学者云集在此，而班固负数世文名，又长期活动在皇帝左右，早就是蜚声远近的大学者了，因此《汉书》能够迅速取得轰动的效果并不奇怪。据现藏山东省济宁市的《执金吾丞武荣碑》记载，东汉桓帝（刘志，132—167）时，执金吾丞武荣"治《鲁诗经韦君章句》，阙帻传讲，《孝经》《论语》《汉书》《史记》《左氏》《国语》，广学甄彻，靡不贯综"（南宋洪适《隶释》卷一二）。看来到东汉晚期，《汉书》的传布范围已经相当广泛了。

班彪的学生王充其实很早就知道班氏父子撰述史书的活动，他或许是《后传》更早的读者。王充在《论衡·超奇》中这样记录："班叔皮续《太史公书》百篇以上，记事详悉，义浅理备，观读之者以为甲，而太史公乙。子男孟坚，为尚书郎，文比叔皮，非徒五百里也，乃夫周、召、鲁、卫之谓也。苟可高古，而班氏父子不足纪也。"这样看来，王充及许多人都看过班彪所作的《后传》，并给予其超过《史记》的评价。换言之，《后传》在班固续修以前，本就不是什么家传秘本，反而已经在社会上取得声望。考虑到《后传》与《汉书》间的递承关系，或许可以认为王充很早就对《汉书》的内容有了一定的了解。

综合以上可知，《汉书》历经班彪、班固、班昭、马续四人之手，整个编修工作持续数十年，其间历经几番政权的威压、人事的干预，书成不易，作者难为。虽然书稿几经聚散，主旨又几近颂圣，但其内容毕竟包罗有汉一代，综有条贯，文辞雅驯，意思娴美，确乎一代良史，取班固自言"艺由己立，名自人成"以目《汉书》及其传布，可以无愧。

第二章
《汉书》的结构与史学意义

　　《汉书》是中国古代第一部纪传体断代史，它的体例为后代官修史书所效法。

　　因为班氏父子断汉为史，所以《汉书》中处处凸显汉朝的伟大。在列传编纂上，《汉书》重视传主的官职位次；在"志"的部分，又分自然与人事，分别叙述汉朝的情况。

　　总的看来，《汉书》是史学发展中重要的一环，有承上启下的作用。

变通史为断代史

《汉书》继承了《史记》开创的纪传体体裁，又融入了新的思考。

班彪和班固对司马迁的史学才能既肯定又否定。他们肯定的是司马迁涉猎广博，贯穿经传，驰骋古今，称得上是善叙事理的良史之才（《汉书·司马迁传》）。他们否定的是司马迁"是非缪于圣人""先黄老而后六经""退处士而进奸雄""崇势利而羞贱贫"（《汉书·司马迁传》）。在体例安排和行文上，班氏父子对司马迁也有批评之处，比如他们反对《史记》将项羽列入本纪、将陈涉列入世家，认为这是司马迁自坏体例的做法。

班氏父子并不完全肯定《史记》从黄帝写到汉武帝时代的做法，他们认为，在《史记》以前，对于黄帝至春秋时代的帝王、公、侯、卿、大夫祖世所出，有《世本》记录；战国七雄并争以及秦并天下的历史，有《战国策》作为记录；汉定天下的历史，有《楚汉春秋》可以依凭。而司马迁所作，只有记载汉初至武帝时代的历史这一点颇可称道。班氏父子关注的重点是有汉一代，至于此前的历史，并不在他们的考虑范围之内。

在这样的思考下，班彪续作《后传》，可以说是要改写一部新作，目标是只叙述汉代历史，将时间限定在汉高祖刘邦起事至王莽败亡、东汉建立这一阶段。司马迁《史记》叙述如此长时段的历史，目的在于"究天人之际，通古今之变"，意在用人事阐释天道运转的合理；班彪的续作只关注汉代，其目的也变化为阐释"汉家尧后"的德运兴替，为汉必然取代秦及国祚延绵无绝摇旗呐喊。在体裁体例方面，《后传》采用纪传体，并对司马迁自坏其例之处做了修改。《后汉书·班彪列传》称《史记》成书之后，"好事者颇或缀集时事，然多鄙俗，不足以踵继其书"，班彪惩此，"作后传数十篇"。《论衡·超奇》说班彪续作达百篇以上，"记事详悉，义浅理备"。对比《史记》中汉代人物传记在五十篇左右，班彪的续作已经极具规模了。

　　变通史为断代史，看似不过是将撰述的时间段缩短的简单工作，实则不然。历史观念的变化必然导致记载对象的转换，记载对象的转换必然导致史学叙述方式的调整。收录人物的标准，合并传记的理由，编次先后的根据，以及汇传标目的设计，都要围绕新的历史观念、记载对象和史学叙述方式重新考虑。这种情况下，就不能单以时间长短而论史书之优劣了。后代学者比较《史记》与《汉书》优劣时，就有一种单纯比较撰述时长与字数多寡的做法。如西晋人张辅评论道："（司马）迁之著述，辞约而事举，叙三千年事，唯五十万言。班固叙二百年事，乃八十万言，烦省不同，不如迁一也。"（《晋书·张辅传》）这种观点，其实反映了东汉以后对于学术著作的一种愈简约愈优秀的认识，今日看来自不足取。但是张辅的比较却提醒读者，班氏父子并没有因为研究对象的时间短而减少叙述的笔墨，甚至描述更加浓墨重彩，使这一时段的历史情形得到极大的彰显。

然而，《汉书》的出现也标志着学者自由、独立、客观、公正地记录历史的时代终结了。

春秋时期，周天子及诸侯都设立史官主管文书记录，兼记大事。即便史官由政府任命，但也已经确立了独立工作与历史记录须保持公正等基本原则。比如，《左传·宣公二年》记载，晋灵公荒淫无道，正卿赵盾多次劝谏未果，只能出逃，尚未出境时得到消息说，他的族弟赵穿已经杀死晋灵公，于是赵盾又返回国都继续执政。史官董狐为此记下了"赵盾弑其君"并公之于众。赵盾辩解说杀人者是赵穿，自己无辜。董狐说："子为正卿，亡不越境，反不讨贼，非子而谁？"赵盾竟无言以对。《左传·襄公二十五年》记载齐国的崔杼弑杀国君，齐国太史写下"崔杼弑其君"，崔杼杀死太史；太史的弟弟继为太史，继续这样记录，又被杀；第二个弟弟继任太史，仍然这样写，崔杼不敢继续杀害他了。同时，南史氏听说太史执正被杀，带着书简准备去接任太史的工作，听说已经如实书写了，这才返回。

董狐与齐太史、南史氏由此成为中国古代史官秉笔直书的典型代表，他们的存在也说明史官撰述是可以不向政权低头的；不仅可以不屈服于政权，公正的史著还应该有批判政权的功能。孟子说："世衰道微，邪说暴行有作，臣弑其君者有之，子弑其父者有之。孔子惧，作《春秋》……孔子成《春秋》，而乱臣贼子惧。"（《孟子·滕文公下》）面对"圣王不作，诸侯放恣，处士横议"的混乱政治与思想局面，孔子选择以历史著作端矫风俗、整齐世情。司马迁复述孔子的意见是"我欲载之空言，不如见之于行事之深切著明也"（《史记·太史公自序》）。史家的自由、独立、客观、公正，是推动政治体自新自省、社会风气向上向前的马鞭，说它是古代社会运转的监督者也并不为过。可是自从汉明帝将司马迁批评为"微文刺讥、贬损当世"的"非谊士"之后，班固也只能由着皇帝"昭明好恶、不遗微细"的"圣论"成为自己搜罗史料叙述成篇的准衡了。

古代独立的史学传统被抛弃，受政府管控的汉家史学标准建立起来。自《汉书》以后，中国古代王朝基本上都有断代的纪传体史书存世，即便是那些地方性质的割据政权，也都有相应的独立断代史书留存。《汉书》的出现开创了断代性质的皇朝史书写模式，由此构成了中国古代所谓"正史"的基本框架。班固置于《汉书》中那种为尊者讳、为亲者讳的史学服膺于政治的理念，也代代相传，贯穿中国古代始终。了解《汉书》的结构，便能清楚其中的关窍节目。

纪传体断代史体裁的确立

中国古代史书编撰时，首先考虑的就是断限问题。断限指的是王朝从何时建立，史书便相应地从那时写起。比如，魏收撰写北齐国史的《高祖本纪》时，确立齐起元之年为高欢平四胡之年；阳休之则建议将起元定在齐魏禅代的天保元年（550）（《北齐书·阳休之传》）。类似的争论经常在历史上出现，因为新的王朝往往是脱胎于旧的王朝，两者的历史重叠之际，构成了史书撰写的模糊地带。唐代史学家刘知幾在《史通》中专设《断限》一篇，讨论唐以前史书涉及的断限问题。《汉书》变《史记》通史为断代史，首先就要解决汉朝的起元问题。

汉朝起自何年？现在看来，无论是哪一本历史年表，都明确记录了汉高祖刘邦在位时间是公元前206年至公元前195年。这个时间起讫清楚，应该不存在疑问了。可是倘若对照《史记·高祖本纪》来看，"汉元年十月"是后来追溯的起元时间，刘邦能够建元，根据是他被封为"汉王"，而"汉王"之位的分封者却是项羽。对比《史记·秦楚之际月表》，亡秦的各家诸侯与项羽分封的各路诸侯的历史兴替，更可一目了然。刘邦称帝是在击败项羽之后，那是他立为汉王的第五年。做了皇帝之后，刘邦也没有改元，于是第二年称为"汉六年"。

在汉武帝设立年号纪年以前，古人通过标记序数年份来记录某位帝王在位期间的史事，相关情况在传世文献和出土文献中屡见不鲜，学者也考辨甚详，可以说是古代史学常识了。① 刘邦做"汉王"也好，做"汉皇帝"也罢，都是他本人，所以不需要改变年份重新标明新的序数。但是，时间虽然客观连续，历史却产生了人为意义的变化。做"汉王"的刘邦，不过是一名诸侯；做"汉皇帝"的刘邦，已经是天下共主了。如果要书写汉代的历史，是从身为诸侯的刘邦写起，还是从身为天下共主的刘邦写起呢？

今日读者当然清楚，不能将刘邦的历史拦腰切断，说他五十六岁以前的生命属于战国时代、秦朝和楚，五十六岁以后的生命属于汉，汉的起元要从他做皇帝那时才算数。如果那样写历史，就是将历史看作一段又一段拼接起来的轨道，各自独立，互不干涉。历史当然是时间之河的人为反映，它不能够被抽刀断流。因此，汉的起元应该始于刘邦做汉王那一年。进一步说，写西汉的历史，不能只从刘邦做汉王写起，还要从刘邦出生写起，这样才能做到追根溯源。

可是问题又来了：如果写汉朝的历史要从刘邦本人写起，那么要不要写他在战国时代、秦朝和楚时代生活的亲戚故旧呢？如果写，写哪些人、不写哪些人呢？这个问题才是必须确定王朝断限的原因之一。确定王朝断限的另一个原因是追溯正统，

---

① 辛德勇：《建元与改元——西汉新莽年号研究》，北京：中华书局，2013 年，第2—6 页。

即王朝由何建立。正统能否确定，关系王朝是否得天命人心、国祚是否长久。如果旧王朝虐用民力，君主荒淫无道，新建立的王朝就有顺天应人、救民于水火的功劳，在后代看来最为正统。倘若旧王朝尚未丧失人心，新王朝凭借阴谋诡计得国，历史评价就不会太好。晋明帝（司马绍，299—325）一次问臣下自己的先祖是如何得天下的，宰相王导为他详细讲解了司马懿父子是如何擅权干政、弑君废帝的。晋明帝听说之后羞愧难当，以面覆床，说道："若如公言，晋祚复安得长远！"（《晋书·宣帝纪》）为帝者的后世子孙尚且如此考虑，更何况天下悠悠众口？所以，王朝断限必须设定在有利于展示新王朝功绩的时间节点处，才能突出新王朝的正统性。同样，凡是有利于显示正统的前朝人物，都可以收入史书当中，否则就果断摒弃。明白了这一点，对于《汉书》中的一些安排就比较容易理解了。

汉代所谓汉得火德的说法，根源在于董仲舒的《春秋繁露》。董仲舒说王者必须受天命而称王，称王之后要"改正朔，易服色，制礼乐，一统于天下，所以明易姓非继任，通以己受之于天也"（《三代改制质文》）。这种种手段，为的是展示新王朝区别旧王朝的正统。至于各种德运如何相代，董仲舒认为要按照五行相生的顺序排列。后来谶纬的作者将之改造，并根据民间刘邦是"赤帝子"的传说，认定汉家火德，与尧同运。①"赤帝子"的传说最有利于佐证西汉后期学者们对汉承火德之正统性的历史解释，这种说法源自高祖斩白蛇的故事。据说刘邦

---

① 陈苏镇：《〈春秋〉与"汉道"——两汉政治与政治文化研究》，北京：中华书局，2011年，第436—445页。

隐匿在芒砀山泽之时，一日醉酒后斩杀当道白蛇。后有从者见一老姬哭泣，从者问老姬为何而哭，老姬说我子是白帝子，变化成蛇挡在路上，被赤帝子所斩，言毕不见。这件怪事很可能是刘邦起义时为神化自己而编造的，其性质与陈涉搞的"大楚兴、陈胜王"的鬼叫狐鸣没有区别，都是当时惯用的把戏。后来，这个故事被司马迁收入了《史记·高祖本纪》，也就此成为具有历史意义的资料。"赤"很容易让人联想到火，而"白"是古代五行中金这一行的色彩，且西方属金，考虑到秦朝的统治中心在西部地区的关中平原，则以白帝子代表秦的国运，也就不奇怪了。所以"赤帝子斩白帝子"一说，也暗含着刘邦会终结秦政的历史趋势。实际上有汉一代，对于汉朝究竟属哪种德运，经过很多次争议，有承秦得水德说、灭秦得土德说，火德之说不过是西汉后期才形成并伴随"汉家尧后"的说法而居于主流地位的。这种说法蕴含着刘邦灭秦的历史功绩，是最后定型的汉朝对自己德运的认识，也是班氏父子接受的历史解释。既然如此，他们笔下的西汉历史，就应该从刘邦灭秦写起。

与起元相比，西汉的灭亡时间相对清楚，即亡于王莽代汉。但是仅仅写到王莽，似乎也不合适，因为这样西汉就成了一个不可能再次复兴的王朝了。于是，班氏父子一直写到王莽覆灭，写出了"汉"这个国号即将再次出现在中原大地。实际上，在东汉人看来，西汉和东汉其实是一体的，中间的王莽代汉只是历史的插曲，从东汉史书的命名就能清晰地看到这种认知。由班固开端、修撰过程贯穿整个东汉历史的《东观汉记》，本名就叫作《汉记》，只是因为修撰地点在洛阳东观殿，才被冠以"东观"二字。换言之，既然东汉朝廷将自己与西汉视作一个整体，在历史撰述方面也就无须特意区别了。这也是汉明帝那么看重西汉历史如何书写的一个原因吧。

既然汉的建立与秦的灭亡密不可分，那么掀起亡秦浪潮的陈涉以及在反秦战争中曾经为天下霸主的项羽就必然要出现在《汉书》中。既然班氏父子反对司马迁将项羽列入本纪、将陈涉列入世家，他们也就应该为二人找到合宜的体例。还是回到班彪对司马迁的批评上来："司马迁序帝王则曰本纪，公侯传国则曰世家，卿士特起则曰列传。又进项羽、陈涉而黜淮南、衡山，细意委曲，条例不经。"（《后汉书·班彪列传》）在"整齐"传记体例的概念设计中，项羽和陈涉确实不适合列入本纪和世家。项羽虽然做过天下霸主，可毕竟不是正牌的皇帝；陈涉虽然曾称楚王，可毕竟没有传国子孙。《汉书》的做法是设立了《陈胜项籍传》，将他们的传记安排为全部传记的第一位，表示他们虽然没有成为帝王，但也确实是汉家基业的先驱。

其实《汉书》将项羽归入列传还有更深一层的意义，非了解本纪体例的意涵不能明确。一般读者认为纪传体史书最主要的内容是人物传记，这当然没有问题，不过本纪不单纯是皇帝的个人传记，它更多的是以皇帝为核心的大事记，"某帝本纪"的意义就在于用皇帝的个人编年串联历史事件。回忆前文提到的以皇帝在位年数标注历史的情形，本纪的作用就不难理解了。取消《项羽本纪》，除了因为他没有做过皇帝外，关键的因素实在于班氏父子不承认项羽曾经号令天下，且刘邦也曾臣服于他的过往。换言之，《汉书》试图将亡秦的功劳由刘邦独占。《史记·项羽本纪》中虽然不以项羽纪年，但是《史记·秦楚之际月表》中"项"的编年一直在持续。对于这段急促的历史，司马迁描述为"五年之间，号令三嬗，自生民以来，未始有受命若斯之亟也"。《项羽本纪》的存在提示读者，秦与汉的历史兴替之间，还存在过名之为楚的政权，而且楚政权先后经历了陈涉之楚、怀王之楚和项羽之楚。刘邦曾经也是楚政权的一分子的历史，在以刘邦为主角的《汉书·高帝纪上》《高帝纪下》中隐遁无踪了。

据《史记·项羽本纪》载，陈涉死后，项梁成为楚军领袖。他以薛地为大本营，召集各处义军将领在薛地聚会，共商大计，扛起了统一各路起义军的旗帜，"此时沛公亦起沛，往焉"。《史记·高祖本纪》载，此前刘邦在丰、薛等地反复作战，攻丰不下，此时乃去依附项梁，得到项梁五千士兵、十名五大夫将的增援。凭着项梁的帮助，刘邦顺利拔下丰地。倘若刘邦不从属于项氏，当然不可能得到这支生力军，继而在军事斗争中能否继续生存下去也很难说。《史记·高祖本纪》后来写刘邦"从项梁月余"，就是刘邦依附于项梁的明证。《秦楚之际月表》将项梁与刘邦的见面系于秦二世二年（前208）四月，同年六月，刘邦又来到薛，"共立楚怀王"。此后，刘邦与项羽配合北救东阿、西略三川，接连打了几个漂亮仗。当刘邦与项羽正联合攻陈留时，项梁战死的消息传来，二人又同时做战略移动，撤回砀郡。凡此都表明，《史记》记载的刘邦是项梁起义军中的一支，他与楚政权有极深的渊源。可类似的情况在《汉书》中却有着截然不同的处置。

《汉书·高帝纪上》提及项梁，仅用"项梁与兄子羽起吴"一句带过，而后叙述"田儋与从弟荣、横起齐，自立为齐王。韩广自立为燕王。魏咎自立为魏王"，如此一来，项梁成了诸多起义军中的一支，与刘邦没什么关系。至于秦二世二年四月刘邦与项梁的会面，《汉书·高帝纪上》记载为"项梁击杀景驹、秦嘉，止薛，沛公往见之。项梁益沛公卒五千人，五大夫将十人。沛公还，引兵攻丰，拔之"。如此一来，这次会面对于刘邦的意义完全不能显明，刘邦臣属于项梁的事实更被隐藏起来了。《史记·秦楚之际月表》中，秦二世三年（前207）之后的纪元是义帝元年（前206），义帝就是项氏拥立的楚怀王熊心。刘邦也参与了拥立活动，他能够在关中称王，其政治凭据就是楚怀王的"怀王之约"。可是《汉书·高帝纪上》在秦纪元结束之后，紧接着就是汉纪元，完全将楚怀王的法统抹去了。《汉书》的种种做法都是为了将灭秦功劳由刘邦独占，表明刘邦是承秦之后的天下共主罢了。如果没有《史记》，这种历史叙述将成为人们唯一的历史记忆，秦、楚、汉的历史兴替与楚在亡秦上的历史贡献，都将被抹杀。

作为终结西汉基业的王莽，曾经建立过国号为"新"的王朝，也做过十几年皇帝，他总有资格被写入本纪吧？很抱歉，王莽更没有资格。与陈涉、项羽这些历史开创者比起来，王莽是汉之罪人，班固评价他道："自书传所载乱臣贼子无道之人，考其祸败，未有如莽之甚者也。"（《汉书·王莽传下》）这样一个"滔天虐民，穷凶极恶，流毒诸夏，乱延蛮貉"的历史罪人，怎么可能列入本纪呢？这样看来，哪些人能入《汉书》的本纪部分已经非常清楚了——只有真正的汉朝皇帝，才能被写进去。

这时又有一个问题显现了：如何安排高皇后吕雉？吕雉作为刘邦的正妻，在反秦灭楚和安定汉初政治局面上有大功，《史记》专门设立《吕太后本纪》来叙述高后统治时期的历史。虽然司马迁还创作了《外戚世家》来容纳为汉家皇帝提供"外戚之助"的后妃们，但高后却是以天子而非外戚的身份出现在其史书中的。按理说班氏父子如此信奉儒家教条，当然不会不清楚男女内外之别，但他们也在《汉书》中设立了《高后纪》，这又是为什么呢？

其中一个原因很简单。汉惠帝驾崩之后，太子即位，称作少帝，因年幼，便请太后临朝称制。少帝后被废，太后又立恒山王刘弘为皇帝，他同样年少不更事，大权仍把持在高后手中。皇帝换了两个，但是国家的纪年仍以临朝称制的高后为准。《史记》和《汉书》都记录高后称制八年，始于惠帝驾崩，终于文帝登基。20 世纪 80 年代，出土于湖北江陵张家山西汉初墓葬中的律令文书，标有"二年"字样，经学者考证便是"吕后二年"之意。高后虽无皇帝之名却有皇帝之实，她已经称制纪年，编撰史书时也实在不能绕过她另行一套纪年方式，所以《史记》和《汉书》都为高后设立本纪。

另一个原因可能是出于政治方面的考虑。高后在汉惠帝身后扶持的两个小皇帝，可能都不是惠帝的子孙，在文帝即位之前，他们都被朝中大臣杀死了。汉文帝的即位，充满波折和阴谋，现实政治迫使他不得不否定掉汉惠帝继承人的继承权，这是《汉书》不会为两个小皇帝立本纪的现实原因。

据《风俗通义》记载，汉成帝向刘向求证先祖丰绩时称"世俗多传道：孝文皇帝，小生于军，及长大有识，不知父所在，日祭于代东门外；高帝数梦见一儿祭己，使使至代求之，果得文帝，立为代王。及后征到，后期，不得立，日为再中"。汉文帝的身世和即位经过，具载于《史记》《汉书》。《风俗通义》中刘向、应劭驳斥"传道"所依凭的材料，亦源自正史的记载。从历史记录的角度看，文帝的身世无可争议，但为何出现如此荒诞不经的神异描述，非但为世俗所传，而且一度混淆了后世子孙对于家族祖先和皇统延续的记忆？现在看来，否定其正统身世的传说，可能源自其帝位的竞争者。

文帝前元元年（前179）正月，有司请早建太子。文帝以为："楚王，季父也，春秋高，阅天下之义理多矣，明于国家之大体。吴王于朕，兄也，惠仁以好德。淮南王，弟也，秉德以陪朕。岂为不豫哉！诸侯王宗室昆弟有功臣，多贤及有德义者，若举有德以陪朕之不能终，是社稷之灵，天下之福也。"（《史记·孝文本纪》）文帝前元元年十月即位，至此方三月，而议立太子事，确实太早。有司建言："古者殷周有国，治安皆千余岁，古之有天下者莫长焉，用此道也。立嗣必子，所从来远矣。高帝亲率士大夫，始平天下，建诸侯，为帝者太祖。诸侯王及列侯始受国者皆亦为其国祖。子孙继嗣，世世弗绝，天下之大义也，故高帝设之以抚海内。今释宜建而更选于诸侯及宗室，非高帝之志也。更议不宜。"（《史记·孝文本纪》）这是史籍中首次记载汉高祖关于天下的继承构想为"子孙继嗣，世世弗绝"。

自高后崩，诸吕被诛，汉宗室与诸大臣谋划继立者，除惠帝诸子外，首先考虑的是齐王刘襄，但为琅琊王刘泽力阻，又考虑淮南王刘长，最后才考虑代王刘恒。考虑齐王，是以其发兵界上，造成紧急态势而加速诸吕灭亡有功而论；而淮南王于诛杀诸吕无可称道者，非但如此，刘长由高后抚养长大，在高后铲除刘姓诸王时从未受到牵连，在他人眼中已是吕氏一党，竟被视作汉帝位的合理继承者，足见其在汉帝位继承人中的重要。仅就此讨论顺序看来，代王刘恒于高祖诸子孙中并没有多少竞争力。

惠帝诸子及齐王乃惠帝子辈，以子承父，接续惠帝法统，是正统的选择。而淮南王和代王，则是高帝子。若以此二人承继帝位，则需避开本可以接受的惠帝子和齐王。接续惠帝法统的继承人，无疑要面对诸大臣杀害诸吕的政治现实。为防报复，惠帝子被诸大臣果断斩杀。齐王辈分较代王、淮南王低，但所空缺的帝位，乃是承惠帝之统。若依"父子相传"，应以惠帝子辈为之。惠帝崩后，高后所立两帝，均托为惠帝子。其时琅琊王刘泽说齐王："齐悼惠王高皇帝长子，推本言之，而大王高皇帝适长孙也，当立。"（《史记·齐悼惠王世家》）

齐悼惠王并非高帝嫡子，齐王刘襄自然称不上嫡长孙，但是从大臣们和齐王的态度来看，他们是认可的。然而在文帝元年有司的解释中，文帝即位以后要遵守高皇帝的"父子相传"约定，就要建立"高祖—文帝—文帝子"的继承顺序，故此前存在于文帝和高祖之间的惠帝法统自此被彻底清除。文帝也只有一方面凭借"高帝子"的身份，另一方面配合"父子相传"的继承原则，并以此对已经构成的即位现实加以解释，才能否定惠帝子辈的继承机会。齐王因之与帝位无缘。

淮南王先于代王被考虑，很有可能是因为淮南王是高后养子，其身份接近"嫡子"。身份有别，则继承顺序各异，代王缺乏这种身份上的优越性。

文帝入继充满偶然，这导致其自即位之初，即对宗室诸王有所顾忌。高后八年（前180）九月，代王初至长安，诸大臣言于代王："子弘等皆非孝惠帝子，不当奉宗庙。臣谨请（与）阴安侯、列侯顷王后与琅邪王、宗室、大臣、列侯、吏二千石议曰：'大王高帝长子，宜为高帝嗣。'愿大王即天子位。"代王则对曰："奉高帝宗庙，重事也。寡人不佞，不足以称宗庙。愿请楚王计宜者，寡人不敢当。"（《史记·孝文本纪》），这里的刘氏宗室阴安侯，即刘邦长嫂、刘伯之妻；顷王后为刘邦次兄刘仲之妻；琅琊王即刘泽。代王提及的楚王刘交，乃刘邦异母弟，于宗室中最为德高望重者。代王所语，似即应寻刘交另行商议，亦可理解为他认为以刘交为帝为宜，当然，这不过是假托之词。而后文帝前元元年（前179），文帝声称欲传国于楚王、吴王、淮南王，正说明他对诸侯王入继汉室的可能保有戒心。这次，他终于借有司之口，重新解读"父子相传"一语，按照约定，将非刘邦子的楚王刘交、吴王刘濞排除出帝位继承人行列。

今日看来，无论是惠帝诸子、齐王还是淮南王，都是高祖刘邦的子孙，纵然由他们而不是文帝继承汉帝位，对于刘氏一族来说，没有什么本质区别。文帝将帝位限定在"高祖—文帝—文帝子"一系，试图通过明确本系数与家族旁系的界限来维护本系利益，而他的这一目的，也只有通过对刘邦与诸侯约定的"父子相传"原则的解释才能实现。

文帝时，贾谊在《新书·立后义》中载"立子之法"云："今以为知子莫如父，故疾死置后者，恣父之所以，比使亲戚不相亲，兄弟不相爱，乱天下之纪，使天下之俗失，闻尊敬而不让，其道莫经于此。疾死置后，以嫡长子，如此则亲戚相爱而兄弟不争，此天下之至义也。民之不争，亦惟学王官国君室也。"汉文帝时期，民间设置继承人乃是"恣父之所以"，即在嫡子之中以父意设置继承人。嫡长子继承是理想中的继承模式，在贾谊看来，以嫡长子作为继承人是较好地解决亲戚兄弟之间矛盾的办法，也是"王官国君"通行的继承原则，宜为编户民学习。

而景帝以后对于"父子相传"的再解释，则将重点放在对汉朝帝位传递的限制上。对文帝传位于景帝，诸侯王并不满意。景帝前元三年（前154），吴王刘濞起兵，遗诸侯王书云："楚元王子、淮南三王或不沐洗十余年，怨入骨髓，欲一有所出之久矣……"（《史记·吴王濞列传》）《汉书·楚元王传》载楚元王有子郢客，高后时为宗正，封上邳侯，文帝时嗣为王，史称"文帝尊宠元王，子生，爵比皇子。景帝即位，以亲亲封元王宠子五人：子礼为平陆侯，富为休侯，岁为沈犹侯，执为宛朐侯，调为棘乐侯"。淮南三王则是文帝前元十六年（前164）所封的淮南三子，以刘安为淮南王、刘勃为衡山王、刘赐为庐江王，"皆复得厉王时地，参分之"（《史记·淮南衡山列传》）。文景二帝尊崇楚王，楚王之子皆得封侯，与一般诸侯王之子大不同；对淮南厉王诸子，文帝同样使子继父。拥有此等优渥的待遇，各国仍不满意，这自然与帝位继承一事有关。文帝即位实属偶然，然将帝位传于景帝，便顺理成章地建立起了文帝一系的法统，诸侯绝望，必生不满。

于是，汉朝帝位能不能在文景之间顺利传递关乎汉朝政局能否稳定。西汉时已经有关于文帝身世的谣言，足以证明有些汉家宗室对文帝心怀不满，故意编造不实之词，其目的恐怕就在取而代之。如此，文帝就必须依靠刘邦传下的"父子相继"约定作为维护自己正统的筹码。在新建立的正统中，"惠帝—惠帝子"的传承自然被否定掉了。既然如此，"惠帝子"做皇帝的八年时光，应该也不宜被记录在历史上。司马迁为高后设立本纪并以之纪年，固然是遵从了当时的现实情况，也应该考虑到了文帝即位背后的复杂政治因素。《史记》尚且如此，最重视汉家法统的《汉书》怎么能体会不到其中的深意呢？班氏父子为高后设立本纪，既尊重了汉朝的政治现实，又与他们的一贯主张保持了一致。

班固将本纪称为"春秋考纪"，乃是比附孔子修《春秋》成鲁国十二公之意。汉朝皇帝的本纪自然也应取十二之数，这既满足了现实政治考虑，也比附了传统经典的意义。

《史记》设立十表，作为时间线索容纳历史发展的详细情况，以补充本纪和列传的不足。这十个年表分别是《三代世表》《十二诸侯年表》《六国年表》《秦楚之际月表》《汉兴以来诸侯王年表》《高祖功臣侯者年表》《惠景间侯者年表》《建元以来侯者年表》《建元已来王子侯者年表》以及《汉兴以来将相名臣年表》，上起三代，下至武帝，基本的历史发展细节都历历在目。年表在手，配合纪传，读者便可以对整个《史记》叙述的历史时段有个全面的了解。《汉书》设立八表，分别是《异姓诸侯王表》《诸侯王表》《王子侯表》《高惠高后文功臣表》《景武昭宣元成功臣表》《外戚恩泽侯表》《百官公卿表》以及《古今人表》，前六表记载汉朝王侯更替的历史，与《史记》有重叠之处，对汉武帝以后诸侯的情况也有所收录，这本就是《汉书》续《史记》而作的初衷，并不奇怪。其中值得注意的是《百官公卿表》和《古今人表》。

《百官公卿表》分为两部分，前者解释汉朝各官僚机构的设置情况及职守所在，后者罗列三公列卿的更迭情况，对了解西汉官制和政治沿革极有帮助。

《古今人表》是《汉书》的独创。表前序文称："传曰：譬如尧、舜，禹、稷、卨与之为善则行，鲧、讙兜欲与为恶则诛。可与为善，不可与为恶，是谓上智。桀、纣，龙逢、比干欲与之为善则诛，于莘、崇侯与之为恶则行。可与为恶，不可与为善，是谓下愚。齐桓公，管仲相之则霸，竖貂辅之则乱。可与为善，可与为恶，是谓中人。因兹以列九等之序，究极经传，继世相次，总备古今之略要云。"从序文中所举例子和评价来看，此表与刘向、扬雄的人物分类方式很接近。《太平御览》卷二六五引《孙楚集》说"九品汉氏本无，班固著《汉书》，序先往代贤智，以九品条，此盖记鬼录次第耳"，唐长孺先生根据《史记》中称李蔡"为人在下中"，认为汉代已经用品第来分别人物，这在当时是流行的办法。①

于是《古今人表》中出现了三类九等，将传说中的人物与汉以前的人物混合排列。这三类九等分别是："上上圣人""上中仁人""上下智人"——此为上等；"中上""中中""中下"——此为中等；"下上""下中""下下愚人"——此为下等。"上上圣人"包括太昊帝宓羲氏、炎帝神农氏、黄帝轩辕氏、少昊帝金天氏、颛顼帝高阳氏、帝喾高辛氏、帝尧陶唐氏、帝舜有虞氏、帝禹夏后氏、帝汤殷商氏、文王周氏、武王、周公、仲尼。"上中仁人"包括女娲氏、共工氏、容成氏、大廷

---

① 唐长孺：《九品中正制度试释》，《魏晋南北朝史论丛》，北京：中华书局，2011年，第104页。

氏、柏皇氏、中央氏、栗陆氏等，还收录了姜原、简逷、陈丰、娵訾、女漬、女皇等古贤妃。"上下智人"包括仓颉、敤手（舜妹）、少康、二姚，等等。"中上"包括靡、女艾、冥，等等。"中中"包括昌若、根圉、有扔君、武罗，等等。"中下"包括中康、相、后缗，等等。"下上"包括后夒、玄妻，等等。"下中"包括朱（尧子）、阏伯、实沈、女志，等等。"下下愚人"包括蚩尤、九黎、共工、讙兜、三苗、鲧，等等。以上都是对传说中的人物进行分类，并没有太大意义。直到班氏父子将春秋战国之际的人物分等分类，才对今人了解他们的人物评价观念有帮助。此表下限是秦统一六国为止，"下下愚人"最后两名是赵高和阎乐，他们是逼迫秦二世（胡亥，前 230—前 207）自杀的恶人。秦始皇、李斯、项梁、秦子婴、项羽、陈胜和吴广都被排在"中下"行列，看来班氏父子对他们的印象不是太好。《古今人表》是《汉书》保留《史记》通史精神的一环，它究竟是为何而作，目前仍没有明确的结论。不过此表名为"古今"，却没有将汉朝人分等排列，表明班氏父子终究不敢太明确地品第当代人物。或许有心人可以从《古今人表》的情况推知他们如何看待汉朝人物吧。

《史记》还开创了"书"这种体例，容纳司马迁认为重要的历史上的各种制度。《史记》的"书"有八种，分别是《礼书》《乐书》《律书》《历书》《天官书》《封禅书》《河渠书》《平准书》。《汉书》将"书"改为"志"，并将其数量增加到十个，分别是《律历志》《礼乐志》《刑法志》《食货志》《郊祀志》《天文志》《五行志》《地理志》《沟洫志》和《艺文志》。《汉书》虽然是作为断代史出现，但是律历、天文这些内容其实是相通的，所以其内容和《史记》大体一致。不过班固的天文学知识并不是很足，所以他没有完成《天文志》，而是由马续补作，这是他和司马迁不同之处。

关于《汉书·律历志》，唐代大儒颜师古认为："志，记也，积记其事也。《春秋左氏传》曰'前志有之'。"所谓"积记其事也"，似乎是汇集经、传、说之辞而大成之意。从内容上看，"志"用于说明一类事物的发生发展情况，其范围应有所限定。在《汉书》中，以《五行志》的表现最为显著。《汉书·五行志》中反复出现"经曰""传曰""说曰"的叙述格式，并继之以春秋以来的史事以验证经、传、说。用《五行志》的写作初衷来解释，就是："汉兴，承秦灭学之后，景、武之世，董仲舒治《公羊春秋》，始推阴阳，为儒者宗。宣、元之后，刘向治《穀梁春秋》，数其祸福，传以《洪范》，与仲舒错。至向子歆治《左氏传》，其《春秋》意亦已乖矣；言《五行传》，又颇不同。是以揽仲舒，别向、歆，传载眭孟、夏侯胜、京房、谷永、李寻之徒所陈行事，讫于王莽，举十二世，以傅《春秋》，著于篇。"简言之，《五行志》就是汇集关乎五行的经、传、说和行事的学问讨论集。亦即，班固模仿经学中的章句体而成诸志。

以此为基点考察《汉书》中的"志"，基本可以将其分为两类，一类是《律历志》《天文志》《五行志》，讨论自然；一类是《礼乐志》《刑法志》《食货志》《郊祀志》《地理志》《艺文志》和《沟洫志》，讨论人事。学者评价《汉书》十"志"较《史记》八"书"更为完善，是因为其反映了全面的社会生活范围，且提供的国家结构的资料较为完整。①

　　班固对于谶纬学说特别了解，他在《汉书》中叙说了汉朝受命的各种观点和印证，即五德终始说的理论和实践。《五行志》广泛引录西汉刘向、刘歆父子的各种论证，因为他们"集合上古以来历春秋六国至秦汉符瑞灾异之记，推迹行事，连传祸福"（《汉书·刘歆传》），是相关领域的大师。由于有前人的积累，《五行志》也从《春秋》记载的时代写起，直至汉朝，以经为本，罗列传、说加以解释。如：

　　《春秋》成公十六年"正月，雨，木冰"。刘歆以为上阳施不下通，下阴施不上达，故雨，而木为之冰，雾气寒，木不曲直也。刘向以为冰者阴之盛而水滞者也，木者少阳，贵臣卿大夫之象也。此人将有害，则阴气胁木，木先寒，故得雨而冰也。是时，叔孙乔如出奔，公子偃诛死。一曰，时晋执季孙行父，又执公，此执辱之异。或曰，今之长老名木冰为"木介"。介者，甲。甲，兵象也。是岁晋有鄢陵之战，楚王伤目而败。属常雨也。

　　传曰："弃法律，逐功臣，杀太子，以妾为妻，则火不炎上。"

　　说曰：火，南方，扬光辉为明者也。其于王者，南面乡明而治。《书》云："知人则哲，能官人。"故尧舜举群贤而命之朝，远四佞而放诸野。孔子曰："浸润之谮、肤受

---

① 朱维铮著，廖梅、姜鹏整理：《中国史学史讲义稿》，上海：复旦大学出版社，2015 年，第 123 页。

之诉不行焉，可谓明矣。"贤佞分别，官人有序，帅由旧章，敬重功勋，殊别適庶，如此则火得其性矣。若乃信道不笃，或耀虚伪，谗夫昌，邪胜正，则火失其性矣。自上而降，及滥炎妄起。灾宗庙，烧宫馆，虽兴师众，弗能救也，是为火不炎上。

按照类似的解释，各种引发灾异的历史事件都有自然法则可以为之疏通。换言之，了解了自然法则也能够避免灾异发生。相关论说本诸董仲舒的公羊学，它们是汉代意识形态的主流。天体运行的规律即日月五星的视运动规律使人们相信天道的循环往复，将此自然法则与社会法则联系起来，人们也会认为历史发展变化有规律可循，其规律就是德运的兴替，《汉书》称其为"三统""五德"。"五德"是金、木、水、火、土五种德运，前文已经多次提及了。"三统"是"天施、地化、人事之纪"三者，即天、地、人，也就是自然界和人类社会中的三个主要因素，它们与"五德"一样，可以脱离本来的自然属性变成独立的符号，与历史相配。《汉书·律历志》说"三代各据一统，明三统常合，而迭为首"，则三代往复循环承接，与五德终始意义一致，展示了王朝更替的自然意义。于是，从少昊、太昊直到光武皇帝的历史排列，就在《汉书·律历志》的"世经"部分得以呈现。① 汉家上承百王、下开国运的历史地位，也在《汉书》中体现了出来。

班固在《汉书》中还设立了《食货志》《地理志》和《艺

① 朱维铮著，廖梅、姜鹏整理：《中国史学史讲义稿》，第128—129页。

文志》，开创了正史设立相关志书的先河。

《食货志》是记录汉代经济生活的专门文献。班固说："《洪范》八政，一曰食，二曰货。食谓农殖嘉谷可食之物，货谓布帛可衣，及金刀龟贝，所以分财布利通有无者也。二者，生民之本。"于是，汉代农业生产和商品经济的主要活动都汇集在《食货志》中了。这种将农业和工商业并重的做法，提醒着读者重新反思所谓中国古代的"重农抑商"传统。

《地理志》记载了汉代地理区划。有学者指出，班固依据元延（前12—前9）、元始（1—5）年间政府职方册籍制定了《地理志》，而与传统的地理文献《禹贡》《职方》《域分》《风俗》及西汉十三州部无关。① 《艺文志》则是汉朝宫廷藏书即所谓"中秘书"的目录。"艺"指儒家经典，"文"指各种文献。这份目录包含书名、作者、卷（篇）书，在不同类别前班固还写有序，《艺文志》由此成为了解东汉以前学术脉络的钥匙。现在一般认为，《汉书·艺文志》与刘向、刘歆父子的《七略·辑略》大有关联。

《汉书》取消了"世家"而将其内容归入"列传"，这一做法在班彪那里就已经出现了，班固应是祖述父志。至于其原因，虽然班氏父子没有明确写出，但从历史情况来看也非常合理。司马迁面对的社会状况仍然包括自春秋战国以来传国不绝的世卿世禄，可是汉朝建立后，血统贵族的数量不仅大量减少，在政治生活中的地位也远不及秦汉以前的状态。有学者说"就长保权势富贵的可靠性来说，血统不及功业，得到先世余荫不及

---

① 李新峰：《试释〈汉书·地理志〉郡国排序》，《北京大学学报》2005 年第 1 期。

拥有土地或经术"①，是十分恳切的意见。

前文论及，《汉书》成书以前，已有诸多续修《史记》者，《后汉书·班彪列传》称"后好事者颇或缀集时事，然多鄙俗，不足以踵继其书"。对班固来说，即便不考虑所谓"好事者"的"鄙俗"之书，其父的续作也是无法绕过的重要遗产。钱穆认为班彪续《史记》所写的六十五篇列传，"班固并没有完全用，或许数人并一传"②。由此可见，如何将成于众手的文献进行统一，成为班固面临的难题，下文将对《汉书》的列传编纂作一具体讨论。

---

① 朱维铮著，廖梅、姜鹏整理：《中国史学史讲义稿》，第123页。
② 钱穆：《中国史学名著》，北京：生活·读书·新知三联书店，2005年，第97页。

《汉书》的列传编纂

要讨论《汉书》的列传编纂，首先要了解《史记》的列传编纂情况，在此基础上看看《汉书》继承了哪些方面，又在哪些方面做了改动。

刘知幾总结编年体有"中国外夷，同年共世，莫不备载其事，形于目前。理尽一言，语无重出"的优点（《史通·二体》），《史记》的缺点则是"事迹错糅，前后乖舛"（《史通·六家》）、"若乃同为一事，分在数篇，断续相离，前后屡出"（《史通·二体》）。编年体有优点，纪传体有缺点，后者之弱项当然是以人物为叙述主体不可避免的结果，但也不宜过于苛责。与《史通》不同，《汉书·司马迁传》对司马迁的评价则是"有良史之材，服其善序事理，辨而不华，质而不俚，其文直，其事核，不虚美，不隐恶，故谓之实录"。此观点来自刘向、扬雄，班固亦赞同。袁宏《后汉纪》转述为"然善述事，辩而不华，质而不野，文质相称，盖良史之才也"。在汉晋人眼中，司马迁以叙事见长。刘知幾批评《史记》"编次同类，不求年月"，或许并不准确。

司马迁未必没有意识到纪传体对于叙事连贯的破坏，因此他努力按照一定的编纂秩序安排人物列传，尽量使人物的"行事"相互照应连贯。这个编纂秩序包含两方面的要素，一是时间，二是"行事"。"行事"就是举措言语，人物"行事"很难用种属相连的类别加以区分，所以不如按照人物参与时间将"行事"分为两类，一是"共同做同一件或接近之事"，简称"同时共事"；二是"先后做同类或接近之事"，简称"异时类事"。

"同时共事"的合传情况很好理解。《史记》中记载的部分人物，共同生活在同一社会环境中，有着相同的际遇，曾合力促成某事。比较明显的有《廉颇蔺相如列传》中，廉颇、蔺相如以及李牧、赵奢诸人曾于战国末期合力为赵抗秦。传中明确地提到传主功业相同，也是"同时共事"的典型。如《张耳陈馀列传》中所谓"陈馀、张耳一体有功于赵"，在当时人看来，甚至在陈馀自己看来，张耳、陈馀的功劳是一致的，如此被合传理所应当。同样的情况还有《樊郦滕灌列传》，《太史公自序》称："攻城野战，获功归报，哙、商有力焉，非独鞭策，又与之脱难。"此传中四人以战功相似而合。《袁盎晁错列传》所谓"敢犯颜色以达主义，不顾其身，为国家树长画"，袁盎、晁错虽为政敌，但是行事主张、所立功勋却异曲同工。除以上所举诸例外，《伯夷列传》《樗里子甘茂列传》《郦生陆贾列传》《刘敬叔孙通列传》《季布栾布列传》《张释之冯唐列传》《魏其武安侯列传》《卫将军骠骑列传》《平津侯主父列传》《淮南衡山列传》《汲郑列传》中诸人均"共同做同一件或接近之事"，可按"同时共事"标准合传。

"异时类事"的合传也不难理解。《史记》中记载的部分人物，虽生活在不同的时代，但或"行事"有近似之处，或相继促成了同一事件，因而被司马迁合传。先看相继促成同一事件的情况。最为明显的是《白起王翦列传》，白起和王翦先后于秦昭王（嬴稷，前325—前251）和秦始皇时期为将，都对秦统一六国有促成之功。类似的还有《管晏列传》《范雎蔡泽列传》，诸人先后于齐、秦为相，促成了齐国兴盛及秦国统一。"行事"有近似之处的列传多为学者、辩士合传。学者或因为学术思想接近，先后建立学术派别，或都因某种学术主张取得政治上的成功；或遭逢际遇相似，都通过文章游说干说、寄情抒怀。前者以《老子韩非列传》《孙子吴起列传》《孟子荀卿列传》为典型，后者以《鲁仲连邹阳列传》《屈原贾生列传》为典型。

《史记》是模拟《春秋》的作品。按照时代顺序编连人物及史事，是《史记》的基本写作模式。具体而言，就是按照诸人"行事"的时间先后顺序排列。比如卷一〇一至一〇四分别为《袁盎晁错列传》《张释之冯唐列传》《万石张叔列传》《田叔列传》。从诸传记载诸人事迹看，袁盎、张释之首见于汉文帝时，石奋、田叔则首见于汉高帝时。仔细考察列传内容，袁盎、张释之任官于汉文帝时，显名亦在汉文帝时；石奋在汉高帝时"为中涓"，并无名行可称，后"其官至孝文时，积功劳至大中大夫。无文学，恭谨无与比"，方才有功劳官位可以称述；田叔于汉高帝时为赵王郎中，而后为汉中郡守十余年，至汉文帝时因救孟舒一事方才显名。《史记》并不是记录人物迁转的簿册，如无可称述的"行事"，则难以于其中留名。从这四个列传的编次顺序即可看出，《史记》的列传编次是以人物"行事"的时间为序的。

以人叙传，按照时间顺序编次列传，按照人物"行事"合传，构成了《史记》列传编纂的三个基本要素，可称为列传范式。《史记》中的人物列传基本都按照这三个要素完成，并确定彼此之间的先后位置。但是，由于《史记》完全是司马迁个人天才般的作品，其中也包含着只有他本人才能解释的情况，因此列传范式可以说明大多数列传的情况，但是若将此视作统一前后、理解一切的神兵利器，也不免有些夸大了。归根结底，司马迁拥有列传书写的最终解释，他是这一切的创造者，也是主宰者。《史记》是他个人学术思考的成果，列传范式是他个人学术尝试的结晶，既然如此，它们就不可避免地带有司马迁个人的烙印。

今日学者考察《史记》列传，形成了众说纷纭的观点，这就表明要试图归纳出司马迁的学术思路有很大的难度。如果进一步推敲，在司马迁以后的时代，学者们要试图模仿《史记》完成同类作品，难度就更可想见了。

换言之，作为司马迁个人学术尝试结晶的列传范式，能否被其他学者使用，作为进一步创作的基础，有赖于后来学者对列传范式做出修订，使其特征更为鲜明、更好把握。这项工作是班固完成的。

《汉书》与《史记》不同的创新点有二。其一，在编排列传时，有意识地以"宗王传"作为分隔不同时代人物的界限。如高祖刘邦至惠帝、高后时代诸臣紧随于《高五王传》后；《文三王传》后罗列文帝时代诸臣；《景十三王传》后罗列景帝时代诸臣；武帝、昭帝时代诸臣则列于《武五子传》后；《宣元六王传》后罗列宣帝以后诸臣。

其二，将历史人物按登用时间编次于不同时代。在"某帝某王传"后罗列此帝朝诸臣，则传首人物登用时间基本上是在该帝朝，而同传的其他人未必与传首人物同隶于一朝。

进一步说，《史记》是通史，可以打破时间限制，将人物按"行事"合传，而《汉书》并不具备这种条件。由是，《史记》列传范式中的"因事合传"原则，被《汉书》调整为"按官职位次合传"。

《汉书》编纂列传的优点是可以按照时间顺序和官职高低一目了然地了解某朝官员的基本情况，缺点是过于重视官员的官职位次，使列传人物的特色随之泯灭。并且，部分列传并不能完全满足此原则，呈现出《汉书》编纂中的内在矛盾。

比较《史记》和《汉书》，可以发现《史记》有很明显的私人色彩。司马迁撰写、编次传记自出机杼，后人只能仰望，却难以模仿。扬雄、班彪、班固都对此表示过批评。班固修改后的列传范式，将不便衡量的人物"行事"外化为官职位次，使合传有了较为明确的标准；又通过"宗王传"区隔不同列传单元，使编次列传在满足时间顺序的前提下，又能体现官职位次的秩序。

不妨这样理解，司马迁通过《史记》呈现出的列传范式，只是他个人学术思想的结晶，而班固通过《汉书》确立的列传范式，则可以成为由史官共享的集体写作模式。纪传体史书能够成为各王朝正史，成为官方史学的主要书写形式，应该与班固的这一创造密不可分。

《汉书》在材料和行文方面的特点

班固自永平五年（62）以后担任兰台令史，长期参与校订秘书的工作，在章帝朝更得宠任，享受了"读书禁中"的待遇，这些情况都表明班固有机会饱览汉廷所藏图书。在文献流通不便的年代，宫廷一定拥有最为丰富的藏书量，《汉书》号为博洽，与班固兼综载籍有相当大的关系。宫廷藏书又不仅限于一般意义上的经典和文化书籍，还包括政府的档案、诏令、奏议、记录等。司马迁应该就看过类似的文献，他在《史记》中常常提到"余读《谍记》"（《三代世表》）、"余读《秦记》"（《六国年表》）。以某些具体历史文献作为修史的参考时，《史记》就会以"读某某"的形式显示。《史记》中还有"余读秦楚之际"之语（《秦楚之际月表》），便是司马迁读到了记录秦楚之际历史的书，或者是汉政府的官方档案，或者就是西汉陆贾的《楚汉春秋》。司马迁还提到了"余读高祖侯功臣"（《高祖功臣侯者年表》）、"太史公读列封至便侯"（《惠景间侯者年表》），根据前面的例子可以判断他读到了包括封侯者姓名、封地、传国情况等在内的汉朝封侯原始档案信息。司马迁有校书中秘的经历，太史令又掌管天下图籍，所以他能够接触到各种材料。班固与他的情况类似，应该也能阅读到相关材料。《汉书》的部分篇章便取材于原始档案，这是《汉书》在材料方面的特点。

《汉书》在本纪部分增加了诏令的内容，并在传记部分补充了传主的上疏，如贾谊的《治安策》，晁错的《教太子疏》《言兵事疏》《募民徙塞下疏》《贤良策》，董仲舒的《贤良策》，路温舒的《尚德缓刑书》，贾山的《至言》，邹阳的《上吴王书》、枚乘的《上书谏吴王》等。此外，《汉书》较《史记》还有增加人物传记、增加事迹的情况，清代考史家赵翼在《廿二史劄记》中专门设立篇目讨论上述情况，当代学者说《史记》《汉书》纪传之间详略互见，剪裁去取不胜列举，是有道理的见解。[1]

《汉书》设置的《地理志》，是《史记》没有的部分。该志罗列西汉一代郡国设置，包括沿革、户口、名胜等内容，是了解西汉政区地理的最基本文献。[2] 郡国排序大体按照先三辅、后郡国的原则，诸郡大致按照先内后外、先西后东的原则。这种排列方式有其内在逻辑。汉代地理观念承自战国，《汉书·地理志》中的东部诸郡排列从属于战国时三河、韩、梁、西楚、赵、燕、齐、东楚、南楚的地理格局；东部诸国则是按照赵、燕、梁与西楚、齐、东楚、南楚的顺序排列。有学者判断，类似的排列方式源自政府册籍中的郡国排序，更早的原型则是先分大区、后按方位的郡国混列的做法。[3] 上述情况说明，班固作此志时，依靠了政府所藏原始档案。

---

① 安作璋：《班固》，陈清泉等编：《中国史学家评传》，郑州：中州古籍出版社，1985 年，第 78 页。
② 周振鹤：《西汉政区地理》，北京：人民出版社，1987 年。
③ 李新峰：《试释〈汉书·地理志〉郡国排序》，《北京大学学报（哲学社会科学版）》2005 年第 1 期。

　　《地理志》中还包括户口信息，比如"京兆尹"下注明"元始二年户十九万五千七百二"，后另序称"讫于孝平，凡郡国一百三"。据此，学者多认为汉平帝元始二年（2）的户口簿是《汉书·地理志》的主要参考来源。但这个观点并不准确。

　　汉代中央政府确实有将各郡国统计簿册于每年九月汇总的传统，相关工作被称作"计断九月"。换言之，每年九月份，各地方政府就要将去年十月至本年九月的簿册整理完毕并送至中央政府。之所以以九月为统计工作的节点，是因为秦代以每年十月为岁首，汉代沿用了秦制。这项工作的方式和今日的统计财政年度数据的方式一致。汉代的简牍提供了相关的证据，如居延汉简中有题名为"元康三年十月尽四年九月戍卒簿"和"建昭元年十月尽二年九月大司农部丞簿录簿算"的简册。元康和建昭分别是西汉宣帝和元帝使用的年号，这说明即便汉武帝以后曾改每年正月为岁首，但是财政年度仍以每年九月为止。

　　每年九月，郡国向汉中央提交簿册，此项活动称为"上计"。各种簿册门类繁多，江苏省连云港市东海县尹湾汉墓出土的简牍中，有一份《集簿》，是各项统计数据的总目录，由此可窥知当时地方上计的具体情况。现将《集簿》情况罗列如下：

　　1. 县、邑、侯国卅八：县十八，侯国十八，邑二。其廿四有堠，都官二。

　　2. 乡百七十，□百六，里二千五百卅四，正二千五百卅二人。

　　3. 亭六百八十八，卒二千九百七十二人；邮卅四，人四百八；如前。

4. 界东西五百五十一里，南北四百八十八里；如前。

5. 县三老卅八人，乡三老百七十人，孝弟力田各百廿人，凡五百六十八人。

6. 吏员二千二百三人，大守一人，丞一人，卒史九人，属五人，书佐十人，嗇夫一人，凡廿七人。

7. 都尉一人，丞一人，卒史二人，属三人，书佐五人，凡十二人。

8. 令七人，长十五人，相十八人，丞卅四人，尉卅三人，有秩卅人，斗食五百一人，佐使亭长千一百八十二人，凡千八百卅人。

9. 侯家丞十八人，仆、行人、门大夫五十四人，先马、中庶子二百五十二人，凡三百廿四人。

10. 户廿六万六千二百九十，多前二千六百廿九，其户万一千六百六十二获流。

11. 口百卅九万七千三百卅三，其四万二千七百五十二获流。

12. 提封五十一万二千九十二顷，八十五亩二□……人如前。

13. □国邑居园田廿一万一千六百五十二□□十九万百卅二……卅五万九千六……　　　　　　　　　　　　长生

14. 种宿麦十万七千三百□十□顷，多前千九百廿顷八十二亩。

15. 男子七十万六千六十四人，女子六十八万八千一百卅二人，女子多前七千九百廿六。

16. 年八十以上三万三千八百七十一，六岁以下廿六万二千五百八十八，凡廿九万六千四百五十九。

17. 年九十以上万一千六百七十人，年七十以上受杖二千八百廿三人，凡万四千四百九十三，多前七百一十八。

18. 春种树六十五万六千七百九十四亩，多前四万六千三百廿亩。

19. 以春令成户七千卅九，口二万七千九百廿六，用谷七千九百五十一石八斗□升半升，率口二斗八升有奇。

20. 一岁诸钱入二万万六千六百六十四万二千五百六钱。

21. 一岁诸钱出一万万四千五百八十三万四千三百九十一。

22. 一岁诸谷入五十万六千六百卅七石二斗二升少□升，出卅一万二千五百八十一石四斗□□升。①

上述内容并非《集簿》的全部，《集簿》还包括各县、侯国的吏员具体情况，这里就不一一记录了。《集簿》中的统计数字包含行政建制、疆界、户口等内容，和《汉书·地理志》的记载非常接近。郡国上计吏每年九月将《集簿》带到中央，中央将其汇总并保存于秘书之中。可以推测，班固作《汉书·地理志》应该看过汇总后的《集簿》。

马孟龙经过细致的考证，认为《汉书·地理志》大体是三份资料的混合物：一份是平帝元始二年（2）各郡国的户口簿，一份是成帝元延三年（前10）各郡国的行政版籍，一份是成帝

---

① 连云港市博物馆等编：《尹湾汉墓简牍》，北京：中华书局，1997 年，第77—78 页。

绥和二年（前7）的全国《集簿》。"班固在编撰《地理志》时，所见到的这三份资料，只有户口簿有明确纪年，另外两种资料并无纪年。为了统一时限，班固把三份资料拼凑在一起，总冠以'讫于孝平'。"① 这个结论是可靠的，应该成为今人了解《汉书·地理志》成书过程的基础。进一步说，今人对于《汉书》如何利用原始材料，也可以有更全面的认识了。

《汉书》在行文方面与《史记》有鲜明的不同。《史记》被鲁迅先生称作"无韵之《离骚》"，其行文优美成为历代学者的共识，特别是《史记》多用当时口语行文，流畅自然，很受好评。

《汉书》则不然，多用古字古义，当时人便不能理解，需要通过班昭的解读才能知晓。比如《叙传》中将"视"写作"眂"，"嗅"写作"齅"，"攸"写作"逌"，"和"写作"龢"等，类似的例子在其他篇目中还有很多。《汉书》采用《史记》原文时，往往还有删节，结果却打破了文脉，扭曲了原意。比如《史记·高祖本纪》中记载刘邦喜欢竹皮冠，"令求盗之薛治之"。"求盗"是官职名，原文意思是刘邦令求盗去薛地制作竹皮冠。《汉书》改成"令求盗之薛治"，省去了宾语，变得令人费解了。类似的情况还有很多，所以《汉书》在流传过程中，出现了很多专门为其注释音义、文字的书。这种情况当然说明《汉书》在后代受到学者重视，但是与其难懂难读也有很大关系。②

---

① 马孟龙：《西汉侯国地理》，上海：上海古籍出版社，2013年，第90页。以上关于《汉书·地理志》的讨论，见此书，第78—90页。
② 关于《汉书》行文，参考安作璋：《班固》，陈清泉等编：《中国史学家评传》，第86页。

古文经学与史学的发展

班固在《汉书》中多用古字，与他是古文经学家有关；他古文经学家的身份，又促进了史学的撰述。两者之间的关系，需要放到两汉经学、史学发展的大背景下来看。

汉代经学的今、古文之分，取决于文献的流传方式。秦始皇焚书之时，有部分儒生凭借记忆力将经典背诵下来，并口耳相传，待到汉代天下太平、除挟书之令，再用隶书写下经典；还有儒生为防秦火，将经典埋藏起来，期待承平之际重见天日。对于用上述两种方式保存至汉代的经典，学者归纳为或是秦朝博士藏本，或是出于记忆和"口说"，或是出自齐地的传本，即今文经，这些书在西汉先后面世。而古文经则零星地、偶然地以出土文献的面貌出现。① 经学的今、古文之分不仅是文字写法的不同，内容的差异还有很多，一个显著的问题是今文经学通过师徒间口耳相传流布，老师讲解圣人的言语叫作"章句"，弟子不但要领会圣人之意，更要琢磨老师之章句解说，后者叫作

---

① 王葆玹：《今古文经学新论（增订版）》，北京：中国社会科学出版社，1997 年，第 27 页。

"家法"或"师法"。随着时间的推移，章句积累得越来越多，乃至数百万言，朝廷考课博士弟子，全依本门"家法"，要求弟子将数百万言记在头脑中，时间越往后，弟子越苦不堪言。汉武帝尊儒，在朝堂上取得统治地位的是今文经。西汉朝廷依据今文经施政，统治越来越教条刻板，最终演化出了汉当再受命的闹剧。

到了东汉，古文经学逐渐抬头了。古文经学家的一个特点就是重视学术贯通，他们不会专守一经、固执"家法"，而是采纳各家各派学说化为己用，形成所谓"通人"之学。比如桓谭"博学多通，遍习《五经》，皆诂训大义，不为章句。能文章，尤好古学"；冯衍"年九岁，能诵《诗》，至二十而博通群书"；张衡"因入京师，观太学，遂通《五经》，贯六艺"；贾逵"弱冠能诵《左氏传》及《五经》本文，以《大夏侯尚书》教授，虽为古学，兼通五家《穀梁》之说"；马融"博通经籍"；郑玄"遂造太学受业，师事京兆第五元先，始通《京氏易》《公羊春秋》《三统历》《九章算术》。又从东郡张恭祖受《周官》《礼记》《左氏春秋》《韩诗》《古文尚书》"。这些学者共同的特点就是"博通"，班彪、班固父子很显然也是此辈中人。

东汉修史的学者也多为古文经学传人，如尹敏"少为诸生。初习《欧阳尚书》，后受古文，兼善《毛诗》《穀梁》《左氏春秋》"；马严"能通《春秋左氏》，因览百家群言"；延笃（？—167）"少从马融受业，博通经传及百家之言"。与重视微言大义的今文经学不同，古文经学重视名物训诂、是正文字。这种学术传统，自然导致班彪、班固父子批评《史记》不"整齐"。班固最开始的工作，不正是"诣校书部"和"典校秘书"吗？

《论衡·别通》说"通人之官，兰台令史，职校书定字"，表明了班固所掌与他的学养密不可分。王国维先生指出："后汉之末，视古文学家与小学家为一……缘所传经本多用古文，其解经须得小学之助，其异字亦足供小学之资……"① 古文经和小学的关系可见一斑。

古文经学家在文字学方面有优势，是他们能够胜任兰台、东观校书工作的前提；从事校书工作势必能掌握大量的文献，如此又成为修撰史学的前提。胡宝国指出："古文经学反对微言大义，强调对事实的考订、补充，这与史学本来就有相通之处。也可以说，古文家对古文经的研究本来就是一种初步的历史研究。二者不同的是，经学涉及的只是经书所限定的时代范围内的历史，而史学的关注点则延伸到了当代。由考订古代历史到撰写当代历史，其间只差一步了。我们看到，东观作者终于迈出了这合乎逻辑的一步。"② 古文经学家较今文经学家思想更为开通解放，知识更为丰富多元，研究更侧重历史事实，由他们进行史书撰述，实在是太自然不过的事情了。班氏父子正好站在了由经学到史学的门口。

如果从整个中国古代史学的发展历程来看，史学的独立正是始于东汉。在《汉书·艺文志》中，司马迁的《太史公》被置于《六艺略·春秋类》。西汉的刘向、刘歆认为，《史记》是经学式的著作，东汉的班固对此也没有异议。汉代史学还没有

---

① 王国维：《观堂集林》卷七《两汉古文学家多小学家说》，北京：中华书局，1959年，第331页。
② 胡宝国：《汉唐间史学的发展》（修订本），北京：北京大学出版社，2014年，第43页。本节讨论多参考胡宝国相关研究，有兴趣的读者可以深入阅读其著作。

脱离经学获得独立，或者说，汉代经学地位至尊，《史记》能附于经部，反而是抬高了史学的位置。但是史学要独立，就必须逐渐脱离经学束缚，就必须逐渐清晰与经学的界限。史学独立的进程虽始于东汉，其完成却在南北朝。漫长的历史过程既然已经开了个头，其发展趋势就不可阻挡了。

第三章
魏晋南北朝时期《汉书》的研究与流传

魏晋南北朝时期《汉书》学的发展呈现新面貌。

一方面，出现了大量仿照《汉书》体例而作的纪传体断代史，如陈寿的《三国志》以及各家《后汉书》。体例被效法，说明《汉书》的质量受到学界的认可。

另一方面，《汉书》注释学兴盛了。此前，注释通行于经学领域，目的是在识字之上疏通文义，本质是为教学服务的。《汉书》有了注释，表明人们开始传授《汉书》。这种行为在史学独立的进程中，有相当大的意义。

更加重要的是，因为政治和文学的需要，人们喜读《汉书》，常读《汉书》，形成了《汉书》情结。中国古代的其他史书，甚少有此等地位。

政治上的分裂时代

东汉的衰落，是积微已久的事实。自和帝以后，天子短寿，女主垂帘，外戚干政，宦官用事，汉家政权的上层日趋混乱；民间则羌人入寇，蛮民暴动，各地变乱层出不穷。除天灾流行、疾疫大作之外，尚有地方豪族和官府的层层盘剥与压榨，百姓生活困苦不堪。

在这种混乱的社会现实面前，巨鹿人张角创立太平道，自称"大贤良师"，奉事黄老道，畜养弟子，宣扬跪拜首过、符水疗病。经过十余年的发展，他的信徒已经达到数十万之众，涉及青、徐、幽、冀、荆、扬、兖、豫八州之地。为了方便组织，张角将信众分为人数不等的三十六方，大方有万余人，小方有六七千人，各设首领管理。汉灵帝（刘宏，157—189）光和七年（184），太平道信众打出"苍天已死，黄天当立。岁在甲子，天下大吉"的口号，在各官府寺舍门上写上"甲子"字样，为起义大造声势。大方首领马元义勾连中常侍封谞、徐奉等人，约定在洛阳和邺城等地同时起事，不想被人告发而败露，于是汉灵帝下令追捕张角及太平道信众。情急之下，张角决定提前行动，星夜联络各方，一时俱起，信众皆着黄巾为标志，这便是声势浩大的黄巾起义。

虽然黄巾起义于爆发同年便被镇压下去，汉灵帝也为此将年号改为"中平"，可是，它却极大地摧垮了东汉政权在基层的统治。为了镇压太平道信徒，自身军力不足的东汉政权不得不允许各地豪强自行募兵。一场失败的农民起义，固然未达到改朝换代的目的，但由此开始，东汉政权外强中干的事实被许多政治力量所窥破，取而代之的计划更是逐渐被提上他们的议事日程，其中既有手握兵权的重臣，也有割据一方的宗亲。

比如，曾镇压黄巾起义的皇甫嵩，面对"朝政日乱，海内虚困"的局面，有人游说他"移宝器于将兴，推亡汉于已坠"（《后汉书·皇甫嵩传》）。针对汉灵帝时政治衰缺、王室多故的情况，宗室刘焉谋求担任地方州牧而避地自保，听人说起"益州分野有天子气"，便求为益州牧。追求"天子气"的刘焉，恐怕在自保之外，又多了一分进取之心。幽州牧刘虞，同为汉室宗亲，当董卓之乱、内外阻隔时，山东诸将议立他为帝。凡此种种，都表明汉家政权威势扫地，当时人的共识是天下方乱、群雄逐鹿。吕布在与琅琊相萧建的信中说："君如自遂以为郡郡作帝，县县自王也！"（《三国志·魏志·吕布传》）曹操在《让县自明本志令》中说："设使国家无有孤，不知当几人称帝，几人称王。"（《三国志·魏志·武帝纪》）这些都反映了真实的历史情境。

董卓之后，中原地区有袁术、公孙瓒、袁绍、陶谦、吕布、张绣、曹操，长江流域有孙坚父子、刘表、刘焉父子、张鲁、刘备，加上其他散落各处的大大小小军阀，各种政治军事集团，为重新统一开始了漫长的争夺。最后是曹操统一了北方，刘备统一了西南地区，孙权统一了江南地区，中国出现了局部统一的局面。直到 280 年，也就是西晋武帝司马炎咸宁六年，西晋征服江东的孙吴政权，中国才重新归于一统。

然而，新建立的西晋政权，比之于此前的东汉政权，腐朽程度有过之而无不及。

西晋的创业功臣大多曾在曹魏任职，他们早早地投靠到司马氏集团中来，通过背叛旧主立下功勋。新政权建立后，他们身居高位，疯狂享乐与腐化，道德感的衰败导致了生活上的堕落。

举一个例子，太尉何曾崇尚奢侈的生活，他的饮食水平甚至超过皇帝，每日在饮食上花费万钱，还说没有下筷子的地方。有人给他写信，因为用的纸张太小，他就命令侍从不要传达。就是这样一个人，也看出了西晋没有前途。他对自己的子侄们说，在参与晋武帝司马炎组织的宫廷宴会时，他从未听过关于国家发展的宏图远略，听到的只是家长里短。由是何曾不由得发出"及身而已，后嗣其殆乎"的感慨。

果不其然，到了晋惠帝司马衷（259—307）当政时，宫中外戚和地方藩王抢夺政权，引发了西晋宗室之间的大战乱。出镇各地、掌握地方兵权的藩王们或挥师入洛，或各自征讨，在刚刚平静不久的中原大地上又燃起战火。由于参与这场战争的藩王共有八人，所以此次争端又称作"八王之乱"。

"八王之乱"对于中原的人民无疑是一场大灾难，而其更恶劣的后果是引发了原本内附的少数民族纷纷独立建号，他们窥破了西晋政权的软弱和虚伪，举族内迁，又给中原地区的人民带来了更深重持久的灾祸。在西晋政权灭亡的同时，镇守建康的琅琊王司马睿（276—323）在宗室和士族的拥戴下，先是自立为晋王，进而称帝，建立了东晋政权。

此后，南北方一直处于分裂对峙的局面，双方的边界经常发生变化，但大体是以淮河为线。北方经历了不同少数民族政权的割据，最后由北魏完成了统一。北魏后来分裂为北周与北齐，北周被外戚杨坚（541—604）篡夺而改国号为隋。南方自晋以后又先后传递了宋、齐、梁、陈四个朝代。最后在开皇九年（589），隋灭陈，重新统一了中国，结束了数百年的分裂状态。

文化上的璀璨时代

东汉末至魏晋南北朝的这一段时期，虽然政治上分裂，但是由于各种学说的相互辩难，异文化在不同地域之间交流而互相启发，加之官方提倡文学艺术，整个时代的文化反而呈现出一派欣欣向荣的景象。

东汉以后，儒学依然是官方的主导学说，立国施政，莫不以经术的解释为准。在西汉居于统治地位的是今文经学，也就是由师徒口耳相传，并用隶书撰写下来经传的一派。这一派从董仲舒解说《公羊春秋》出发，特别重视天意和人事的关联。所以几经演化，今文经学到了西汉末期竟然近于巫术。王莽改制的闹剧，也是用它的主张做的脚本，更杂糅以符命谶纬。到了东汉，尽管光武帝刘秀也用谶纬粉饰自己深符天意，依旧将今文经学立为官学，但是与今文经学相对的古文经学——那些文本历史古于汉代隶定的经传学说——成为更多儒生研修的对象。古文经学强调考订和补充事实，反对微言大义，较今文经学更加切实。到了汉章帝时代，朝廷为了讨论五经异同，召开了诸儒会聚的白虎观会议。这实际上代表着旧的今文经学已经难以维持其统治地位，要对古文经学有所让步；但是古文经学也要吸取今文经学的要素，以适应统治者的需要。① 自此后，研习古文经学的学者更为增加，并出现了很多兼综今古文经学的大师，如马融和郑玄。

古文经学者与东汉的东观修史有密切的关联，东观修史者也多通古文经。古文经学家多明小学，即擅长文字考订与注释之学②，而这一点就体现在东观修史者大多担任了"整齐脱误，是正文字"的工作。东观作者也好为文章，比如班固、刘珍、李尤等人都有文章传世，而何休《春秋公羊传》"序"所谓"治古学、贵文章者，谓之俗儒"，则说明擅长文章也与古文经学存在着密切关联。③ 在东汉经学发展的潮流中，史学的发展已经孕育。《汉书》与此自然有关，而注释《汉书》成果的大量涌现，同样受到了经学注疏的启发。今古文经的对立固然反映了经学的发展，但也由此内耗而打击了士大夫对经学的兴趣和信心。

东汉中后期，政府无法公正地选拔人才，宦官和外戚把持朝政，贿赂公行，纲纪沦丧。针对这一局面，士人们绕开朝廷，自己开始品评人物。当时流行给人以数字的考语，诸如"天下模楷李元礼，不畏强御陈仲举，天下俊秀王叔茂"之类，又由此形成了风格相似的人物团体，如"三君""八俊""八顾""八及""八厨"之类。所谓"君者，言一世之所宗也"；"俊者，言人之英也"；"顾者，言能以德行引人者"；"及者，言其

---

① 曹道衡：《南朝文学与北朝文学研究》，北京：商务印书馆，2015 年，第 70 页。
② 王国维：《观堂集林》卷七《两汉古文学家多小学家说》，北京：中华书局，1959 年，第 331 页。
③ 胡宝国：《汉唐间史学的发展》（修订本），北京：北京大学出版社，2014 年，第 42—43 页。

能导人追宗者"；"厨者，言能以财救人也"。东汉的人物品评即所谓清议，到了魏晋以后，又演化成所谓清谈和玄学。清议，交流的核心是人物的优劣，着眼点在政治；清谈，交流的核心变成了玄理的辩难，其着眼点仍旧在政治方面。不过清谈与玄学的话题和素材，来自三玄——《老子》《庄子》和《周易》，玄学远非空想，而是一套反映现实社会经济和政治的一套政治理论。① 玄学的出现冲击了经学的独尊地位，打开了政治和思想解放的窗口。

这一时期，佛教极大地兴盛于南方和北方，成为皇族、士族和庶民百姓共同崇拜的精神信仰。特别是在南朝，出现了很多精研佛学的士人和明晓华夏典籍的僧众。士人们用新习得的经义教法解释传统政治文化命题，僧众们则修习儒道两家经典以进入华夏的话语体系，双方以义理相唱和，凭释法同辩难，将一种全新的宇宙论和价值观引入了传统的名教与自然的话题中，使得本就尖锐的经学和玄学的矛盾，幻化出了新的变型与解读。

魏晋南北朝也是文学极大发展的时期。汉代繁富的赋作，到南朝仍有后继；而举凡宴饮、祖道、郊庙、祭祀，南朝士人更是以诗怀古喻今。至于史论、赞序、行状、哀诔，无不可以为文，无不可以抒怀。登高而赋，临水成诗，兴观群怨，荦荦大端。南朝兴起"文笔"说，有韵者为文，泛指一切带来审美体验的文学作品；无韵者为笔，泛指一切公文案牍之应用文体。

---

① 唐长孺：《清谈与清议》《魏晋玄学之形成及其发展》，《魏晋南北朝史论丛》，北京：中华书局，2011 年，第 277—285 页、第 299—337 页。

"文笔"的区别，表明南朝文学的发展已经到了一个新的境界，它正谋求从经学、史学中独立出来。虽然北朝文化距南朝有所不殆，但伴随着南北交流的增加，南朝的文学作品传到北方，成为北方士人争相品评模拟的对象，加速了北朝文学的发展。特别是北朝少数民族语言歌唱的民歌，如千载流传的《敕勒歌》，苍凉高阔，意境悠远，更有一番态度。

原本被视作经学附庸的史学，在魏晋南北朝时期也完成了独立的过程，其表现众多，总的看来，以人们史学意识的兴起、史学教育的出现和史学著作的增加最为典型。汉代司马迁完成的《史记》，本名作《太史公》《太史公书》或者《太史公记》。一般"史记"之名，泛指历史档案和记录；而到了三国以降，"史记"一词成为司马迁著作的专名，标志着时人对史学著作的独立地位予以肯定，有目的、有计划地记录历史成为一种趋势。东汉末年割据自立的几位代表人物如刘备、孙权，都重视观览汉代史书，通过学习历史增加处理政务的能力，由此又衍生出了重视修史和强调史学教育的风气。十六国北朝的汉族和少数民族政权，多有本国国史；南朝的几个政权，既重视修撰前朝史，也专注于本朝史。北方的后赵设立"史学祭酒"一职，南朝刘宋设立史学馆，由大学者何承天主持，专门负责史学教育。经过不懈努力，南北朝时期的史学著作数量极大增加。《隋书·经籍志·史部》记载汉隋间史学著作八百一十七部，一万三千二百六十四卷，若算上亡佚之书，则合八百七十四部，一万六千五百五十八卷。如此浩繁的书目，《隋志》将其分为十三个部类，包括正史、古史、杂史、霸史、起居注、旧事、职官、仪注、刑法、杂传、地理、谱系、簿录等门，全面反映了中古史学发展的面貌。

魏晋南北朝时期，史学获得独立和发展。从经学中脱胎出来的史学，在撰述体例上自有一定之规，但其传承方法又不能完全摆脱经学的痕迹；史学的表现形式是文字，史家既要有史学见识，又要有文学才能，方可写出传诸久远的经典之作。《汉书》因其经典的地位，尤为时人所重，既有仿效其体例的正史之作，更有大量的注释之作。特别是南朝的政治和文学都以《汉书》作为一种重要的参考文本，辅助政治运转和文学创作。

仿《汉书》体例及改写之作

　　这里，首先要提及的是西晋陈寿的《三国志》和南朝刘宋范晔的《后汉书》。这两部书作为记录王朝历史变迁的史书，其基本体例因袭《汉书》，虽略有更动，但核心要义都是尊崇王朝正统，所以大端来看并没有太多变化。

　　陈寿的《三国志》开创了同时记录对立政权的修史先河。摆在陈寿面前的现实问题是应该以魏、蜀、吴三国孰为正统，以及如何在史书中表现这种正统。前人已经指出，陈寿书中，先为曹氏讳，后为司马氏讳。传统史家迫于政治压力，替当朝者略作隐讳，并不是值得挞伐的问题。陈寿选择了以曹魏作为正统，将曹操以降的魏国皇帝通通列入本纪。本纪是以皇帝为单元的大事记，虽然三国各自起元，但陈寿以曹魏的年号继承东汉的年号，表明了在时间顺序上二者的递承关系。曹操以降，刘备、孙权等人虽传国延嗣，但都被列于传记，意指蜀汉、孙吴较曹魏终究低了一等，即使各立正朔，却不得和曹氏比肩。《三国志》中升曹魏而降蜀吴的做法，是陈寿的创举，也是不得已而为之。

　　不过，蜀汉、孙吴终究不曾向曹魏称臣，曹魏虽本依附于东汉，但实际上是独立的政权。撰述三者历史全貌的问题，已经远非正统论所能涵盖。对陈寿来说，在尊曹抑孙、抑刘的前提下，怎样展示三者各自独立的事实，是摆在眼前的最大难题。

有两个先例可供陈寿效法，一个是司马迁的《史记》，一个则是班固的《汉书》。《史记》按时间顺序罗列不同历史阶段的王朝，是通史的做法。对于同时出现各立正朔的几个政权，比如秦末农民战争时秦、楚、汉并立的局面，以及"怀王之楚"和"项羽之楚"同时存在的局面，司马迁选择通过本纪和年表的不同记载予以表达。他为项羽立本纪，表明此公为实际上的天下共主；他又在《秦楚之际月表》中将楚怀王安置在"帝位"一栏，承认了他曾为天下共主。换言之，司马迁在《史记》的不同位置记录着不同的正朔，由于是通史，所以司马迁对各种政权的兴替并没有进行特别的肯定或者否定，只是将其当作一般的历史现实加以陈述罢了。

前文已提及，《史记》的书法，遭到了班彪、班固父子的严厉批评。父子二人不能容忍司马迁将汉"编于百王之末，厕于秦、项之列"，因而断汉为史，开创了纪传体断代史的写法。汉家历史的开始起自《高祖本纪》，叙事顺承秦二世皇帝胡亥；陈涉、项羽通通被编入列传，他们曾经号令天下的事迹仍存，但作为秦和汉之间的实际统治者的历史地位被暗暗隐去了。《汉书》处理战乱时代多头并立局面的做法，无疑给了陈寿以启发。以曹魏系正朔，以孙刘附列传，与《汉书》贬抑陈、项的做法如出一辙。

实际上，陈寿还直接参考了三国时的一些史著，比如曹魏国史王沈的《魏书》、曹魏鱼豢私修的《魏略》以及孙吴国史韦昭的《吴书》。上述史书中，都会记录敌对政权首脑，将之编入传记，以证明自身政权与汉法统的承接关系。比如王沈《魏书》中有董卓、袁绍、袁术、吕布、公孙度、刘备、诸葛亮、关羽、孙坚、孙策等人的传记，鱼豢《魏略》中有诸葛亮、魏延、姜维、孙权等人的传记，韦昭《吴书》中有曹操、董卓、袁尚、陶谦、刘璋、刘备、关羽等人的传记。凡此都说明当时的各国国史全然以《汉书》为基准，通过传记的形式交代此前并驾齐驱的敌对势力，借以强调本政权的正统地位。① 陈寿参考这些作品并祖溯《汉书》，处理了魏、蜀、吴三国之间的主从关系。

仅仅在《三国志》中区分主从还不够，毕竟魏、蜀、吴各自有着不同的建国道路，各自面临的问题也不相同。曹操创业以中原为舞台，先后剪除了大大小小众多的割据势力，"统一"是曹魏建国最核心的主题。孙吴立足江东，经历了孙坚草创、孙策继之、孙权大成的父子三代耕耘，将统治区域从长江下游扩展到长江中游，其创业的中心问题是对外抵抗北方的压力，对内化解不同背景的士族之间和民族之间的矛盾。刘备以枭雄之姿，奔走于中原群雄之间，几经颠沛，最终在益州站稳脚跟，其创业的中心问题与孙吴政权接近，对外要防止曹魏的吞并，对内则要努力协调荆州集团与益州集团间的主客矛盾。面对着三国建国道路的这种不同，陈寿在撰写三国史书时是否能找到

---

① 徐冲：《中古时代的历史书写与皇帝权力起源》，上海：上海古籍出版社，2012年，第72—79页。徐冲还考察了《汉书》记录的其他"秦末群雄"，指出"作为中国古代第一纪传体王朝史，《汉书》的这一处理，当对后世的历史书写构成了相当的'典范'作用"。前揭书，第81页。

一条主线，将三种历史路径表现出来呢？如果有，这条主线的基本标志又是什么呢？

陈寿还是要回到《汉书》的体例以寻找答案。班固的《汉书》将官僚制度视作汉朝的基本标志，按照人物的官职位次合传并划分时代单元的做法，给了陈寿启发。《三国志》按照各国创业的时间表来罗列人物。于曹魏，即以曹操成为魏公的时间为断限，此前列传，容纳多为由汉入魏之人；此后列传，则容纳或纯为魏臣诸人。曹操任魏公是在建安十八年（213），其时魏国官署便相应建立了。《武帝纪》称："十一月，初置尚书、侍中、六卿。"注引《魏氏春秋》称："以荀攸为尚书令，凉茂为仆射，毛玠、崔琰、常林、徐奕、何夔为尚书，王粲、杜袭、卫觊、和洽为侍中。"此时曹操统一中原的事业基本完成，后来曹魏的疆域也大致由此时确定，所以"魏国既建"是曹氏创业的关键时间节点，也是《魏志》中人物官职发生变化的分水岭。

蜀国、吴国的列传编纂思路也与此近似。特别是于孙吴，陈寿以荆州问题的最终解决作为江东创业完成的标志，此前列传，容纳与孙氏父子兄弟开创江东基业、抵御北方压力诸臣；此后列传，容纳讨伐扬州山越、荆州蛮夷，安集二州、稳固内政诸臣。三国的列传编纂，都以官僚机构作为王朝的代表，又以官职的变化展示王朝创业与守业的历史转化。相关思路的根源，仍本于《汉书》。

《三国志》出现的同时及稍后，又有很多记述东汉历史的史书传世，其中除了魏晋张璠和东晋袁宏的《后汉纪》外，基本都是纪传体史书，而尤以范晔所作《后汉书》最为著名。范晔因得罪彭城王刘义康被外放做宣城太守，内心苦闷之际，寄情于历史撰述，总合前人诸书而成己作。在他后来写的《狱中与诸甥侄书》中，范晔表示本来并不想写一部史书，然而一旦开始撰述，便发现此前的史家水平都不高，于是花了大力气来完成此书。范晔心中的标杆是班固，他批评的对象也是班固。范晔说："班氏最有高名，既任情无例，不可甲乙辨。后赞于理近无所得，唯志可推耳。博赡不可及之，整理未必愧也。"这段话的大意是《汉书》的体例芜杂，不能说明大概；特别是"赞"的部分议论空疏，只有"志"的部分值得肯定；班固著作的内容丰富是其优点，今日难以比拟；倘若说起体例精严、自出机杼，《后汉书》或许更在《汉书》之上。对《汉书》简单的几句褒贬评断，反映出范晔的复杂心态。一方面，《汉书》是无可否认的史学高峰，它的内容翔实、文辞典雅，自成书以后都有公论，批评它恰恰说明《汉书》的价值被范晔所承认；另一方面，范晔将《汉书》作为自己模仿和超越的对象，意思无外乎要写就一部超越巅峰的更高水平的著作。

于是，虽然批评《汉书》"任情无例"，可是作为承接《汉书》的作品，范晔的《后汉书》依旧仿照了《汉书》的体例，同样突出官员群体的地位，以之支撑起东汉历史的骨架。由此，范晔的《后汉书》逐渐超越其他诸家记述东汉历史的史书，至唐代李贤组织学者为其作注，此书地位便取代了东汉官修史书《东观汉记》，成为当时与《史记》《汉书》比肩的最主要的三部史书。而后，加上陈寿的《三国志》，又有所谓"前四史"的概念。后代学者一般认为《史记》《汉书》《后汉书》《三国志》作为记载秦汉历史的四部史书，在中国古代正史中质量最高。这四部史书中，除了《史记》是通史之外，《后汉书》和

《三国志》都是断代史，均是在班固《汉书》的影响下完成的。

东汉以降的学者，除了模仿《汉书》体例修撰史书之外，也有以《汉书》史事为基础、改变其体例的新作问世。

汉献帝（刘协，181—234）时期的荀悦所作《汉纪》，就是一部以《汉书》为基础的编年体西汉史。据《后汉书·荀悦传》，其创作缘起为"帝好典籍，常以班固《汉书》文繁难省，乃令悦依《左氏传》体，以为《汉纪》三十篇"。同传中的《汉纪序》称："于是缀叙旧书，以述《汉纪》。中兴以前，明主贤臣得失之轨，亦足以观矣。"汉献帝喜欢读书，但是又觉得班固的《汉书》难度太大，想看一本编年体的西汉历史，便委托荀悦完成一次改写工作。荀悦虽是改写《汉书》，在史料部分因袭了班史旧文，但也提出了一些新的主张。

《汉纪》在《高祖皇帝纪》部分提出："夫立典有五志焉：一曰达道义，二曰章法式，三曰通古今，四曰著功勋，五曰表贤能。于是天人之际，事物之宜，粲然显著，罔不备矣。"《后汉书》的荀悦本传也表达了同样的论点。荀悦借修史的机会陈述自己对历史文献的态度，认为史作有记录古今、褒扬明德的意义，正因为历史包罗万象，所以研读与借鉴历史，对当代的政治有极大的意义。《后汉书》中记载的荀悦是一名神童，十二岁便能说《春秋》，读书一遍成诵。汉灵帝时宦官弄权，荀悦托疾隐居；汉献帝时，他任侍中一职，与皇帝朝夕相伴，谈论古今。汉献帝并非无道庸主，有铲除曹操之志，他研读《汉书》，恐怕既有尊崇祖宗功勋之意，也有从中寻找经验用于现实政治之意。

借古讽今，利用历史旧事为今人行事做凭借，在两汉魏晋的历史上屡见不鲜。东汉光武帝刘秀为笼络割据河西的窦融，特以《外属图》及《史记》中的《五宗》《外戚世家》《魏其侯列传》见赐。因为窦融自称是西汉外戚窦氏的后裔，而上述几篇传记中都有窦氏的历史，光武帝此举，分明是承认与窦融之间有亲属关系，是在拉近和窦融的距离。后来东汉和帝欲诛杀窦氏时，又私下通过清河王刘庆求取《外戚传》，同样是从历史中寻求经验教训。南朝宋文帝（刘义隆，407—453）病重时，依附刘义康的孔胤秀等人"辄就尚书议曹索晋咸康末立康帝旧事"，意图效法东晋兄终弟及之事，待宋文帝驾崩之后，便由其皇弟刘义康即位。在类似的过程中，史书或许不光提供了历史经验或政治智慧，也释放出变革的信号。

荀悦本人亦非岩穴知名之士，他有意匡扶汉室，辅佐先帝铲除曹操。《后汉书》称"时政移曹氏，天子恭己而已。悦志在献替，而谋无所用，乃作《申鉴》五篇"，说荀悦是在借写书来抒怀自己的政治主张。不过，汉献帝虽非庸主，但东汉早已病入膏肓，其倾颓之局面远非一二有见识的大臣所能扭转。然而荀悦和汉献帝能因《汉书》而遭逢，又同由政治原因而精研此书，不能不说是时代催发的巧妙机缘。《汉书》因其学术水准高而进入政治家的眼帘，进而成为谋求政治变革的媒介，也是《汉书》学术史上需要提及的一笔。

《汉书》注释学的兴盛

　　《汉书》甫一传布，便因其文字古奥、典故繁多而著名。因其难读，学者需有人传授方能读通。在东汉学者中，最早解释《汉书》深意的是班固的妹妹班昭，最初跟随班昭学习《汉书》的是大儒马融。《后汉书》本传称马融"才高博洽，为世通儒"，是典型的从古文经出发进而兼通今古文的学者。此后，明确以《汉书》师法相传的学者是孙吴学者张昭（156—236）。张昭少好学，从白侯子安受《左氏春秋》，博览众书，是一位古文经学家。孙权希望太子孙登学习《汉书》，以明习近代历史，又因为张昭有"师法"，所以让张昭之子张休从张昭受读，转而传授孙登。前文已经揭示古文经学与史学的关系，东汉史家多有古文经学背景，马融和张昭是最初修习《汉书》的两人，也是将经学传承方法引入史学领域的学者。特别是张昭，授子《汉书》，子又传孙登。孙权看重的所谓"师法"，就是经学领域中的师徒相传，这种"师法"不仅教授文本本身，还会增补老师的解释和意见。"师法"出现在《汉书》传承领域，表明史学虽然从经学中逐步独立，但仍然保留着经学上的痕迹。

　　师法相传需要有注释性文本作为媒介。马融、张昭等人虽然修习、教授《汉书》，但是目前尚未见到两人注释《汉书》的相关记载。现在看来，最早注释《汉书》的学者，可能是东汉桓帝时的延笃。延笃也是古文经学家，《后汉书》本传称他"少从颍川唐溪典受《左氏传》"，"又从马融受业，博通经传及百家之言，能著文章"。他的《汉书》学知识，应该传自马融。本传中并未记载延笃注释《汉书》的经历，而在《汉书·天文志》中有学者注释时引用延笃的观点称"延笃谓之堂前阑楯也"，同书《酷吏传》中又有三国时邓展引用延笃注释称"延笃读坚曰甄"。延笃所作注释本应有文本传世，故当时学者可以引用，然其书久佚，今日仅能从后人摘录中见其只言片语。

延笃以下，东汉注释《汉书》者还有服虔和应劭两人。服虔事迹见于《后汉书·儒林列传下》，今只知其是《左传》专家，约略卒于汉灵、献之际。应劭于汉灵帝时举孝廉，后依附袁绍，汉献帝时卒于邺城。《后汉书》本传中记载应劭"少笃学，博览多闻"，他曾经删定律令而为《汉仪》奏上，写成了《律本章句》《尚书旧事》《廷尉板令》《决事比例》《司徒都目》《五曹诏书》《春秋断狱》等，"又集驳议三十篇，以类相从，凡八十二事。其见《汉书》二十五，《汉纪》四，皆删叙润色，以全本体"，补充了史书中所见朝臣讨论律令的经过与言论。由此可见应劭熟悉《汉书》及汉代历史，故而他又曾集解《汉书》传之于世。所谓"集解"，指汇集前人各家学说共为解释，则应劭的《汉书》注，也不应仅仅包含自己的见解。

唐代《汉书》学的大家颜师古（581—645）在《汉书叙例》中记述："《汉书》旧无注解，唯服虔、应劭等各为音义，自别施行。"考诸《汉书》中散见的服虔、应劭二注，并不仅限于注音、释义方面，另有补史的工作。

注音之例如《汉书·高帝纪上》有"将兵距峣关"，应劭注云"峣音尧，峣山之关"；《汉书·文帝纪》有"酺五日"，服虔注云"酺音蒲"；同书《石庆传》有"尝欲请治上近臣所忠、九卿咸宣"，所忠、咸宣是两个人名，服虔注云"咸音'减损'之'减'"。此类注释专门注明某字读音，以便利读者阅读。

释义之例如《汉书·高帝纪上》有"高祖常繇咸阳"，应劭注云"繇者，役也"；同卷"乃绐为谒曰：'贺钱万'"，应劭注云"绐，欺也"。这两条释义仍是直接从文字本义出发加以阐释。还有一类释义是释现象之名。同卷有"五星聚于东井"，应劭曰"东井，秦之分野。五星所在，其下当有圣人以义取天下。占见《天文志》"。东井是二十八宿中的井宿，五星则指金、木、水、火、土五大行星，此数字皆不难理解，难的是此天象背后所代表的寓意不好把握。应劭援引《汉书·天文志》，指出东井其下乃是秦地分野，五大行星聚会于此，表示将有圣人来到此地君临天下。应劭的注释已经超越了单纯的文字意思，而开始阐释现象背后的政治文化了。

另外，《汉书·文帝纪》中有"顾成庙"。服虔注曰："庙在长安城南。文帝作，还顾见城，故名之。"应劭注曰："文帝自为庙，制度卑狭，若顾望而成；犹文王灵台，不日成之，故曰顾成。贾谊曰：'因顾成之庙，为天下太宗，与汉无极。'"服虔和应劭同释"顾城庙"之得名，服虔认为庙在长安城南，回顾可见长安，故名之曰"顾成（城）"；应劭认为此庙规模不大，修造很快，仿佛眼见它迅速而成，故名"顾成"。"灵台"典出《诗·大雅·灵台》的"经始灵台，经之营之；庶民攻之，不日成之"，意即营造快捷。此处服虔和应劭注解的出发点不同，一者以为得名自方位，一者以为得名自营造速度。应劭更引西汉贾谊一说，增加论证力度。不过贾谊说与顾城庙建成迟速关系不大，充其量可以说明文帝时人已经描摹过此庙而已。此例表明，同样是释名，学者的立足点不同，解释也不尽一致。

　　补史之例如《汉书·文帝纪》有"将军臣武"，服虔注云"柴武"；《汉书·景帝纪》有"御史大夫绾奏：禁马高五尺九寸以上，齿未平，不得出关"，服虔注云"绾，卫绾也。马十岁，齿下平"。此两例表明服虔补充了《汉书》中的人名和制度规定的细节。同书《异姓诸侯王表》有"向应瘡于谤议"句，服虔注云"瘡音惨"，只注释了字音，而应劭注云"秦法诽谤者族。今陈胜奋臂大呼，天下莫不响应，响应之害，更瘡烈于所谤议也"，进一步补充了秦末陈胜掀起反秦战争浪潮的巨大代价，远胜于秦朝所防备的诽谤可能带来的后果。又同书《楚元王传》"大臣终有阎乐望夷之祸"一句，郑氏注称"望夷，秦宫名也"，应劭则称"秦二世斋于望夷之宫，阎乐以兵杀二世也"，两相比较，应劭之说提供了更多的历史信息。①

　　比较现存的服虔注和应劭注，服注量少而侧重音义；应注量大，在注解音义之余更重补充史事。换言之，应劭的注释并非仅仅停留在名物制度方面，而是既能帮助读者读通文句，又能引导他们了解文义背后的历史事实。倘若结合《后汉书》称

---

① 管雄先生将魏晋以下学者研读《汉书》的功能分为"证经术""证误文""考音读""得字诂""征史例""资言谈"数种，参见氏著《唐以前诸家〈汉书〉注考》，《魏晋南北朝文学史论》附录一，南京：南京大学出版社，1998 年，第299—301 页。

应劭"集解《汉书》"以及应劭注中引用贾谊文字的实例来看，颜师古将应劭的工作限定在"音义"方面，还是有些失于简略了。甚至即便是侧重音义的服虔注，也存有补史的内容。《汉书》的注释工作，虽然起自模仿经学，但正是在这种细致地补正史料、考订史事的过程中，史学意识也渐渐地萌发出来。注释具有了史学研究的意味，其本为阅读《汉书》提供便利的初衷，就过渡到研究《汉书》的新层面了。

随着《汉书》音义注释工作的增加，有学者开始集合众说，杂以己见，完成集解性的工作。据颜师古《汉书叙例》，西晋时期的晋灼将原本各自流通的服虔、应劭注解结合在一起，补充自己的意见加以考辨，写成了《汉书集注》十四卷。此后适逢永嘉之乱，中原板荡，晋灼的《汉书集注》并未传播到江左，所以东晋以下直至梁、陈，南方学者都没有看过这本书。另外西晋初学者臣瓒，也曾总集诸家注解的《汉书》音义，别陈见解于其后。值得一提的是，颜师古曾经评价臣瓒"喜引竹书，自谓甄明"，"竹书"就是西晋武帝咸宁五年（279）左右发现的汲冢竹书。汲冢，是汲县一座战国时魏国的诸侯墓，其中藏有大量竹简文书，最主要的是《竹书纪年》，此外还有《穆天子传》之类的典籍。这批材料一经问世便被当时的学术界所珍视，还导致了用汲冢竹书订正古史的风气的出现。臣瓒利用竹书证史的情况今举一例。《汉书·地理志》"右扶风"下有"栒邑"，班固自注"有豳乡，《诗》豳国，公刘所都"（《汉书·地理志上》）。应劭曰："《左氏传》曰'毕、原、酆、郇，文之昭也'。郇侯、贾伯伐晋是也。"臣瓒曰："《汲郡古文》'晋武公灭荀，以赐大夫原氏黯，是为荀叔'。又云'文公城荀'。然则荀当在晋之境内，不得在扶风界也。今河东有荀城，古荀国。"颜师古对此处臣瓒用出土文献考证古史的工作表示赞同，他说："瓒说是也。此'枸'读与'荀'同，自别邑耳，非伐晋者。"臣瓒的工作，是古代利用地下材料与地上材料相参证的实例，与近代学者王国维提倡的"二重证据法"相吻合，某种程度上已经跳出了传统文献考证的范畴，具备了史学研究的意义，特别值得肯定。

臣瓒完成《集解音义》二十四卷，但后人往往误认为此书乃应劭所作。东晋蔡谟（281—356）将臣瓒所作注解散入《汉书》，随文出注，此后便出现了《汉书》正文、注文合录的本子。颜师古批评蔡谟注为"意浮功浅，不加隐括，属辑乖舛，错乱实多，或乃离析本文，隔其辞句，穿凿妄起"，造成了很严重的后果，反而不如没有注释时的《汉书》更容易被人阅读理解。

蔡谟的《汉书》注，在历代目录中都没有记载。清代学者王鸣盛（1722—1798）在《十七史商榷》中论及，南朝刘宋时裴骃的《史记集解》广泛引用了前人注释《汉书》的成果。今日学者对比裴骃《史记集解》引用《汉书》注释部分和颜师古《汉书》注，发现两人引用部分多有相同之处，由此推断裴、颜二人共同得益于一部《汉书》的集注。其中颜氏所引或为臣瓒的《汉书集解音义》，裴骃所引则是蔡谟的《汉书音义》。比较而言，臣瓒书颇为难得，而蔡书流传甚广，是南朝至唐代最主要的《汉书》注本。① 专治《汉书》的大家陈直先生便批评颜

----

① 徐建委：《蔡谟〈汉书音义〉考索》，《古籍整理研究学刊》2003 年第 6 期。

师古说："师古之注是在蔡书基础上发展的。疑项昭、伏严、李斐、刘宝诸家之注，在唐时已大半散失，师古多从蔡谟之书转引。而在《叙例》中，反诋蔡谟之《集解》'竟无弘益'。自颜注行而蔡注亡，便无从核对。"[①] 如此看来，蔡谟的工作，也未必如颜师古批评的那样不值一提。

颜师古在《汉书叙例》中总结了注释出现后对《汉书》本文造成的问题和给后人阅读带来的问题主要有以下两种：

第一，《汉书》本文多有古字，人们阅读注释、使用今字以后，凭心意删改《汉书》本文，导致"传写既多，弥更浅俗"。因为在宋代印刷术大量推广以前，文献传播的方式主要靠传抄，是名副其实的"写本时代"。在"写本时代"，写本载体先后经历了简牍、简纸并用和纸张独行几个阶段，并且是人工抄写保存及传播书籍，这就难免出现错谬和遗漏。如果按照前文所见的训读方式，一些古字是以同音的今字注解，则人们在阅读注释时，就可能记住了今字而忘记了古字，转而在传抄时改变了《汉书》的本来面目。

第二，有些字词和表达方式，在西汉以及《汉书》形成的时代和注释家生活的时代不一样。一些注释家可能根据自己的理解，改动读不通的地方，看似是便利了阅读，实则是扭曲了原文本意。

这样看来，汉唐间《汉书》注释家的问题主要在改字方面，前者或为无心之过，后者实属以意妄作。《汉书》注释中存在大量的以同音字注古音的做法，在方便了阅读的同时，一定程度

---

① 陈直：《汉书新证·自序》，天津：天津人民出版社，1979年，第3页。

上也阻碍了人们深入追索字源本义。《颜氏家训·勉学》对此作了批评，说"学《汉书》者"有"悦应、苏而略苍、雅"的倾向。"应"是应劭，"苏"是苏林（汉魏时人），两人同为注释《汉书》的大家；"苍""雅"指的是《苍颉篇》《尔雅》一类的字书。《颜氏家训》接着说"不知书音是其枝叶，小学乃其宗系"，意味着《汉书》注释虽然能够帮助人们了解古字的发音，却不能如文字学研究让人知其所以然。

中古注家虽多，但其著作多已亡佚。颜师古《汉书叙例》中列举注释《汉书》者荀悦、服虔、应劭、伏俨（东汉人）、刘德（东汉人）、郑氏（疑为汉魏时人）、李斐（汉魏时人）、李奇（汉魏时人）、邓展（汉魏时人）、文颖（汉魏时人）、张揖（汉魏时人）、苏林、张晏（汉魏时人）、如淳（三国时人）、孟康（三国时人）、项昭（三国时人）[①]、韦昭（三国时人）、晋灼、刘宝（西晋时人）[②]、臣瓒（西晋时人）、郭璞（两晋之际人）、蔡谟、崔浩（北魏人）等二十三家，实则还有宋均注也为颜师古采用，诸家注解随《汉书》附见。通过唐修《隋书·经籍志·史部》"正史类"相关记载，也可以看到中古时期《汉

[①] 徐畅考证项昭即《隋志》著录《汉书叙传》的作者项岱。其本名若为"昭"，则可能为避司马昭（211—265）之讳而改为"岱"；其本名若为"岱"，则可能字"昭"。徐畅认为"昭"字有昭明、彰显之义，"岱"为泰山，《旧唐书·礼仪志》有"封金岱岭，昭累圣之鸿勋"句，她释为"登封'岱'岳，正是为了彰显功德，'昭'明视野"，其说可从。徐畅：《德藏吐鲁番出土〈幽通赋注〉写本的性质、年代及其流传》，《吐鲁番学研究》2013年第2期。

[②] 《刘宝墓志》载："侍中、使持节、安北大将军、领护乌丸校尉、都督幽并州诸军事、关内侯、高平刘公之铭表。公讳宝，字道真，永康二年正月丁巳朔廿九日□□□。"其中并未提及《汉书》事。见罗新、叶炜：《新出魏晋南北朝墓志疏证》（修订本），北京：中华书局，2016年，第7页。

书》注释的一些单行本，由此窥知《汉书》研究在当日的兴盛。

《汉书集解音义》二十四卷应劭撰。①

《汉书音训》一卷服虔撰。

《汉书音义》七卷韦昭撰。

《汉书音》二卷梁寻阳太守刘显撰。

《汉书音》二卷夏侯咏撰。

《汉书音义》十二卷国子博士萧该撰。

《汉书音》十二卷废太子勇命包恺等撰。

《汉书集注》十三卷晋灼撰。

《汉书注》一卷齐金紫光禄大夫陆澄撰。

《汉书续训》三卷梁平北谘议参军韦棱撰。

《汉书训纂》三十卷陈吏部尚书姚察撰。

《汉书集解》一卷姚察撰。

《论前汉事》一卷蜀丞相诸葛亮撰。

《汉书驳议》二卷晋安北将军刘宝撰。

《定汉书疑》二卷姚察撰。

《汉书叙传》五卷项岱撰。

《汉疏》四卷。梁有《汉书》孟康音九卷，刘孝标注《汉书》一百四十卷，陆澄注《汉书》一百二卷，梁元帝注《汉书》一百一十五卷，并亡。②

---

① 姚振宗认为此"应劭"当作"臣瓒"，其说源自钱大昕《十驾斋养新录》。然钱氏仅认为此"集解音义"并不只出于应劭一人，应劭下脱"等"字而已。见姚振宗撰，刘克东、董建国、尹承等整理：《隋书经籍志考证》第二册，北京：清华大学出版社，2011年，第511页。

② 《隋书》卷三三《经籍二》，北京：中华书局，1973年，第953—954页。

　　《隋志》中的萧该、包恺均为由南至北的学者，是隋代研究
《汉书》的大家，他们的成就将在后文隋唐《汉书》学的部分
提到。即便如此，二人研究《汉书》的学问也并非在隋代方才
习得，而是孕育于南朝。《隋志》著录的已经亡佚的几种《汉
书》注中，孟康的《汉书音》在《旧唐书·经籍志》和《新唐
书·艺文志》中均有著录，所以并未散失。刘孝标所注于阮孝
绪《七录》中被提及。梁元帝萧绎做湘东王时便已注释《汉
书》，他自作的《金楼子·著书》中已经提到"注《前汉书》
十二帙，一百一十五卷"。他的哥哥简文帝萧纲给他写信说"注
《汉》功夫，转有次第。思见此书，有甚饥怒"（《广弘明集·诫
劝》），说明他的工作也有相当成绩，可惜并未流传下来。除上
述诸人著作之外，清代学者章宗源的《隋书经籍志考证》又补
东汉应奉撰《汉书后序》十二卷、《汉事》十七卷，南朝刘宋
颜延年撰《汉书决疑》十二卷，北朝北魏崔浩撰《汉书音义》
二卷。

　　这样看来，东汉以降至隋代，《汉书》注释之作蔚为大观。[1]
特别是与《史记》比较的话，《汉书》注释无论从注释人数还
是从成书卷数上，都远胜《史记》。从这个角度来说，时人重视
《汉书》远胜于《史记》。

　　值得注意的是，诸葛亮也有一卷讨论前汉史事的著作，既
然附于《汉书》之下，则应该是针对《汉书》发出的讨论。联

---

[1]　唐以前《汉书》注释情况亦可参考孙显斌：《〈汉书〉颜师古注研究》，南京：
　　凤凰出版社，2018年，第14—53页。

想《出师表》中的"亲贤臣，远小人，此先汉所以兴隆也；亲小人，远贤臣，此后汉所以倾颓也"，可知刘备、诸葛亮君臣应该非常重视汉代历史，因之对《汉书》有着同样的尊重。《三国志·蜀志·先主传》注引《诸葛亮集》载刘备给后主刘禅的遗诏中称："可读《汉书》《礼记》，闲暇历观诸子及《六韬》《商君书》，益人意智。"此说更可以与前论相发明。《新唐书·艺文志》在诸葛亮的《论前汉事》下注明"又《音》一卷"，则诸葛亮亦对训释《汉书》字音有所见解。

东汉以降兴起的《汉书》注释工作，至魏晋南北朝蓬勃发展，成为专门的《汉书》学。研究《汉书》风气的盛行，又与社会重视《汉书》、喜读《汉书》的传统密不可分。下面一节，将介绍当时人们的《汉书》情结。

魏晋南北朝的《汉书》情结

魏晋南北朝时期，社会上流行阅读《汉书》，出现了很多喜读《汉书》的奇闻逸事。

日本学者吉川忠夫考察了唐代颜师古《汉书叙例》中提供的旧注家名单，认为魏晋时期是《汉书》注释的一个高潮，其原因可能与《史记》《汉书》成为清谈家的谈资有关。① 比如《世说新语·言语》便记载了名士王衍对乐广说"张茂先论《史》《汉》，靡靡可听"。"靡靡"可以用来形容繁复的华美状貌。西汉扬雄《方言》中记载汉代齐地形容"布帛之细者，曰绫"，秦晋则曰"靡"。晋代郭璞注"靡，细好也"。西汉司马相如《长门赋》中有"间徙倚于东厢兮，观夫靡靡而无穷"，东汉王延寿《鲁灵光殿赋》中有"何宏丽之靡靡"，对此，《文选》李善注都用郭璞注作解。"靡靡"很明显是一个用视觉感受形容听觉的词语。张茂先就是西晋的名臣张华，在王衍的评论中，张华讲论《史记》《汉书》"靡靡可听"，很明显是带来了

---

① 吉川忠夫著，王启发译：《六朝精神史研究》，南京：江苏人民出版社，2010年，第255—256页。

一种听觉上的享受，而并非只是知识上的讨论。同样一段话中，还有裴颜"善谈名理，混混有雅致"，王衍与王戎说"延陵、子房，亦超超玄著"，也应该从声音角度来理解。换言之，当时人接受《汉书》的一个途径，就是听人朗读和解说。

实际上，张华对《汉书》的熟悉更多地体现在知识层面。刘孝标注《世说新语》引孙盛《晋阳秋》说："世祖尝问汉事，及建章千门万户，华画地成图，应对如流，张安世不能过也。"西晋的郑默拒绝权势的联姻要求时曾说："吾每读《隽不疑传》，常想其人。畏远权贵，奕世所守。"华谭在对晋武帝的策文中引用了班固《匈奴传赞》中的"有其地不可耕而食，得其人不可臣而畜。来则惩而御之，去则备而守之"之语。此类例子，表明了晋代尤其是西晋对《汉书》在知识层面的偏好与重视。

到了南齐时代，《南史·陆倕传》记载梁代陆倕从小勤学，善于作文。他于茅屋之中昼夜读书，多年不辍，对所读之书，一定高声朗诵，乃至记忆。有一次，他向别人借《汉书》来读，不小心遗失了四卷《五行志》，便默写出来还给人家，且并无脱漏错讹之处。前文已及，《汉书·五行志》是仿经书写成的，一般先记录一段灾异祥瑞，然后罗列经典中的类似记载，并接续以诸家解说。这种文本枯燥无聊，通读一遍也属困难，陆倕居然能默写出来，实在说明他对《汉书》掌握之纯熟。梁代的臧严也是爱好《汉书》的典范，据说他记忆力惊人，所学都能背诵，也特别擅长背诵《汉书》（《梁书·文学传下》）。

陆倕的后代陆云公继承了祖先熟稔《汉书》的传统，据说他五岁时就能诵《论语》《毛诗》，到了九岁时就能记忆《汉书》了。从祖父陆倕和沛国刘显质问他关于《汉书》的十件事，陆云公一一应对，没有差错，令刘显非常惊叹。以今日的眼光来看，九岁的孩子能读《汉书》已经很了不起了，更能应答从祖父和有"汉圣"之称的刘显提出的十个问题，确实属于神童之列。

南朝少年熟悉《汉书》的例子又不只陆云公，另有韦载（梁陈时人），十二岁时和自己的叔叔韦棱（梁时人）一起去拜访刘显，刘显又问韦载《汉书》十事，韦载应对无疑滞（《南史·韦载传》）。韦棱就是前文《隋书·经籍志》提到的《汉书续训》的作者，他携带侄子去见刘显，初衷或许是讨论《汉书》文意。韦载能答出刘显的提问，自然显出他的水平。而刘显经常提问好学少年《汉书》，或也说明此书在南朝普及程度甚高。

韦棱的父亲、梁代名将韦叡，也自幼好学，年老时仍锐意经史，特别喜欢与韦棱闲坐谈论，甚至还能指正、发明，为韦棱所不及。父子二人谈论的内容应该也包括《汉书》。前文提到，孙吴时张昭将《汉书》师法传授于子张休；南朝韦叡、韦棱、韦载祖孙三代，及陆倕、陆云公祖孙二人都明《汉书》，又显示出《汉书》作为某一文化家族代际传承基本文献的地位。由梁入隋的刘显之子刘臻，也深通《汉书》，同样有"汉圣"之称。刘显、刘臻父子二人并称"汉圣"，也是南朝时家传《汉书》的一个例证。专门传承《汉书》的家族不断出现，反映出《汉书》学研究经过长期积累，呈现出专业化的态势。

北朝同样有精通《汉书》的学者。西晋时有一名叫刘殷的学者，年轻时便博通经史、综核群言，永嘉之乱后他留在北方，历任前赵的侍中、太保、录尚书事。刘殷有七个儿子，他令五子各学一经，剩下两人，一人研习《史记》，一人研习《汉书》，史书上评价他们"一门之内，七业俱兴，北州之学，殷门为盛"（《晋书·孝友传》）。虽然不能清楚刘殷儿子研习《汉书》学问的具体情况，但从上述记载来看，应该是一位研治《汉书》的专家。生活在北魏至北齐时的著名文学家邢子才（496—569）素有博闻强识之称，据说他因为在洛阳雨季时不能外出游玩，便专心读《汉书》，五天之内，就可以大略记住其全部内容（《北齐书·邢邵传》）。与邢子才同时代的北朝名士魏收同样精通《汉书》，有一次他和博士们争论宗庙之事，便称引《汉书·韦玄成传》以为佐证。韦玄成是西汉大儒，做过丞相，曾参与汉元帝时废立宗庙的大讨论，《汉书·韦玄成传》借此比较详细地记录了西汉后期宗庙改制的情况。面对诸博士的非议，魏收翻检到了《汉书·韦玄成传》以为佐证。博士们共同研读之后，方才明白了此传的价值（《颜氏家训·勉学》）。①

不过也必须指出的是，虽然南北朝时《汉书》知名度很高，但并非人人可得、人人可读之书。因《汉书》卷帙过大，在写本时代能拥有全本《汉书》实属不易，除了上文提到的几个以之为家学的文化名家之外，普通学者想要拥有一套《汉书》还是非常困难的。《南史》中记载了谢侨的故事。他素富贵，但有一天吃不上饭了，他的儿子想拿《汉书》去典当换钱，他说："宁饿死，岂可以此充食乎？"谢侨出身陈君谢氏，是南朝累世簪缨之家子弟，所以家中可能藏有《汉书》，一旦家道中落，又可以凭借《汉书》换钱。如此，《汉书》本身的价值就很值得关注了。《颜氏家训·勉学》还记载了一位生活在梁代的学者，

---

① 蔡丹君：《北朝〈汉书〉学与北朝文学的汉代传统》，《岭南学报》2019 年第 1 期。

名叫臧逢世，他就是前文提到的能背诵《汉书》的臧严之子。臧逢世欲读《汉书》，竟然到处都借不到，还是从姐夫那里索要了客刺和书翰之纸末亲手抄写了一部，不断苦读，最终成为《汉书》领域的名家。臧严以背诵《汉书》闻名，而他的儿子臧逢世竟然看不到《汉书》，这个故事颇让人费解。一种可能是《颜氏家训》的记载是传闻，存在谬误；另一种可能是臧严家中没有《汉书》，他也是从别处借观的。此外也不能忽视第三种可能，即上述很多人都可以背诵《汉书》的记载是史家的夸大，即便不排除有人能背诵《汉书》全本，但可能更多人阅读和记忆的都是节抄本的《汉书》。社会上更多人阅读《汉书》，恐怕还是取其中的历史故事和典故，以为做人的借鉴和作文的参考。

　　不仅文人爱好《汉书》，武人也同样爱好《汉书》。南朝的陈宝应想要割据闽中，与陈朝的中央政权对抗。他有听人读《汉书》的习惯。一次，陈宝应卧听左右读《汉书》，正读到蒯通游说韩信说"相君之背，贵不可言"时，陈宝应蹶然而起说："可谓智士。"蒯通是秦汉之际的人物，他劝说韩信与刘邦、项羽鼎足三分，割据自立以观成败。韩信所处之地位，正与陈宝应相近；蒯通所劝韩信之言，更与陈宝应内心相符，故而陈宝应惊起赞叹，表示了极大的肯定态度（《陈书·虞寄传》）。

　　武人听人读《汉书》的更早例子是十六国时期的石勒。石勒出身少数民族，从小未曾受过系统的汉文教育，阅读能力恐怕很有限。但是他爱好学习，虽在军旅，常令儒生读史书而听之，每以其意论古帝王之善恶。石勒尤其喜欢听人读《汉书》，有次听到郦食其劝说刘邦立六国贵族后裔为王，大惊说道："此法当失，何得遂成天下！"后来听到张良阻止刘邦，方才安心说："赖有此耳。"这个故事说的是，楚汉相争之际，郦食其给刘邦献计，请他立六国后裔做诸侯王，这样六国后人及百姓便会支持刘邦、攻击项羽。刘邦以为有道理，便命令制作六国诸侯王的印信，为分封做准备。张良听到了，劝刘邦说："诸将追随你，是因为希冀未来可以裂土封侯，可你现在分封六国后裔，便绝了诸将的念想，未来还有谁替你卖命打天下呢？"刘邦方知失策，忙命人停止制作六国印信。石勒从未读过《汉书》，也不知道这段历史，所以他等于站在和刘邦一样的历史位置去审度天下的形势，而他身边也没有张良一般的谋士出主意，自己就已经意识到郦食其主张的问题，更表明他政治见识之高超非凡。《晋书·石勒载记上》在这件事后评价他说"其天资英达如此"，虽有夸赞的成分，但也并不特为虚妄。

关于石勒的故事，还有一个也值得一提。据说有一次他宴请其他政治势力的使节，酒酣之际，便问身边的大臣徐光："我可以和古代哪位开创之主相比呢？"徐光吹捧石勒说："您的神武筹略远远胜过汉高祖刘邦，雄艺卓荦又大大超出魏武帝曹操，三王以来没有开创之主能和您相比，您大概是仅次于轩辕黄帝一样的人物吧。"听了这种话，石勒大笑说："人不能没有自知之明，你说得太过头了一点。我要是遇到刘邦，就北面称臣，与韩信、彭越这班人一道辅佐他开基创业；我要是遇到了刘秀呢，就和他并争天下，未知鹿死谁手。至于曹操，还有司马懿父子，通过卑劣手段获得天下，我甚为不取。我是刘邦、刘秀之间的人物，又怎么能和轩辕黄帝相比呢？"听了石勒一番话，群臣均顿首称万岁，表示对自己君主的豪迈气概和历史见识的肯定。可以肯定，石勒对刘邦、韩信等人历史定位的把握，应该与他喜欢听人读《汉书》的习惯密不可分。

值得注意的是，关注刘邦与刘秀二祖创业事迹的，在石勒之前也有其人。最早掀起颠覆西晋的民族起义浪潮的汉赵皇帝刘渊所倚重的谋主刘宣，也是博览群书之人，"每读《汉书》，至《萧何》《邓禹传》，未曾不反覆咏之，曰：'大丈夫若遭二祖，终不令二公独擅美于前矣！'"史称刘渊自幼好学，"《史》《汉》诸子，无不综览"（《晋书·刘元海载记》），恐怕与刘宣也有莫大关系。

《汉书》记载的西汉历史，是后代政权与君主效法的对象，也是他们执政治国的参考。虽然秦朝是中国进入帝制时代的开创王朝，但因国祚短促，在后代人心中始终处于被批评的地位。而西晋因为统治阶层的昏聩糜烂，虽然同样是统一王朝，却不能被南北朝各个政权作为效法的对象。只有汉代，作为统一帝国维持了长达近四百年的统治，虽一度灭亡但又再次中兴，它的版图之辽阔、社会之安定、经济之繁荣、文化之昌明、武功之豪迈，深深为后代政权所信服。所以，记载西汉历史的《汉书》，成为后人了解汉朝、学习汉朝、仿效汉朝的媒介。它储存、承载的历史记忆，是各个民族人民的财富。

北朝君主注意从《汉书》中汲取历史经验教训，其中也有很多著名的例子。《魏书·崔玄伯传》载北魏道武帝拓跋珪（371—409）经常问崔玄伯古今旧事、王者制度、治世之则。崔玄伯援引古今明君贤臣往代废兴之由，深得拓跋珪赏识。一次，崔玄伯为拓跋珪讲解《汉书》，说到娄敬劝说刘邦以鲁元公主与匈奴和亲，引发了拓跋珪的思考。此后，拓跋珪推行和亲政策，将公主嫁给宾附之国，虽朝臣子弟不得尚主。到了北齐，孝昭帝高演"笃志读《汉书》",特喜《李陵传》(《北齐书·孝昭帝纪》)。北朝君主通过阅读或听人讲解《汉书》,并非要欣赏其中辞彩,而是为了通过历史关照当下,反思统治之道。

南北朝时期《汉书》为人所重视喜爱,甚至还出现了搜求其不同版本的事例。《梁书·萧琛传》记载了这样一件事:萧琛在宣城太守任上,有北僧南渡,只带着一枚葫芦,中藏《汉书序传》。此僧说:"三辅旧老相传,以为班固真本。"萧琛听说后,想方设法得到了所谓"真本"《汉书》。与通行《汉书》比较,"真本"《汉书》纸墨古旧,文字多如龙举之例,非隶非篆。萧琛非常珍惜这个孤本,后来将它送给了鄱阳王萧范,萧范后将此书献给了东宫太子,太子又命刘之遴等学者参校各本《汉书》的异同。刘之遴记录了"真本"《汉书》与传世《汉书》不同者十件事,《梁书·刘之遴传》记载其大概情况如下:

> 案古本《汉书》称"永平十六年五月二十一日己酉,郎班固上",而今本无上书年月日字。又案古本《叙传》号为中篇,今本称为《叙传》。又今本《叙传》载班彪事行,而古本云"稚生彪,自有传"。又今本纪及表、志、列传不相合为次,而古本相合为次,总成三十八卷。又今本《外戚》在《西域》后,古本《外戚》次《帝纪》下。又今本《高五子》《文三王》《景十三王》《武五子》《宣元六王》杂在诸传秩中,古本诸王悉次《外戚》下,在《陈项传》前。又今本《韩彭英卢吴》述云"信惟饿隶,布实黥徒,越亦狗盗,芮尹江湖,云起龙骧,化为侯王",古本述云"淮阴毅毅,杖剑周章,邦之杰子,实惟彭、英,化为侯

王，云起龙骧"。又古本第三十七卷，解音释义，以助雅
诂，而今本无此卷。[1]

"真本"《汉书》和传世《汉书》之间并没有特别大的差
异，除了字句的不同，最主要的区别是传记编次顺序不同。对
于这些差异，清人修《四库全书总目》时给出了"以今考之，
则语皆谬妄"的评价。近代学者鲁实先（1913—1977）在《史
记会注考证驳议》中提及了此"真本"《汉书》，他认为："然
案《刘之遴传》，之遴具古本《汉书》异状十事，所言上书月
日为'永平十六年五月二十一日己酉'，虽与《三统历》闰五
月己丑朔及《续汉书·五行志》载'永平十六年五月戊午晦'
之文合，而《叙传》称为中篇，班彪自有传，皆不合理例。全
祖望以为伪造。殿本《汉书叙传考证》载齐召南说，亦以为好
事之徒所为者也。"此说从史法出发，指出作为全书总序的《叙
传》不应该放在"中篇"，也不应该在《叙传》之外为班彪另
立传记，都言之有理。"真本"《汉书》只在梁代出现过，后人
亦仅能凭《梁书》所载推测其面貌，所以这一版本的《汉书》
并不能构成今日校正《汉书》的参考。不过人们追求《汉书》
不同版本的努力，其背后是南朝人对《汉书》的重视。

《颜氏家训·书证》提到这样一个例子，也可作为南北朝时
期不同版本《汉书》并存的写照。这个例子是，《汉书·高帝
纪》中有"田肎贺上"的字样，"肎"字在"江南本"中通作
"宵"。前文提到的刘臻读"田宵"作"田肯"，当梁元帝问及

---

[1]　《梁书》卷四〇《刘之遴传》，北京：中华书局，1973年，第573页。

为何如此读时，刘臻解释说没有什么理由，他家里的旧藏版本就是将"宵"写作"肯"。这说明，在南朝起码存在两种《汉书》的版本，一种就是所谓"江南本"，另外一种是"汉圣"刘显、刘臻家藏本。《颜氏家训》的作者颜之推（531—597）与刘臻是同时代的人，他后来被抓到北方，辗转于北周、北齐和隋之间，经历跌宕，见识也广。颜之推在这里写下"吾至江北，见本为'肯'"，即他在北方见到的《汉书》版本都作"田肯"。这说明在"江南本"和刘臻、刘显家藏本之外，北朝也有通行的《汉书》版本流传，其中记录或与刘臻、刘显家藏本相合。阅读、研究《汉书》首先要通文字，释读文字的前提又是找到善本。颜之推能够在颠沛流离之际仍不忘这一段《汉书》上的公案，也可谓是醉心于《汉书》之人了。颜之推在《颜氏家训》中多次引用《汉书》讨论文字，表明了他对《汉书》的熟稔。他的孙子颜师古能够成为唐代专治《汉书》的宗匠，应该与颜之推的好尚不无关系。

《汉书》与南北朝文学及政治的关联

《汉书》自问世以后，一直是学者和大众热衷阅读的文本，在社会上有极大影响。前文已经讨论了专门研究、阅读《汉书》的风气，本节则将介绍时人利用《汉书》作文、为政的几个方面。

首先要提及的是南朝文学风气的变化以及《汉书》在南朝文学中的地位。

《文心雕龙·明诗》说"晋世群才，稍入轻绮……采缛于正始，力柔于建安"。建安是东汉末献帝的年号，持续时间为196至220年。这一时段的文学作品接续汉代刚健有力的风气，行文掷地有声；加之社会动荡、战乱频仍，文学作品的主题往往关注生民疾苦，很有切实的情感。诸如曹操的《苦寒行》："北上太行山，艰哉何巍巍！羊肠坂诘屈，车轮为之摧。树木何萧瑟，北风声正悲。熊罴对我蹲，虎豹夹路啼。"曹丕（187—226）的《黎阳作》："殷殷其雷，蒙蒙其雨。我徒我车，涉此艰阻。"曹植（192—232）的《白马篇》："长驱蹈匈奴，左顾凌鲜卑。弃身锋刃端，性命安可怀？父母且不顾，何言子与妻！名编壮士籍，不得中顾私。"孔融（153—208）的《杂诗》：

"岩岩钟山首，赫赫炎天路。高明曜云门，远景灼寒素。昂昂累世士，结根在所固。"王粲的《七哀》："西京乱无象，豺虎方遘患。复弃中国去，委身适荆蛮。亲戚对我悲，朋友相追攀。出门无所见，白骨蔽平原。"徐幹的《室思》："峨峨高山首，悠悠万里道。君去日已远，郁结令人老。人生一世间，忽若暮春草。时不可再得，何为自愁恼？"这些诗文皆是有感而发，诗人关注时代的动荡，描绘复杂的心态，歌颂真实的情感，思考未来的取径，可谓叙事与抒情兼美。正始是三国曹魏齐王芳（曹芳，232—274）的年号，持续时间为240年至249年，正始文风波及的时代要比正始年号持续的时间略长。这一时间段，文学家们面临了更多的政治压力，加之清谈的流行，他们更多地思考生命、时间、存在与虚无等富于哲学意义的命题，所以文风充满一种孤寂感。代表人物何晏（190—249）在《言志诗》中写下"鸿鹄比翼游，群飞戏太清。常恐夭网罗，忧祸一旦并"，与建安时代的叩问、反思态度紧密联系，又表现出一种紧张和空虚。尽管如此，建安与正始仍然注重言之有物，并没有因为追求文采的华丽和主题的变化而走上旖旎柔媚的路子。《文心雕龙》批评的晋代以后的诗风，越来越背离了描摹有意义的社会现实的初衷，越来越追逐声律的协调和内容的香软。于是到了南朝，出现了在形式上讲求格律的"永明体"和在内容上描摹绮艳纤丽的男女私情的"宫体诗"（"齐梁体"）。

王瑶先生这样评价南朝诗风的变化：

　　士大夫的生活由逃避而麻醉，而要求刺激，一天天地堕落下去，文学的发展也自然变成了内容的空泛病态和形式的堆砌浮肿了。由玄言诗到山水诗，在文人们逃避现实和追求玄远的过程中，还找到了大自然中底新的题材和内容的刺激；在这以后，一方面是文人们生活的堕落不再满足于山水自然的内容了，左思《招隐诗》说："何必丝与竹，山水有清音。"但到了局限于宫廷和奢侈生活圈子里的文人们，堕落的生活要求着浓郁的强烈的刺激，便不能再满足于所谓"清音"了。另一方面是山水题材的单纯性在普遍发展上也有他的限度，而又难找到新的代替的东西，于是第一步的变化便在字句本身的形式上求超越前人的功夫了；南朝诗的初期几乎用全力来努力于裁对隶事的工整，便是这种形式下的结果。①

隶事是一种怎样的工作呢？齐梁时期的学者钟嵘在他品评汉代至梁代作家的《诗品》序言中写道："颜延、谢庄，尤为繁密，于时化之。故大明、泰始中，文章殆同书抄。近任昉、王元长等，词不贵奇，竞须新事。尔来作者，寝以成俗。"说的就是自南朝刘宋颜延年、谢庄以下，写诗强调多用古代的典故，追求一种博洽多闻的态势。据《南史·王摛传》记载，南齐时，"尚书令王俭尝集才学之士，总校虚实，类物隶之，谓之隶事，自此始也"。隶事，是指就同一物引用的古代典故。为了追求诗作形式上和内容上的丰富，诗人们在隶事方面花了很大力气。《南史·王摛传》接着就记载，王俭在宾客中开展隶事比赛，谁

---

① 王瑶：《隶事·声律·宫体——论齐梁诗》，《清华大学学报（自然科学版）》1948年第1期。

能穷尽典故，谁就可以得到"五花簟""白团扇"的奖励。最初是何宪获胜，他"坐簟执扇，容气甚自得"。当王摛到来后，看到何宪所作，便另造新章，"文章既奥，辞亦华美"，抢得了"五花簟""白团扇"。在这里，"辞亦华美"反而成了"文章既奥"的附属品，换言之，文章的艺术性和审美情趣更要让位于文章的知识性。隶事本是为了扩展文学书写的领域，演化至此反而喧宾夺主，变成文学创作的核心内容了。日本学者吉川忠夫评价道："齐、梁的士大夫们，使人感到其如同是在标新立异和出人所料以及炫耀知识上看到了生存意义似的。这样做的情况保证了他们知性上的自尊，而使其自己得到满足。"① 此种风气的流行，导致了南朝知识界出现了强调学习古代知识的风气，由此便引发了文人对历史文献的追捧和重视。

《南史·任昉传》记载梁代有所谓"任笔沈诗"的说法。所谓"笔"在南朝专指不用韵的应用文。任昉对此甚为不满，于是他到晚年开始大量写诗，希望能压过同名的大文豪沈约。他的做法也很简单，便是大量引用古代典故，正如《诗品》所说"词不贵奇，竞须新事"，说白了就是任昉没有写得很美，倒是写得很丰富。典故用得多了，以至于出现行文滞涩的情况，可即便如此，任昉依旧引领了南朝诗风，使得人人效法。《南齐书·文学传》称"缉事比类，非对不发，博物可嘉，职成拘制"；《南史·王僧孺传》称王僧孺"其文丽逸，多用新事，人所未见者，时重其富博"；《陈书·姚察传》称姚察"每有制述，多用新奇，人所未见，咸重富博"。追求知识上的丰富与博

---

① 吉川忠夫著，王启发译：《六朝精神史研究》，第258页。

洽，不仅是南朝文人创作的手段，更是他们创作的目的。他们以此为业，也以此为乐，今日学者称之为"知识崇拜"。①

隶事的前提是博学，博学的首要条件则是拥有大量藏书。胡宝国认为，晋宋之际，南朝出现了聚书的风气，发展到齐梁，聚书蔚为大观了。② 国家方面的聚书，以东晋孝武帝（司马曜，362—396）太元年间（376—396）的"博求异闻"最为著明。私人聚书也有些证据，比如刘宋的谢弘微从叔父谢峻那里继承了数千卷的藏书。齐、梁以后官私聚书都有了大幅度的增加。据《隋志》载，梁代的国家藏书达到二万三千一百六卷，这其中还没有计算佛教典籍的数量。私人藏书方面，出现了很多大的藏书家。如上文提到的任昉，《南史》记载他"博学，于书无所不见，家虽贫，聚书至万余卷，率多异本。及卒后，武帝使学士贺纵共沈约勘其书目，官无者就其家取之"。又如王僧孺，"好坟籍，聚书至万余卷，率多异本，与沈约、任昉家书埒"（《南史·王僧孺传》）。除此二人之外，另有几位大的藏书家。藏书的目的，当然是为了阅读和引用，以便在交流和隶事的过程中取得优势。所藏书籍，应以文史为主。《隋志》就说梁武帝（萧衍，464—549）时代，因为皇帝敦悦诗书，所以"四境之内，家有文史"。文史书籍中，又不得不包括《汉书》。

前文提到了梁武帝的第七子萧绎，他叙述自己多年来聚书的情况，反复提到"写得《史》《汉》《三国志》《晋书》"，"又聚得元嘉《后汉》并《史记》《续汉春秋》《周官》《尚书》及诸

---

① 胡宝国：《知识至上的南朝学风》，原载《文史》2009 年第 4 辑，又收入氏著《将无同：中古史研究论文集》，北京：中华书局，2020 年，第 163—200 页。
② 胡宝国：《知识至上的南朝学风》，《将无同：中古史研究论文集》，第 163—175 页。

子集等，可一千余卷"，"又使孔昂写得《前汉》《后汉》《史记》《三国志》《晋阳秋》《庄子》《老子》《肘后方》《离骚》等，合六百三十四卷，悉在一巾箱中，书极精细"（《金楼子·聚书》）。萧绎藏书始终重视《史记》和《汉书》，这应该是当时藏书家的共同习惯。南齐的藏书家崔慰祖聚书至万卷，一直广泛搜求《史记》《汉书》脱漏事状二百余件，计划注释两书。崔作并不见于前节所引目录文献，想来并未完成，不过从他搜罗"脱漏"的做法看，崔慰祖注释《汉书》的方法应就是补史之类。补史，固然是为了方便读通史书，但也有着搜罗事实以扩充自己知识储备并为撰述提供资料的目的。崔慰祖曾撰《海岱志》，内容是"起太公迄西晋人物为四十卷"，应当是一部人物传记。萧绎亦曾注释《汉书》，并撰述有《孝德传》三十卷、《忠臣传》三十卷、《丹阳尹传》十卷等人物传记，他的取材恐不能脱离《汉书》等史著。①

　　南朝的诗歌创作中，《汉书》记载的汉代典故出现的频率很高。比如江淹仿左思作咏史诗："韩公沦卖药，梅生隐市门。百年信荏苒，何为苦心魂。当学卫霍将，建功在河源。珪组贤君眄，青紫明主恩。终军才始达，贾谊位方尊。金张服貂冕，许史乘华轩（后略）。"诗中提到的梅生乃是《汉书》中记载的梅福，曾经隐居于会稽吴地；终军便是汉武帝时著名的少年大臣，《滕王阁序》中称作"无路请缨，等终军之弱冠"；金张许史则是汉代武帝以后活跃于长安地区的世代公卿贵戚，事迹均见于

---

① 《梁书》卷四三《江子一传》载："子一续《黄图》及班固'九品'，并辞赋文笔数十篇，行于世。"这种续补《汉书·古今人表》的行为，已经脱离了单纯为《汉书》做补注的范畴，进入独立创作的领域。

《汉书》。此诗中所用汉典，其最早的来源便应该是《汉书》。

非但诗文使用汉典和《汉书》，南朝公文甚至还有直接引用《汉书》或者《汉书》注释原文的情况。梁元帝萧绎的《议移都令》中说道："通侯诸将，勿得有隐。"单单看这句话只是要求贵族与将军们不要隐瞒自己的意见而已，实则语出《汉书》。《汉书·高帝纪下》载刘邦诏令"通侯诸将，毋敢隐朕"，是萧绎诏令的本源。通侯便是列侯，本名彻侯，因为避汉武帝刘彻名讳，所以改名为"通侯"。西汉初年，通侯地位尊重，是可以经常与皇帝接触的顶级贵族。可到了南朝，列侯虽然依旧为贵族，但已不可与西汉相比。萧绎所说"通侯诸将"，并没有特别强大的现实基础，而更多体现为对古典的引用和转写。萧绎做湘东王时曾有一个《荐顾协表》，文中他赞扬父亲萧衍"未明求衣"。这源自《汉书·邹阳传》，邹阳讲述汉文帝勤于正事时，说"寒心销志，不明求衣"。臣瓒注曰："文帝入关而立，以天下多难，故乃寒心战栗，未明而起。"又如萧绎的《请于州立学校表》叙述了汉代《书》《易》《诗》《春秋》《礼》《乐》诸书的各家传播情况，与《汉书·艺文志》介绍的内容基本一致。另有大量类似的证据，于萧绎留存至今的文书中都可以见到。上述三个材料，可证《汉书》及《汉书》注成为南朝公文的取材来源之一。

前代诏书、公文中少见用诗文典故者，造成这种现象的原因，与南朝以降特别是梁代文学风气兴盛有关。《梁书·江淹任昉传论》称"二汉求贤，率先经术；近世取人，多由文史"，概括的就是南朝掌握文史知识便可以获得美职的情形。祝总斌先生考证，南朝经学仍旧是选拔人才的最主要凭据，但是由于君主雅好文章，所以近侍官员和贵游子弟便可以凭借文学艺能获得宠幸。[1] 文献从不同角度记载了类似情形，如从君主角度说有"宋孝武好文章，天下悉以文采相尚"（《南史·王俭传》），"高祖招文学之士，有高才者，多被引进，擢以不次"（《梁书·文学传·刘峻传》）；从士大夫角度说则有"时膏腴贵游，咸以文学相尚"（《梁书·王承传》），"士大夫子弟，皆以博涉为贵，不肯专儒"（《颜氏家训·勉学》）。有一些靠着"文义伎艺"向皇帝求官的人，书虽读得多却并无行政能力；但也有一些人，既有文学水平，更有实干才能，所以一下子脱颖而出，成为皇帝倚重的对象。时人的才干，除了具体的行政训练，也包括对前代典章与历史故事的熟稔。文史之学一结合，便可在南朝政坛中形成巨大的力量。

《梁书》记载周捨"博学多通，尤精义理，善诵书"，无论他的官职怎样升迁，梁武帝都会把他留在身边，"国史诏诰，仪体法律，军旅谋谟，皆兼掌之"，竟至"日夜侍上，预机密，二十余年未尝离左右"。[2] 另有朱异，"遍治五经，尤明礼易，涉猎文史，兼通杂艺，博弈书算，皆其所长"。自周捨卒后，他代掌

---

[1] 祝总斌：《评魏晋宋齐"儒教沦歇"及"近世取人，多由文史"说》，原刊《文史》2006年第1辑，引自氏著《材不材斋史学丛稿》，北京：中华书局，2009年，第384—392页。

[2] 周捨曾经问刘杳（487—536）："尚书官著紫荷囊，相传云'契囊'，竟何所出？"刘杳回答："《张安世传》曰：'持橐簪笔，事孝武皇帝数十年'。韦昭、张晏注并云'橐，囊也。近臣簪笔，以待顾问'。"（《梁书·文学传下·刘杳》）这是刘杳熟知《汉书》的例子，周捨也凭此扩充了自己的学问，也是出于适应在梁武帝身边工作需要的考虑。不过此事据吉川忠夫考证并非出自《汉书·张安世传》，而是《赵充国传》有类似记载。吉川忠夫著，王启发译：《六朝精神史研究》，第263页。

机谋，"方镇改换，朝仪国典，诏诰敕书，并兼掌之。每四方表疏，当局簿领，咨询详断，填委于前。异属辞落纸，览事下议，纵横敏赡，不暂停笔，顷刻之间，诸事便了"。与之类似的人物还有徐勉等人，他们多有任职中书的经历，中书职在草诏、宣布玉音，卓越的文学水平和丰富的历史知识无疑能为"诏诰敕书"提供更多的展示可能。

又如徐摛的例子："（梁武帝）因问五经大义，次问历代史及百家杂说，末论释教。摛商较纵横，应答如响，高祖甚加叹异，更被亲狎，宠遇日隆。"（《梁书·徐摛传》）由于徐摛表现太过优秀，甚至引起了前文提到的梁武帝最为倚重的大臣朱异的嫉妒，两人发生摩擦的场合，便是文史知识领域。

精通《汉书》学的学者，甚至可以在政治领域提供有益的知识，在国家礼仪、典制、外交领域发挥作用。《梁书·裴子野传》记载，梁武帝时有来自西北的白题和滑国两个政权遣使贡献，这两个国家与南朝一直没有外交关系，所以朝内无人知晓其来历。裴子野说曾经有记载"汉颍阴侯斩胡白题将一人"，服虔《注》云"白题，胡名也"；又有"汉定远侯击虏，八滑从之"的记载，现在的白题和滑国，应该就是史书所记吧。当朝皆服裴子野的博学。裴子野所说两例，出自两《汉书》。前者，见《汉书·灌婴传》之"复从击信胡骑晋阳下，所将卒斩胡白题将一人"；后者，见《后汉书·西域传》之"（班）勇率后王农奇子加特奴及八滑等，发精兵击北虏呼衍王，破之。勇于是上立加特奴为后王，八滑为后部亲汉侯"。虽然裴子野将班勇帅八滑事系于班超略有小误，但毕竟记忆力惊人，远胜过满朝士人。而且裴子野不仅只读《汉书》本传，更明服注，则表明他也精研《汉书》学。今日看来，裴子野并没有说出两国更多的情况，看似并无大用，不过倘若联系当日情形，对于域外两个突然造访的国家，裴子野能大略陈述其来历，使得梁朝不至于在外交场合措手不及，也是相当大的功劳了。

正因为历史知识可以转化为行政常识，为国家运作提供依据，因此南朝用人，着意选拔那些明习史传的人物。如南朝齐扬州刺史始安王萧遥光举荐王僧孺时，说他"先言往行，人物雅俗，甘泉遗仪，南宫故事，画地成图，抵掌可述"（《梁书·王僧孺传》）。"甘泉"是长安以北的甘泉宫，代指西汉；"南宫"指的是洛阳南宫，代表东汉。王僧孺熟稔两汉故事，因而得到举荐任尚书仪曹郎。曹魏以后尚书设仪曹，负责国家礼仪制度。对于礼仪历代多有沿革，后世则称前代历史为"故事"，故事每每和礼仪制度亦即"仪注"关联。据说陶弘景在宋末曾为萧道成引作诸王侍读，"虽在朱门，闭影不交外物，唯以披阅为务。朝仪故事，多取决焉"（《梁书·处士传·陶弘景传》）。梁代又有许懋"尤晓故事，称为仪注之学"（《梁书·许懋传》）。熟稔礼仪方面的故事，便可编撰仪注，作为国家各种典礼的参考。故而不明历史，则难以胜任仪曹一职。

《汉书》记载的史事，成为后人在政治方面的借鉴。《梁书》记载梁武帝萧衍的九弟萧恢，受封为鄱阳王。他在荆州刺史任上时，一日曾问帐下僚佐"中山好酒，赵王好吏，二者孰愈"。这便是引用了汉景帝二子中山王刘胜和赵王刘彭祖的典故。《汉书·景十三王传》记载刘彭祖喜好法律，与一般诸侯王喜欢修筑宫室、饮酒作乐不同，他更乐于参与督查盗贼等事。刘胜与他这个哥哥不同，"乐酒好内"，有儿子一百二十余人。

刘胜给刘彭祖写信说："兄为王，专代吏治事。王者当日听音乐，御声色。"刘彭祖也不满意刘胜，他说："中山王但奢淫，不佐天子拊循百姓，何以称为藩臣！"萧恢问帐下僚佐，中山王和赵王哪种做诸侯王的方式算得上合适。

僚佐无人回答，萧恢自答说："汉时王侯，藩屏而已，视事亲民，自有其职。中山听乐，可得任性；彭祖代吏，近于侵官。今之王侯，不守藩国，当佐天子临民，清白其优乎！"这话的意思是，汉代的诸侯王并不用亲理民政，所以像中山王刘胜那样追求享乐是可以的，像赵王刘彭祖那样过问民事反而不可以；本朝诸侯王要替皇帝巡抚百姓，所以应该学习赵王刘彭祖。僚佐们听了萧恢的解说，都深感叹服。其实，僚佐们并非不知中山王与赵王孰优孰劣，何况《汉书》中对中山王为何沉湎酒色本就有交代。汉景帝时，以吴王、楚王为首的同姓诸侯王反叛朝廷，发动了"七国之乱"。此次内乱平定之后，汉朝廷对诸侯王采取强硬措施，严格限制诸侯王的行为，甚至到了汉武帝即位之初，已经形成了"（诸侯王）今或无罪，为臣下所侵辱，有司吹毛求疵，笞服其臣，使证其君，多自以侵冤"（《汉书·景十三王传》）的局面。中山王刘胜就是看到这种情形，才故意自甘堕落，不愿被朝廷寻到过错而坐失王位。赵王刘彭祖就经常被汉朝廷找麻烦，甚至连他选定的王太子都被废掉了。自汉以后，诸侯王和皇帝的关系向来微妙。血缘上，大家是宗亲；可政治上，诸侯王又是皇帝最为猜忌的对象。萧恢的僚佐们不会不知道这层干系，所以不会主动回答萧恢的问题。萧恢反其道而用典，或许是一种高级地揣测梁武帝心意的表现，此处不多做推求。不过以《汉书》所载汉代典故比附当朝，也可以看作

《汉书》与南朝政治关联的一个例证。

综合以上种种情况可见，在南朝的政治和文化领域中，《汉书》文本以及《汉书》记录的汉代历史，甚为时人所重。于是，搜求《汉书》、阅读《汉书》、注释《汉书》、取材《汉书》以撰述文学作品、史学著作、官私文书，构成了南朝一条常见的知识生产链条。

虽然汉代典故和《汉书》进入了南朝的公私文书领域，但也并非没有反例存在。史载梁初郊庙祭祀的乐辞均为沈约所作，而后萧子云欲有所变革，梁武帝用"郊庙歌辞，应须典诰大语，不得杂用子史文章浅言；而沈约所撰，亦多舛谬"的批答表示赞同。萧子云采用五经为本，其次是《尔雅》《周易》《尚书》《大戴礼》诸书，力图改变郊庙祭祀自汉代以来不全用经典、本朝沈约文辞浅杂的情况。梁武帝所论"浅言"者是"子史"，亦表明"史"在南朝文诰中的地位亦不可过分夸大。

观《汉书·礼乐志》，汉朝庙乐本自汉初"叔孙通因秦乐人制宗庙乐"，汉武帝以后"乃立乐府，采诗夜诵，有赵、代、秦、楚之讴"，此外还以"李延年为协律都尉，多举司马相如等数十人造为诗赋，略论律吕，以合八音之调，作十九章之歌"。西汉郊庙所用歌辞，很少使用经书。比如《郊祀歌》第九章《日出入》，其辞曰："日出入安穷？时世不与人同。故春非我春，夏非我夏，秋非我秋，冬非我冬。泊如四海之池，遍观是邪谓何？吾知所乐，独乐六龙，六龙之调，使我心若。訾黄其何不徕下？"文义浅显晓畅，反映出汉朝人对宇宙的独特观念，和儒家经典不同。

再看《隋书·音乐志上》中沈约为梁朝制定的郊庙曲辞，

各篇均命名为"雅"，意即取自《诗》中之"雅"，作为宗庙祭祀之用。各篇名目的确定均出自经典，如皇帝出入时，要奏《皇雅》，取《诗》中"皇矣上帝，临下有赫"之意；皇太子出入时，要奏《胤雅》，取《诗》中"君子万年，永锡祚胤"之意。两相比较，沈约所定比汉代曲辞更重经书。即令如此，梁武帝也并不特别满意，其中固然有此时二人交恶的原因，或也在于梁武帝对不同场合的文书形制有不同的要求。

其实这种情况也好理解。汉代郊庙之曲辞本诸秦代，秦及汉初都重黄老之学，儒家经典并不是治国的主导思想，所以祭祀时不取儒经，也是实情；加之汉武帝本人雅好新声，李延年采风方国，司马相如文才勃发，都不专以经书为本，曲辞因之更加活泼灵动，表现出汉人社会生活中本真的一面。汉代自元帝以后，儒学渐有独尊之势，朝堂诸公莫不援引经典通疏章奏，海内士子莫不口诵师法立身养德，形成了家有经典、户户讽诵的局面。反映在郊庙曲辞上，也出现了些变化。比如汉成帝时的丞相匡衡，就变更其中文句，改《惟泰元》"继统共勤，顺皇之德，鸾路龙鳞，罔不肸饰"中的"鸾路龙鳞"为"涓选休成"，改《天地》"恭承禋祀，缊豫为纷，黼绣周张，承神至尊"中的"黼绣周张"为"肃若旧典"。清代学者钱大昕（1728—1804）在《廿二史考异》中指出，匡衡建议汉成帝改变南北郊等处典制，去除一些与古代祭祀不相干的繁复礼仪，其中就包括"鸾路骍驹龙马"和"文章采镂黼黻"之类，并相应地改动郊庙祭祀时使用的曲辞，去除其中属于成帝以前祭祀仪制的部分。"涓选休成"意指蠲除不好的，选择好的，这句话首见匡衡所用，而后成为郊庙祭祀中的常见用语；"肃若旧典"亦非儒家经典中的旧语，但是语言气象又符合《尚书》之类文献。尽管匡衡并没有照搬旧典，但是他所做两处改动，却在内核上呼应了经学的要求。新改定的郊庙曲辞，与汉初曲辞的那种昂扬面貌相比，自多了几分雍容肃穆，却少了点生气和现实感。

　　东汉以后，儒学地位虽受冲击但并未下降，积久而成的风气未尝断灭，士人依旧熟悉经典。这构成了梁代制礼作乐可以利用儒家经典的前提。前提而外，又有现实的促因。梁武帝这种大有为的开创君主，希望在祭祀领域改变宋、齐旧制而造新声，又恰逢有沈约这样的大知识分子可以凭借，一时间风云际会，君臣相得，所以出现了《隋书·音乐志》中记载的梁制与此前的宋、齐制度每多不同的局面。如何理解梁制甚至比此前的汉制更加强调经典的运用呢？或许应该说，这是一种"倡新如旧"的政治主张与文化选择。无论是从南北对立的角度理解，还是从齐、梁鼎革的角度来理解，梁朝都努力在各个领域表明自己的正统性，其中文化的正统是关键的一环。南朝政治文化中，有两个主要的特点，其一是模拟汉代，其二是超越汉代。模拟汉代，是因为在南朝之前，统一的大帝国只有秦、汉和晋三朝，但三朝之中，唯有汉代国祚绵长，而且亡而中兴，所以秦、晋不足效法，只有汉朝才是南朝模拟的对象，于是其礼乐制度、黼黻文章莫不与汉为比。一个王朝在形式上越接近汉代，也越体现它的正统性。而模拟汉代的目的更在于超越汉代，梁朝希冀建立一个比汉代疆域更广、国祚更长的新政权。当然，超越汉代的目标一时难以企及，只能作为长远规划而存在，但是在形式上模拟汉代却可旋踵而至。虽然在实质上梁朝远不如汉朝，但行汉之典，却可以告诉此前和北方的各个政权，梁朝与汉几乎是一致的。

　　于是，梁朝政治中的两种面向都体现得淋漓尽致。在宗庙曲辞中仿照儒家经典创作，是为了超越汉代；在诏令文章中引用汉典，又是为了模仿汉代。一面"倡新如旧"，一面"改旧为新"，使梁朝政治文化呈现出了一种颇为矛盾又可以理解的面貌。无论如何，在试图模仿和超越汉代的过程中，记录汉代历史的最主要文本《汉书》，都是南朝人绕不过去的关键要素。

第四章
隋唐的《汉书》学

隋唐时期是中古《汉书》学的总结阶段。

颜师古集注《汉书》，使《汉书》注释之学发展到了巅峰。刘知幾在《史通》中讨论《汉书》体裁体例，又是史学上总结《汉书》的工作。

唐代统治者注重《汉书》，设"三史科"取士。因为长期的推崇，《汉书》的声望远播四海。今日在敦煌文献可见中古《汉书》的写本，也能找到古代朝鲜、日本搜求并学习《汉书》的例证。可见《汉书》已突破国界，成为世界性的读物。

隋唐帝国的建立与《汉书》

隋唐时代是中国古代继秦汉后第二个大一统时代。北周外戚杨坚于581年禅代北周，建国号隋，成为隋的开国皇帝。自西晋开始的南北对立的局面已经持续了近三百年，如果从东汉末的黄巾起义算起，中国处于分裂局面的时间要更长。不过此时，天下又出现了重归一统的趋势。

与隋并立的有南方建都于建康的陈和江陵的西梁。西梁是西魏、北周的傀儡政权，杨坚很快就将其收入国境。加之此前北周就已经控制了益州等处，所以隋实际上占有了长江中上游的地理优势。过去南北对抗的一大屏障便是长江天险，现在南方的陈朝并没有长江可以作为屏障了。开皇八年（588），隋文帝下令三路齐发，开始伐陈。晋王杨广率主力部队由六合出发，渡江直逼建康；秦王杨俊自襄阳沿汉水而下；越国公杨素则率部从永安沿长江而下，三部齐取建康。次年，建康城破，陈朝灭亡，持续数百年的南北对立割据局面宣告结束。

此后经过隋末农民战争，唐高祖李渊建立唐朝，与隋一样定都长安。新建立的唐王朝疆域广大，国力强盛，为中国古代之罕见。广阔的国土范围内生活着众多民族，经过南北朝的长期涤荡，唐代成为民族交融的高峰时段。特别是唐朝廷对各民族一视同仁，宰相将帅不分胡汉，其雍容自信流淌在血液之中。唐朝的统治依赖于逐渐完备的律令制度、官僚制度和交通路线，行政效率较此前有所提高。而一切制度的基础，又是经济中心的南移。过去关东与关西对立的局面，现在演化成江南与江北的差异格局。特别是安史之乱以后，长江下游越来越成为国家的经济中心。

政治的统一与安定，也促进了文化的融合与发展。南北朝时期，南方与北方学术自成体系的局面有所改变，域外文化的介入又成为持续的推动力，不断地拨动着华夏文明的琴弦。

到了唐玄宗开元、天宝之际，出现了杜甫称道的"稻米流脂粟米白，公私仓廪俱丰实"的全盛之日，可盛世的危机却潜伏在华彩壮丽的图景之下。唐朝在边境地区设置藩镇，然而，出于军事保障需要设立的藩镇却日益变成割据自立的政治体。安史之乱就是藩镇试图挑战中央权力的一次尝试，虽然失败了，但是经此之乱，唐王朝一蹶不振了。有学者评述当时的情况是"内而藩镇跋扈，外而强邻侵略，再加上朝臣朋党，将帅离心，几乎成了遍地荆棘，步履维艰"。① 自此，中国古代历史又逐渐呈现出一种新的面貌了。

需要强调的是，虽然南北朝、隋、唐是不同的政权，但是它们在经济社会文化生活方面有很强烈的递承关系。南北朝的皇族高门，在隋唐帝国中依旧占据高位；唐虽取隋而代之，但

---

① 史念海主编：《中国通史·中古时代·隋唐时期（上）》，上海：上海人民出版社，2015年，第163页。

是两个政权统治集团属性一致，并没有本质区别。历史转折的大关口是安史之乱，所以虽然本章讨论的是隋唐的《汉书》学情况，却会时有上及南北朝。

隋唐帝国鲜明的时代风貌又造成了《汉书》研习、阅读、推广、普及的新特色。魏晋南北朝文史之学的长期积累在隋唐时代终于有所收获，无论是注释《汉书》，还是以《汉书》作为国家选士任官的教本，抑或是在地方上普及历史知识，甚至是作为中国先进文化的典型而波及域外，隋唐的《汉书》学都蔚为大观。

唐人爱读《汉书》并以《汉书》作为参政或为人处世依据的例子有很多，今仅略择其中若干如下：

唐初重臣于志宁劝说唐高宗不要妄杀长孙无忌时称引《汉书》中董仲舒的言论，反对春季行刑（《旧唐书·于志宁传》）。唐太宗时学者吕才用《汉书》所载反对禄命之说（《旧唐书·吕才传》）。郝处俊"好读《汉书》，略能暗诵"（《旧唐书·郝处俊传》）。裴炎在弘文馆读书时，勤学不止，"尤晓《春秋左氏传》及《汉书》"（《旧唐书·裴炎传》）。魏玄同建议用人要不拘一格，举《汉书》云："张耳、陈馀之宾客、厮役，皆天下俊杰。"（《旧唐书·魏玄同传》）萧至忠以《汉书》中的"一尺布，尚可缝，一斗粟，尚可春，兄弟二人不相容"为例劝诫唐中宗（李显，656—710）不要杀害兄弟（《旧唐书·萧至忠传》）。涉及葬仪时，太常博士彭景直建言，"宜据《汉书·郊祀志》葬黄帝衣冠于桥山故事，以皇后祎衣于陵所寝宫招魂"（《旧唐书·后妃传上·中宗和思皇后赵氏传》）。

唐武宗（李炎，814—846）时名相李德裕幼有壮志，苦心力学，尤精《西汉书》《左氏春秋》(《旧唐书·李德裕传》)。不过更著名的两个例子是唐玄宗时的名将哥舒翰与李光弼，史称前者"好读《左氏春秋传》及《汉书》，疏财重气，士多归之"，后者"幼持节行，善骑射，能读班氏《汉书》"(《旧唐书》之《哥舒翰传》《李光弼传》)。唐朝用人不拘族属，凡能者皆得授官，而特重少数族战将，哥舒翰是突厥人，李光弼则是契丹人，二人熟悉《汉书》固然展示了《汉书》传布范围广泛的图景，也道出了历史知识特别是汉代历史知识在塑造高素质军事统帅方面的意义。

颜师古：《汉书》注释的集大成者

对《汉书》的喜爱与研究《汉书》的风气应该是相辅相成的。清代学者赵翼总结唐初有"三礼、《汉书》《文选》之学"①，亦即唐初风尚的学术主流。这一风气又是承接南北朝隋代而来的。隋唐《汉书》学兴盛局面的到来始自南北学术的交流。在十六国、北朝时期，北方并没有值得一提的《汉书》注释，到了南北朝后期，伴随着北方对南方的不断蚕食和占领，熟谙《汉书》的南方学者流落至北方，相应地带来了关于《汉书》的研究成果。前面提到的刘臻、颜之推以及后面要提到的萧该都是这样的人物。刘臻曾在北方招收门徒，《隋书》记载了弘农的杨汪向他学习《汉书》的情况。隋代还有于仲文和张冲，两人分别撰有《汉书刊繁》三十卷和《前汉音义》十二卷（《隋书》之《于仲文传》《儒林传》）。据吉川忠夫考证，于仲文是北魏以来鲜卑系的勋臣，张冲则是吴郡出身，曾仕于陈朝。②

---

① 赵翼著，王树民校证：《廿二史劄记校证》，北京：中华书局，2013年，第465—467页。

② 吉川忠夫著，王启发译：《六朝精神史研究》，南京：江苏人民出版社，2010年，第274页。

学术领域里南方对北方的影响，透过《汉书》学，在统一帝国的背景下铺陈开来。

隋代研究《汉书》的有两位宗匠，即萧该和包恺。《隋书·经籍志》称"梁时，明《汉书》有刘显、韦稜，陈时有姚察，隋代有包恺、萧该，并为名家"。萧该是梁鄱阳王萧恢之孙，因荆州陷落而入隋，史称他"《诗》《书》《春秋》《礼记》并通大义，尤精《汉书》"，入隋后撰述《汉书》及《文选》音义，甚为当时所贵。包恺从兄受五经，又从王仲通受《史记》《汉书》，史称"于时《汉书》学者，以萧、包二人为宗匠。聚徒教授，著录者数千人"。（以上均引自《隋书·儒林传》）二人弟子众多，如《隋书》记载隋朝大臣阎毗"受《汉书》于萧该，略通大旨"，而其中最为著名者，恐怕是隋末割据势力的领袖李密，《隋书·李密传》称他"师事国子助教包恺，受《史记》《汉书》，励精忘倦，恺门徒皆出其下"。李密未至包恺门下时，就已经苦读《汉书》了。据记载，他少年时"乘一黄牛，被以蒲鞯，仍将《汉书》一帙挂于角上，一手捉牛鞅，一手翻卷书读之"，这种好学的做法被当时的尚书令杨素看到并追问他"何处书生，耽学若此"，李密告知姓名后杨素又问他读的是什么，李密回答是《项羽传》。杨素与李密交谈后对其大为赞赏。纵览李密在隋唐风云变化之际的精彩人生，与他熟知汉代历史不无关联。

及至唐初，又有秦景通，"与弟暐尤精《汉书》，当时习《汉书》者皆宗师之，常称景通为大秦君，暐为小秦君"（《旧唐书·儒林传》）；太宗贞观以后，又有《汉书》学者刘纳言，也称为宗匠；到了高宗（李治，628—683）乾封时，刘纳言又将

《汉书》传授给沛王亦即后来的皇太子李贤。李贤后来集注范晔的《后汉书》，刘纳言也是参与者之一。他们师徒对于汉代历史的重视，也始自《汉书》。

而处在所有《汉书》注释之作顶点上的学者则是唐代的颜师古，他是颜之推的孙子。他的叔父颜游秦也是《汉书》专家，曾撰有《汉书决疑》十二卷，为颜师古所取法。颜之推本人对《汉书》就很了解，是《汉书》学由南向北传递的关键性人物之一。学者评价颜师古的集注《汉书》的工作是"体现了从六朝末期到隋、唐的'《汉书》学'的总体水准及其归结点的著述"。① 《新唐书》本传称他为"班孟坚忠臣"，也绝非溢美之词。

首先需要指出，颜师古集注《汉书》与他其他学术工作需放在同一环境下考虑。自唐高祖李渊受禅为帝以后，颜师古由起居舍人迁中书舍人，专掌机密，当时的制诰多成于其手，由于他达于政理，文笔工整，所以为时人所重。中书舍人掌握诏令的草拟工作自南朝就已经成为惯例，前举南朝多数中书舍人都熟悉史著，所以运笔如椽。因此，颜师古的从政经历，应该放在南朝行政与学术传统的延长线上来观察。贞观三年（629），唐太宗启动了修撰梁、陈、齐、周、隋五朝史书的计划，其中《隋书》的主持人是魏徵，他举荐颜师古一同参与《隋书》的修撰工作。这以后，太宗又以经籍去圣久远、文字讹谬，令颜师古考订五经。颜师古还参与了魏徵领衔的《群书政要》修撰工作。此书辑录历代帝王得失，供太宗皇帝参考。再之后，颜

---

① 吉川忠夫著，王启发译：《六朝精神史研究》，第 274 页。

师古任秘书少监，专典刊正所有奇书难字，因此机缘，颜师古又完成了《颜氏字样》，亦即各体字类的字样。颜师古还和孔颖达、令狐德棻等撰定《五礼》，即所谓《大唐新礼》或《大唐仪礼》。凡此诸类，足见颜师古悠游经史之间，通晓古今之变。他从事的是正文字的工作，与后汉东观校书诸人工作类似，而他修撰《隋书》的经历，同样也是东观修史的绪余。汉唐之间的史学传统和经学积累共同塑造了颜师古的学养，站在南北学术汇通的十字路口上，无论是在知识还是在眼界上他都达到了前人所不具备的高度。在生命的最后阶段，颜师古接受了集注《汉书》的工作。

唐太宗贞观十一年（637），五十七岁的颜师古受太子李承乾之命注释《汉书》。颜师古的《汉书叙例》中记载，太子李承乾"观炎汉之余风，究其终始，懿孟坚之述作，嘉其宏赡，以为服、应曩说疏紊尚多，苏、晋众家剖断盖尠，蔡氏纂集尤为抵牾，自兹以降，蔑足有云"，于是命他汇集此前旧注家的注释，修正其中错谬并补充新证。到了贞观十五年（641），注释《汉书》的工作终于完成了。①

《汉书叙例》提到了颜师古集注《汉书》的几个切入点，分别是：

一、旧注乖舛，错乱实多；

二、今核古本，归其真正；

---

① 上述颜师古生平参考罗香林：《唐颜师古先生籀年谱》，台北：台湾商务印书馆，1982年，第36—52页。

三、增损秽滥，今皆删削；

四、寻文究例，普更刊整；

五、随其曲折，剖判义理；

六、旧所缺漏，普更详释；

七、各依本文，敷畅厥指；

八、穷波讨源，构会甄释；

九、字或难识，随即翻音；

十、粉泽光润，翼赞旧书。

综合来看，颜师古的工作包括确定《汉书》本文定本和确定注释准确的音义与历史解释两方面。这两者，颜师古都能通过自己在秘书监可以利用国家藏书的便利加以实现。在确定《汉书》的底本方面，可以参考这个例子。《汉书·陈胜项籍传》引贾谊《过秦论》的"常以十倍之地，百万之军，仰关而攻秦"一句，师古注曰："秦之地形高，而诸侯之兵欲攻关中者，皆仰向，故云仰关也。今流俗书本，仰字作叩，非也。"颜师古批评的"流俗书本"应该就是他说的"传写既多，弥更浅俗"的《汉书》今书本。可是《史记·秦始皇本纪》中所引的《过秦论》此句便作"叩关"，换言之"仰"和"叩"孰是孰非，并无特别强有力的定论。颜师古的意见是从经验出发，考虑到秦和关东地势的差异而得出的，自然费了一番功夫。不过，不能因为颜师古的思考，便轻易质疑贾谊的文本，更何况，还有《史记》传本支持"流俗书本"的记载。

颜师古确定准确的注释和确定《汉书》本文定本的工作有时是同时进行的。《汉书·季布栾布田叔传》有"以项羽之气，

而季布以勇显名楚，身履军塞旗者数矣"一句，旧注家的注释
是这样的：

> 邓展曰："履军，战胜蹈履之。"
> 李奇曰："塞，拔也。"
> 孟康曰："塞，斩取也。"①

针对何谓"履军""塞旗"，旧注家给出了不同解释。"履
军"的意思被解释为踩踏在失败的敌人身上，用一种形象的行
为表示胜利。对于"塞旗"则有不同的解释，一作"拔"，一
作"斩"。今人看来，或许两者区别不大，不过注释的意义就是
确定某个字的具体解释，倘若不能在"拔"和"斩"之间做一
抉择，即再没有为《汉书》重新作注的价值了。颜师古对此的
解释是：

> 谓胜敌拔取旗也。邓、李二说皆是。塞音骞。今流俗
> 书本改履谓屡，而加典字，云身屡典军，非也。②

首先，颜师古肯定了"履军"是战胜的意思，"塞旗"是拔
旗的意思，如此便否定了"斩旗"说；进而他又批评流俗本中改
"履军"为"屡典军"的做法。这样一来，颜师古确定《汉书》
定本的工作依据是他对注释的整理。翻看中华书局标点本的《史

---

① 《汉书》卷三七《季布栾布田叔传》，北京：中华书局，1964 年，第 1985 页。
② 《汉书》卷三七《季布栾布田叔传》，第 1985 页。

记·季布栾布列传》，此句作"身履（典）军"，注释则作：

> 《集解》徐广曰："履，一作'屡'，一曰'覆'。"骃案：孟康曰"履，履蹈之也"。瓒曰"屡，数也"。
>
> 《索隐》身履军。按，徐氏云一作"覆"，按下云"搴旗"，则"覆军"为是，胜于"屡"之与"履"。①

东晋徐广看到的《史记》中除了"屡"之外，还有"覆军"一说。刘宋裴骃引用了孟康和臣瓒对《汉书》的注释反顾《史记》，却没有给出自己的判断。唐代司马贞作《史记索隐》，从"搴旗"的角度考虑它应作"覆军"，这样更能展示战胜的动作。司马贞是生活在颜师古之后的人物，将"搴旗"与"覆军"放在一起考虑，很可能参考了颜师古的解释。可即便如此，众多注释家的意见最终也没有统一。

南宋绍兴年间杭州刻本《史记》中记载的便是"身屡典军搴旗者数矣"②，这一面貌与颜师古批评的流俗本吻合。所以综合上述注家的意见和《史记》刻本情况，似乎可以认为，自《史记》《汉书》问世之后，随着传抄的不断进行，两部书都出现了相当程度的再加工情况，有时是本书系统内的改写，有时两部书也会互相影响。颜师古循着古文家是正文字的传统，试图建立起单一的古籍面貌和注释体系，但是他并没有更多的版本依据，只能凭借自己的经验推敲文句。这样的工作在写本时

---

① 《史记》卷一〇〇《季布栾布列传》，北京：中华书局，1959 年，第 2735 页。
② 《史记》卷一〇〇《季布栾布列传》，北京：文学古籍社，1955 年，第 1649 页。

代恐怕很难形成确定的结论，他的学术野心也缺乏足够的土壤加以支撑。

不过由于颜师古本人的学术造诣和名望，以及《汉书注》与皇家的关系，此后之人再阅读《汉书》，便很难绕过颜师古的注释本了。

颜师古的《汉书注》问世之后，很快就进入了公共舆论的视线。"初唐四杰"之一的杨炯称赞与他齐名的王勃早慧，说他九岁就能读颜氏《汉书》（《杨盈川集》卷三《王勃集序》）。由于颜师古注《汉书》卷帙过大，文繁难省，所以房玄龄命敬播将其删述成四十卷（《旧唐书·儒学传上》），看起来这也是因为有很大的阅读需要才做出的改动。不过，虽然颜师古的《汉书注》影响甚广，但此前东晋蔡谟的《汉书集注》也并非完全被取代，甚至在民间仍有很大的阅读面，这一点在本章的最后部分有所讨论。

还要提及的是颜师古袭取其叔父颜游秦《汉书决疑》的问题。清代考据家王鸣盛在《十七史商榷》卷七《汉书叙例》部分提到"今《叙例》竟不及游秦，全书中亦从未一见"，批评颜师古"攘叔父之善而没其名，殆亦其一蔽乎"。吉川忠夫从唐代司马贞的《史记索隐》找到若干条师古袭取颜游秦的证据，其一是《史记·孝文本纪》中司马贞注"中大夫令勉"时称"颜游秦以令是姓，勉是名，为中大夫"，《汉书·文帝纪》中师古注曰"中大夫，官名。其人姓令名免耳"，此注很明显是袭取颜游秦的意见。类似的注释还有很多，如果用今日的眼光看，确实不很符合学术规范。其实颜师古的《汉书注》也有很多袭取祖父颜之推《颜氏家训》中对《汉书》注释的意见。比如，《颜氏家训》的《勉学》和《书证》都提到了《汉书·王莽传》

赞云"紫色𫊸声，余分闰位"。颜之推说，自己曾经遇到了一名
士人，那位士人说这句话描述的是王莽的外貌"非直鸱目虎吻，
亦紫色蛙声"。不过颜之推对这种见解不以为然，他在《书证
篇》中说这句话的意思是"盖谓非玄黄之色，不中律吕之音"，
因为"𫊸"是蛙的异体字，所以颜之推遇到的士人想当然地将
这句话当作描述王莽外貌声音的意思了。颜师古注则先引用应
劭注"紫，间色；𫊸，邪音也"，服虔注"言莽不得正王之命，
如岁月之余分为闰也"，然后自注曰："𫊸者，乐之淫声，非正
曲也。近之学者，便谓𫊸之鸣，已失其义。又欲改此赞𫊸声为
蝇声，引《诗》'匪鸡则鸣，苍蝇之声'，尤穿凿矣。"（《汉
书·王莽传下》）将"紫色"解释为间色，将"𫊸声"解释为淫
声，固然是在颜之推那里就已经出现的意见了，可是更早的应
劭和服虔注中也传达了这层意思。所以，颜师古的见解可能是
袭取自祖父，也可能是来源于服、应二家注，也不排除是经过
祖父的家学教诲后形成了这样的意见，而后又继续向上追索服、
应二家的观点。颜师古的侄子颜昭甫也有可能协助颜师古作
《汉书注》，理由就是《颜氏家庙碑》中说他"特为伯父师古所
赏重，每有注述，必令参定"，《颜鲁公集》中的《谢赠官表》
说"师古每有注释，（昭甫）未尝不参预焉"。通过这两条材
料，吉川忠夫推测或许颜师古协助过颜游秦撰述《汉书决疑》，
进而指出古代所谓家学，"就是经过长时间而被积累起来的一家
之共同研究的成果。其中大概也包含不少不能归于某一个人的
个人之名的部分"。①

① 吉川忠夫著，王启发译：《六朝精神史研究》，第287页。

刘知幾《史通》的《汉书》学

自颜师古注释《汉书》后，仍有唐代学者不停地研究《汉书》，比如研治《文选》的大家李善撰有《汉书辩惑》三十卷，刘伯庄撰有《汉书音义》二十卷（《旧唐书·儒学传上》）。这两位去颜师古不远，仍孜孜不倦地研究《汉书》，自然表明《汉书》本身存在着极大的学术魅力。但从书名的情况看，刘伯庄的研究仍然是魏晋以来注释《汉书》传统的延续，这时就不得不提到另一位从史学角度讨论《汉书》价值的学者刘知幾了。

刘知幾在武则天至唐中宗时一直在史馆任职，不过因为与同僚不睦，愤然离开史馆。他曾经参与唐代类书和国史的修撰，而他自己最重要的成果，便是中国古代第一部系统总结史学理论和史学史的著作《史通》。《汉书》作为纪传体断代史的开创之作，在刘知幾的笔下意义非常，他评价说"如《汉书》者，究西都之首末，穷刘氏之废兴，包举一代，撰成一书。言皆精练，事甚该密，故学者寻讨，易为其功。自尔迄今，无改斯道"（《史通·六家》）。其他散见的意见，无论是肯定还是批评，都充分表明刘知幾在《史通》中留下了《汉书》的一席之地。

刘知幾对班固和《汉书》有褒有贬，即便在同一问题上，也会表达辩证的态度。

比如在史料方面，刘知幾肯定班固在《史记》所载之外"又杂引刘氏《新序》《说苑》《七略》之辞。此并当代雅言，事无邪僻，故能取信一时，擅名千载"（《史通·采撰》）。《汉书》素来号为"博洽"，称赞班固引用史料丰富，自然有其道理。

刘知幾还看重《汉书》开创史学体例的价值，比如他沿着班彪批评司马迁《史记》设立世家体裁的道路说："盖班《汉》知其若是，厘革前非。至如萧、曹茅土之封，荆、楚葭莩之属，并一概称传，无复世家，事势当然，非矫枉也。"（《史通·世家》）此说是从西汉中期以后的史实出发，认为汉代的诸侯已经不同于战国的诸侯了，如果站在班固撰述《汉书》的时代来看，无疑是合理的。可是前文已经提及，司马迁生活在"后战国时代"，那时的政治局面和社会风气都与战国时区别不大，反而与汉武帝以后的历史迥然有异。因此，不能从西汉以后的情况窥测西汉早期的历史，班彪在这里犯了错误，刘知幾也同样如此。不过，如果从后代史书模仿《汉书》创造断代的皇朝史的角度看，那班固开创体例的贡献，也确实超过了《史记》。自汉代班固撰述《汉书》和荀悦改《汉书》为《汉纪》以后，古代王朝的国史修撰便多在二体中择一而从或二体并行。刘知幾称道为："班、荀二体，角力争先，欲废其一，固亦难矣。"（《史通·二体》）如此说来，班固开创体例的意义非常值得肯定。

特别是对于班固的文字，刘知幾评价很高。他说《汉书》"言皆精练，事甚该密"，乃是称赞《汉书》言简意赅之处。不仅如此，《史通·论赞》肯定了班固的历史见解，说他"辞惟温雅，理多惬当。其尤美者，有典诰之风，翩翩奕奕，良可咏也”。这种评价，当然是对班固运用文字叙述历史水准的高度赞扬。

《史通》批评《汉书》的一些意见，也成为今日理解《汉书》史学价值的有效参考。同样在《采撰》篇中，刘知幾虽然赞赏班固于汉武帝以后的史实旁征博引，但也暗暗批评班固在汉武帝以前的事情上“全同太史”，也就是和《史记》的史料来源相同。古来文献保存不易，大量的辞章都凭借史书流传，班固距离西汉不远，却没有花更大力气搜罗史料，在唐人看来已属不应该了。

刘知幾还有一些批评，今天看来就不那么有道理了。比如在《表历》篇中刘知幾批评《史记》既然已经设立了本纪、世家、列传等各种体例，具体史实可以互相参证，为何还要另设表这种体例呢？由此他批评道：“既而班、《东》二史，各相祖述，迷而不悟，无异逐狂。”换言之，班固《汉书》以及由班固开始撰述的《东观汉记》，都不应该袭用表的体例。《史通》此说乍看有理，其实不当。《史记》的本纪、世家和列传各种体例之间虽然可以互相支持配合，但是毕竟不能事无巨细、包罗万象，特别是很多王侯将相，其本人的历史并不丰富，所以没有单独为他们立传。但是在《汉兴以来将相名臣年表》中，就有他们的一席之地。表的创设，可以容纳更多的历史细节；恰恰是因为表的存在，《史记》的本纪、世家、列传更加完备、丰富。此外，表串联起了基本的时间线索，更将各个历史主体放在同一时间线索上铺陈开来，弥补了纪传体史书中同一事会分散在不同传记中的缺陷。另一个关键的因素是，古人将世系作为史著的一个主要方面。对此，李零指出："古人作史，第一中心是'人'，它写人，主要是靠'世系'或'谱牒'。这是古代作史的第一框架。例如《周礼·春官·小史》'小史掌邦国之志，奠系世，辨昭穆'，所谓'系'或'世'都是讲血统的承袭，它和史官和历史关系很大。"①《史记》中的表，就是先秦称作"世"的谱牒类文献遗存。比如，司马迁在《史记·三代世表》中写道："余读谍记，黄帝以来皆有年数。稽其历谱谍、终始五德之传，古文咸不同，乖异。"又在《十二诸侯年表》中写道："太史公读春秋历谱谍，至周厉王，未尝不废书而叹也……"他提到的诸如"谍记""历谱谍"之类，均为表的同类文献。《史记》采用表这种文体，有其现实和历史意义。《汉书》和《东观汉记》兼采，实则体现了班固的史识。因此，《史通》在这方面的批评并不可取。

既然《汉书》改变了《史记》的通史格局，那么《汉书》的表和志，是否可以超出汉代的时间断限，旁述更古呢？刘知幾在《断限》篇批评班固"若《汉书》之立表志，其殆侵官离局者乎"，又说"既分迁之记，判其去取，纪传所存，唯留汉日；表志所录，乃尽牺年，举一反三，岂宜若是"。表的意义上文已经提到了，此不赘述。志作为古代正史中的制度专史，自司马迁开创以来，就成为了解某些特定时代的特定学问的主要依据。魏晋南北朝时期政治家们参考汉朝制度，便多以《汉书》志的部分为媒介。一般史书的志就包括三方面内容，与天文相

① 李零：《简帛古书与学术源流》，北京：生活·读书·新知三联书店，2008年第2版，第281—282页。

关的《律历志》《天文志》《五行志》，与地理相关的《地理志》
《沟洫志》，与人事相关的《礼乐志》《刑法志》《食货志》《郊
祀志》《艺文志》。人们对天文的认识在不同时代会有所深入；
在地理方面则要注明地名沿革，不贯通则不能够交代清楚；与
人事相关的各项制度皆承袭自前代，倘若不以通识的角度叙述
而只及本朝，则有孤陋寡闻的障碍。后代史志，虽主记本朝，
但都会涉及此前，恰恰因为如此，史志才有了被后人参考的价
值。刘知幾囿于断代体体例，批评《汉书》诸志不宜牵涉前代，
实际上是没有看清志的作用。

　　无论褒扬或批评的意见是否中肯，刘知幾的《史通》将
《汉书》放在史学发展过程中关键的一环来理解，这种做法本身
就很值得肯定。透过刘知幾的视角，更可以体会到《汉书》学
在唐代的独特地位。

"三史"与"三史科"的建立

东汉以降，出现了"三史"的概念。《三国志》提到孟光"博物识古，无书不览，尤锐意三史，长于汉家旧典"，孙权对吕蒙和蒋钦说自己"至统事以来，省三史、诸家兵书，自以为大有所益……宜急读《孙子》《六韬》《左传》《国语》及三史"，同书《孙峻传》裴注引《吴书》称留赞"好读兵书及三史"。《隋书·经籍志》记载吴太子太傅张温撰《三史略》二十九卷。凡此说明在汉末三国之际，"三史"一词已经大量使用了。

两晋以降，人们研习"三史"的风尚不减。《晋书》记载东晋的刘耽"博学，明习诗、礼、三史"；《魏书》记载北凉的阚骃"博通经传，聪敏过人，三史群言，经目则诵"；《北史》记载西凉的刘昞"以三史文繁，著《略记》百三十篇、八十四卷"，此时"三史"波及的范围甚广，早已抵达河西地区。

"三史"究竟指哪三部史书，对此清代学者有不同意见，及至当代学者看法也不尽一致。王鸣盛在《十七史商榷》先后提到了两个"三史"的概念。是书卷三二《三史》云："'三史'谓《史记》、前后《汉书》，而《后汉》则指谢承或华峤书。"

此说是为西晋司马彪《续汉书·郡国志》"今录中兴以来郡县改异，及《春秋》、三史会同征伐地名"一句作解释。王鸣盛推测西晋时"三史"应该是《史记》和前后《汉书》，但是因为当时范晔的《后汉书》尚未面世，所以他判断应为三国谢承或西晋华峤二人所作书之一。

而后王鸣盛的意见又发生变化。《十七史商榷》卷四二《三史》云："'三史'似指《战国策》《史记》《汉书》……愚谓彼时不但未有范蔚宗书，并谢承、华峤、司马彪之书皆未有。"他所说的"彼时"指的是三国时，因为此刻谢承、华峤、司马彪诸人所作东汉史书都未曾面世，所以王鸣盛只能猜测《战国策》或许是"三史"之一。

再后来，王鸣盛为了弥合"三史"内容前后不一的说法，特提出"三史"就是泛称众多史书的意思。他在《十七史商榷》卷九九《唐以前惟三史三国》中说："以《史》《汉》目为三史，始于司马彪《续汉·郡国志》，已见前。其时范蔚宗书未出，所据《后汉书》当是谢承或华峤书。若《三国·吴·吕蒙传》之三史，则并非谢、华所作，恐是《战国策》《史记》《汉书》，说亦见前。厥后以三史并言者颇多，且以配《六经》，如阚骃之'三史群言，经目则诵'（见《北史》本传），杨绾之讥'《六经》未尝开卷，三史几同挂壁'（见《旧唐书》本传）……"

《十七史商榷》是王鸣盛的读史札记，他按顺序阅读古代正史，历史本应按照时间线呈现在他眼前，然而，古代正史的形成过程很复杂，不仅史书的各部分内容完成先后顺序不一，记载后代历史的史书也可能完成在记载前代的史书之先。比如王鸣盛读到的《续汉书·郡国志》，是司马彪为自己的著作《续汉书》所作之志书。由于范晔的《后汉书》在后来流传甚广，导致此前诸家有关东汉历史之作都逐渐散亡了，其中便包括司马彪的《续汉书》。《续汉书·郡国志》因为南朝梁代史家刘昭将其补入范晔《后汉书》得以保留，因此，王鸣盛读到的《后汉书》，其主体的纪传部分完成在南朝宋，志的部分反而完成在西晋。这是同一部书中各部分内容完成先后顺序不一的情况。进而，王鸣盛第二次注释"三史"是在他读到《三国志》时。陈寿的《三国志》完成于魏晋之时，虽然其记载的是东汉末至三国时代的历史，其书却早于记录东汉历史的范晔《后汉书》的完成。这是史书记录时代和史书完成时代的时间差异。所以王鸣盛按顺序阅读正史，却一再更改自己对"三史"概念的认识，原因就在于上述差异。

那么，"三史"概念是否如王鸣盛隐约呈现出来的那样，在三国到西晋时代存在变化，由《战国策》《史记》《汉书》变为《史记》《汉书》、谢承《后汉书》，或《史记》《汉书》、华峤《汉后书》呢？与他同时代的另一位著名考史家钱大昕在《十驾斋养新录》卷六《三史》中写道："三史谓《史记》《汉书》及《东观记》也。"完成于乾隆年间的《四库全书总目》在《史部·别史类》中为《东观汉记》题要为："晋时以此书与《史记》《汉书》为三史，人多习之。"钱大昕与四库馆臣认为，"三史"应该指《史记》《汉书》和东汉的官修史书《东观汉记》。

清代两种不同的观点，在近代以来的学术界又形成了辩论。余嘉锡先生支持《东观汉记》为"三史"之一，他认为："案魏晋之间以此书与《史》《汉》为三史者，以诸家《后汉书》

未出，或出而不为人重耳。"① 逯耀东先生则举《晋书·傅玄传》称傅玄"撰论经国九流及三史故事，评论得失，各位区例，名为《傅子》"的例子，认为"经国九流"与"三史故事"并举，则"三史"可能是对魏晋史书的一种泛称，而不是固定的三本史书。正如王鸣盛所说，"三史并言，以配六经"。②

唐中期以前"三史"指的是《史记》《汉书》《东观汉记》的说法，得到了出土材料的有力支持。巴黎藏敦煌写本 P. 2721 卷子题名为"《杂钞》一卷，一名《珠玉钞》，二名《益智文》，三名《随身宝》"，卷属又题"《珠玉新钞》一卷"，其中有"何名三史?《前汉》《东观汉记》"字样。写本中脱落了《史记》，不过《史记》是"三史"中最没有争议的一本书，无须讨论。《史记》《汉书》之外，可以与之并称的，便是《东观汉记》了。于是周一良说："《前汉》上当是脱《史记》两字。王鸣盛《十七史商榷》卷三二'三史'条……皆近臆测，无所根据。"因为《史通·叙事》有"故世之学者先曰五经，次云三史……夫班、马执简既五经之罪人，而晋、宋杀青又三史之不若"一句，既然刘知幾言"晋、宋杀青又三史之不若"，则"三史"中必无晋宋之作。于是周先生指出："无论范晔，即谢承、华峤之书亦不得与其列矣。"③ 至此，关于"三史"的争论可以定案了。

直至唐代，《史记》《汉书》《东观汉记》都是最重要的三

---

① 余嘉锡：《四库提要辨证》卷五《史部三·东观汉记》，北京：中华书局，1980年，第251页。

② 逯耀东：《〈隋书·经籍志·史部〉形成的历程》，《魏晋史学的思想与社会基础》，北京：中华书局，2006年，第31页。

③ 周一良：《敦煌写本杂钞考》，《燕京学报》1948年第35期。

部史书，这种重要体现在它们是官方考试的指定阅读书目。作为"三史"之一的《汉书》，从六朝时代就是知识分子研修或社会大众阅读的偏好书目，至唐代又成为国家选任官员的考试教材。这种功能的变化造成《汉书》地位的变化，也进一步带动了阅读和研治《汉书》风气的传播。

从选拔角度讲，唐代的制科和常科都重视考查史学知识。

先看制科的情况。唐高宗显庆五年（660），诏文武五品以上四科举人，其中第一科要"孝悌可称，德行夙著，通涉经史，堪居繁剧"①。唐睿宗（李旦，662—716）景云元年（710）开七科取人，第二科选取"综一史，知本末者"②。雷闻即指出，这是唐代"史学独立成为科目之始"；虽然第二年就有"抱一史知其本末科"登第的王楚玉等八人，不过此科并不常行。③此后，唐代在其他制科中增加了史学因素。唐玄宗开元五年（717）设"文史兼优科"；开元十四年（726）《求儒学诏》要求选举"精于经史"之人；开元二十一年（733）设博学科，"试明三经、两史已上，帖试稍通者"；唐肃宗（李亨，711—762）至德二年（757），令郡守举人"博于经史"；唐德宗（李适，742—805）建中四年（783）设"博学三史科"。④凡此都可以视作唐朝在制科层面重视史学的制度设计。

---

① 《册府元龟》卷六四五《贡举科·科目》，北京：中华书局，1982 年，第 7728 页。
② 《唐会要》卷七六《贡举中·制科举》，上海：上海古籍出版社，1991 年，第 1648 页。
③ 雷闻：《唐代的"三史"与"三史科"》，《史学史研究》2001 年第 1 期。
④ 以上见陈飞：《唐代试策考述》附录 1《唐代制举科目年表》，北京：中华书局，2002 年，第 343—368 页。又参考雷闻：《唐代的"三史"与"三史科"》，《史学史研究》2001 年第 1 期。按陈书，建中四年（783）下并无博学三史科，参《旧唐书·儒学传下·冯伉传》知是年有此科。

　　再看常科的情况。唐前期，史学与科举特别是进士科关系不大。比如刘知幾说他曾经为求科名，无暇关注史学，直到做官之后，才能专心研读史著。① 就在刘知幾登进士科前一年，即永隆二年（681），敕文已经提到"进士不寻史籍，惟诵文策，铨综艺能，遂无优劣"的问题。② 唐玄宗开元二十五年（737）二月敕"进士中兼有精通一史，能试策十条得六已上者，委所司奏听进止"③。《唐六典》则记录为："进士有兼通一史，试策及口问各十条，通六已上，须加甄奖，所司录名奏闻。"④ 雷闻判断，进士试史的方式，是试策和口试结合，而所谓一史亦非任意一部史书，只是"三史"中的一部；他特别说明，进士试史并未成为强制性规定，而只是一种鼓励性措施。⑤

　　此后不断有人提出重视史学，将史学作为进士考试的必备科目。到了唐穆宗（李恒，795—824）长庆二年（822）设立"三史科"，史学科目成为贡举中的常科。《唐会要》载是年谏议大夫殷侑奏："历代史书，皆记当时善恶，系以褒贬，垂裕劝戒。其司马迁《史记》，班固、范晔《两汉书》，音义详明，惩恶劝善，亚于《六经》，堪为世教。伏惟国朝故事，国子学有文史直者，弘文馆弘文生，并试以《史记》《两汉书》《三国志》，又有一史科。近日以来，史学都废。至于有身处班列，朝廷旧章，昧而莫知，况乎前代之载，焉能知之？伏请置前件史科，

① 刘知幾著，浦起龙通释：《史通通释》卷一〇《自叙》，上海：上海古籍出版社，2009年，第268页。
② 《唐会要》卷七五《贡举上·帖经条例》，第1629页。
③ 《唐会要》卷七五《贡举上·帖经条例》，第1631页。
④ 《唐六典》卷四《尚书礼部》，北京：中华书局，1992年，第109—110页。
⑤ 雷闻：《唐代的"三史"与"三史科"》，《史学史研究》2001年第1期。

每史问大义一百条，策三道。义通七，策通二以上，为及第。能通一史者，请同《五经》《三传》例处分。其有出身及前资官应者，请同学究一经例处分。有出身及前资官，优稍与处分。其三史皆通者请录奏闻，特加奖擢。仍请颁下两都国子监，任生徒习读。"① 此议得到了皇帝批准。吴宗国先生指出，"三史科"既是礼部贡举的科目，又是吏部科目选的科目，因为已有出身者及前资官也可以参加考试。② 由此开始，"一史科"和"三史科"都成为朝廷选士的常科。既然科举取士已增加了史学的科目，则"三史"之中的《汉书》的地位便愈加重要了。

以上所述均为"选"官之部分，下面再看获得出身后诸人的"任"职情况。现藏于大英图书馆、编号为 S.3375 的敦煌写本"唐永徽东宫诸府职员令"残卷记载了东宫诸府职员的选任规定。除了经学之外，提及"如有史学者，试《史记》《前汉书》《后汉书》《三国志》内，任帖一部"。此卷被判断为唐高宗永徽二年（651）所定令之一部分。高宗乾封三年（668）十月敕"司戎诸色考满，又选司诸色考满入流人，并兼试一经一史，然后授官"。③ 唐代宗（李豫，727—779）永泰二年（766）诏令"自今以后，其郎官有阙，选择多识前言、备谙故事、志业正直、文史兼优者"。④ 由此可见，唐代在任官层面强调史学的意义，重视史学对机构运作的功能，故而要求官员具备一定的史学知识。记载先前历史的"三史"特别是《汉书》，成为

① 《唐会要》卷七六《贡举中》，第 1655 页。
② 吴宗国：《唐代科举制度研究》，沈阳：辽宁大学出版社，1992 年，第 31 页。
③ 《唐会要》卷七五《选部下·杂处置》，第 1609 页。
④ 《唐会要》卷五七《尚书省诸司上·尚书省》，第 1156 页。

希望进入行政机构任职的人员的参考书目之一。

此外，"三史"还是国家级学校的教学内容。虽然唐玄宗开元年间，"三史"中《东观汉记》和范晔《后汉书》几经变动，但《汉书》的位置一直稳固，且始终是国家培养生员的教本之一。如《唐六典》卷二《尚书吏部》注称"弘崇生""习《史记》者，《汉书》者，《东观汉记》者，《三国志》者，皆须读文精熟，言音典正"①；《新唐书·选举志上》载弘文、崇文生考试内容为"试一大经、一小经，或二中经，或《史记》、前后《汉书》《三国志》各一……"；《唐六典》卷八《门下省》载"礼部试崇文、弘文生举例：习经一大经、一小经，史习《史记》《汉书》《后汉书》《三国志》，各自为业"。无论"三史"的名目怎样变化，《汉书》始终稳居其一，并为官方教学所使用。

唐朝通过诏令敕文的方法，改变"三史"书目，在制科和常科领域强调史学素养，特别建立了"三史科"，凡此表明了唐朝政府对史学的重视。这种情形的出现，当然与东汉以后史学逐渐独立有关。《汉书》在"三史"中稳定的地位，又表明时人对史学经典的共识性认识。"三史"与"三史科"的出现，成为观察《汉书》在唐代影响的一个角度。

---

① 《唐六典》卷二《尚书吏部》，第45—46页。类似记载又见同书卷四《礼部尚书》"弘文崇文馆学生"注，第110页。

敦煌的《汉书》写本

回顾魏晋南北朝时期的《汉书》学，可知当时人获得《汉书》的主要途径就是抄写。印刷术发明和普及之前，文献保存与流传的基本方法便是凭借人工手写。比如南朝的王僧孺被称作"笔耕为养""佣书成学"，说的就是他在替别人抄书的时候积累了自己的学问。余欣取法国书籍史专家戴仁《写本时代的中国藏书》之名，将魏晋南北朝隋唐五代时期定为"写本时代"或"纸写本时代"，指称"中国书写史上的以纸质写本为主要信息传递媒介的时期"。① 现今保存纸质写本最丰富的地区莫过于敦煌和吐鲁番地区，两地都出土了《汉书》相关文本，成为今日了解文献流变历史的难得资料。

敦煌位于甘肃省河西走廊最西端，是沟通中原与西域的门户，也是丝绸之路上的重要枢纽。战国时期，活跃在当地的是月氏人。秦汉之际，匈奴人崛起，赶走了月氏人，以浑邪王部控制包括敦煌在内的河西走廊西部地区。汉武帝元狩二年（前

---

① 余欣：《中古异相——写本时代的学术、信仰与社会》，上海：上海古籍出版社，2011年，第4页。

121)，霍去病进攻河西走廊的匈奴势力，迫使浑邪王率部投降，当年，汉朝在此设置武威、酒泉二郡，敦煌地区属酒泉郡管辖。元鼎六年（前111），汉分武威、酒泉两地，增设张掖、敦煌二郡，并在敦煌郡城西面设立玉门关和阳关，把控住河西走廊的交通孔道。十六国时期，敦煌先后归属前凉、前秦、后凉、西凉和北凉五个政权，此后历经北魏、西魏、北周的控制而至隋唐。其中在北魏时期，敦煌因为盛产美瓜改名为瓜州，领敦煌、酒泉、玉门、常乐、会稽五郡，治敦煌。北魏孝昌元年（525），元荣任瓜州刺史，他统治敦煌近二十年，保持了境内的安定。特别是元荣出资写经十余部数百卷，更在莫高窟开凿大型石窟，推动了敦煌地区的文化繁荣。隋唐时期，随着中西交往的频繁，敦煌成为丝路上文明的交汇中心，因此保留了大量的相关文书。直到清光绪二十六年（1900）五月二十六日，王道士打开莫高窟的墙壁，发现了藏于洞窟中的文献，这批文书中既包含大量的佛、道教文献，也包含经史子集四部书。

除了敦煌之外，1959年至1975年，新疆博物馆文物考古队在吐鲁番阿斯塔那村北、哈拉和卓村东完成了十三次考古挖掘，清理了由晋至唐代的近四百座墓葬，出土了大批文书。吐鲁番地区在古代属"车师前部"地，西汉时以"高昌壁"得名，其中心就是高昌故城。东晋咸和二年（327），前凉于此设置高昌郡，治所便是高昌城。到了唐代贞观十四年（640），高昌灭亡，唐于此处设置西州都督府。9世纪中叶以后，此处成为"西州回鹘"的王城。① 这批吐

---

① 国家文物局古文献研究室、新疆维吾尔自治区博物馆、武汉大学历史系编：《吐鲁番出土文书》第一册《前言》，北京：文物出版社，1981年，第1—2页。

鲁番文书，就是漫长历史的见证。

敦煌和吐鲁番文书中包含数件目前被学者判定为《汉书》的写本残卷，可按照注本、白文本和节略本的分类加以讨论。

《汉书》注本。学者考订，其中抄写年代最早的是 P. 3669 和 P. 3557《汉书·刑法志》（蔡谟集解本）。这两份残卷因背面同为"武周大足元年（701）敦煌县效谷乡籍"，被王重民先生判定为同一写本，此说可从。王重民先生又根据《汉书》残卷中"世"字作"卅"、"民""治"二字缺笔以及不用武后所造新字，推断此卷应写于唐高宗之世。① 余欣考察此卷的情况，认为是户籍先造，后人再利用纸背面抄写《汉书》，进而指出，仅凭借避讳和武周新字断代存在风险：一方面是因为武周新字的使用情况复杂，不能一概而论；另一方面是敦煌地区推广武后新字的力度不大，反而可能是武后时代之后的吐蕃占领敦煌时期，更多使用了武后新字。由此，不能凭借是否使用武后新字来确定《汉书》残卷的抄写下限。余欣转而从户籍入手，先确定文书正面的制作时代，进而推知背面《汉书》的抄写时代。根据唐代制度，州县户籍底本要保留十五年后方可废弃，亦即此"武周大足元年（701）敦煌县效谷乡籍"能够被人在背面抄写《汉书》，也要等到唐玄宗开元四年（716）以后。故而余欣将此《汉书·刑法志》定为 8 世纪的写本，因而推翻了王重民先生将其定作高宗时期写本的结论。②

之所以将此卷定为蔡谟集解本，是因为王重民先生考订卷

① 王重民：《敦煌古籍叙录》，北京：中华书局，1979 年，第 76—79 页。
② 余欣：《中古异相——写本时代的学术、信仰与社会》，上海：上海古籍出版社，2011 年，第 38—39 页。

中所载诸家注语和颜师古注释引用情况不同，又不及李奇（汉魏时人）以后诸家。① 此卷显然属于一个魏以后、唐以前的注本，则非蔡谟集解本莫属。余欣进而判断，即便到了玄宗时代，颜师古注本也尚未完全取代蔡谟注本的地位，说明此本在魏晋南北朝时期颇为流行；而且从书写形态看，它是规范工致的缮写之本，未必只是民间流行的文本。② 如此，唐代《汉书》学的情况，远非如后代普遍认为的那样，自颜师古注《汉书》后便定为一尊。颜注取代蔡注，恐怕也经历了一个相当长的历史过程。相关的情况，若非有敦煌文书的提示，实在难以仅从传世文献的形态中窥之。

可以明确判定为颜师古注本的卷子是 P. 2485《汉书·萧望之传》和 P. 2513《汉书·王莽传》，因两卷中双行小注多注明"师古曰"字样。两卷背面分别抄写《大菩萨藏经》和《大乘百法名门论本事分钟略录名数》，具属佛教经论。王重民先生从书法角度判断，两卷应为同一写本。③ 至于此写本的抄写时代，学界或以为是唐太宗时，或以为是唐高宗时，尚无定论。余欣判断，因两卷背面均为经论，非一般世俗清信弟子通常抄写供养的流行佛经，或为寺僧兼习内外典所用。④ 倘此说不谬，则《汉书》并非仅为世俗人所重，更为方外人所宝。

S. 2053 是敦煌《汉书》写本中最长的一卷，其内容是蔡谟集解的《萧望之传》。由于此卷尾题"《汉书》卷七十八"，表

---

① 王重民：《敦煌古籍叙录》，第 76—78 页。
② 余欣：《中古异相——写本时代的学术、信仰与社会》，第 40—41 页。
③ 王重民：《敦煌古籍叙录》，第 81 页。
④ 余欣：《中古异相——写本时代的学术、信仰与社会》，第 43 页。

明分卷与今本《汉书》相同，又因此卷中多俗字，且有朱笔句
读、标识读音，余欣判断这是一件当时士人习诵所用的实用性
抄本。①

另有《汉书·匡衡张禹孔光传》、S. 10591《汉书·王商史
丹傅喜传》，两卷时间可定为唐前期。因前者无法见到原本，后
者仅存"王商史丹傅喜传第五十二"字样，无法进一步了解其
情况。②

《汉书》白文本。除了注本外，敦煌文书中还有无注白文本
《汉书》一件，即 S. 20《汉书·匡衡传》。此卷据余欣判断或为
传用记诵本文而写，具体抄写时间无法确定。③ 如果此卷为专用
记诵《汉书》本文的抄本，便可与六朝各种背诵《汉书》的例
子相结合考虑。

《汉书》节略本。敦煌文书中还有各种节略本的《汉书》，
显示了古人抄写、学习《汉书》的实际样态。

编号为 Дx. 3131 的俄藏敦煌文书仅余五断行，整理者题为
《汉书·天文志》。将其内容与传世《汉书》比对，发现此敦煌
本中多出"▨（西）南曰得朋；东北反"的字样。江学旺认为
此句或为注文，且此注文为今本《汉书》所无，可推断此俄藏
敦煌文书所依据的底本与今日通行的传世《汉书》不同。④ 余欣
发现，在敦煌本"不可指而知"以下，今本《汉书》又较之多
数百字，并非文书残损所致，显系敦煌本出自另一节略本《汉

---

① 余欣：《中古异相——写本时代的学术、信仰与社会》，第 43 页。
② 余欣：《中古异相——写本时代的学术、信仰与社会》，第 44 页。
③ 余欣：《中古异相——写本时代的学术、信仰与社会》，第 43—44 页。
④ 江学旺：《敦煌写本正史辑校》，浙江大学博士后出站报告，2003 年，第 43 页。

书》系统。①

P. 5009 文书残片仅余 23 断行，被定名为《汉书·项羽传》，其抄写年代被推定为 9—10 世纪。此敦煌文书残卷文字较今本简略，学者以为是今传《汉书》的某个节略本。② 余欣进一步推测，此本是归义军时期敦煌地区通行的版本。③ 归义军是晚唐时期沙州的藩镇，也是一个割据敦煌地方的独立军政集团。自唐宣宗（李忱，810—859）大中二年（848）沙州土豪张议潮帅众起义驱逐吐蕃势力，收复瓜、沙二州并向唐朝廷献捷开始，至宋仁宗（赵祯，1010—1063）景祐三年（1036）西夏占领沙州为止，归义军存续的时间近二百年。④ 以此看来，中古时期人们阅读的《汉书》，并非都是今传本《汉书》的模样。联系南朝梁时所谓"真本《汉书》"的公案，不能轻易判断哪一版《汉书》为伪作，或许应该看作时人改动《汉书》而成的另一个版本。

编号为 P. 2973B 文书是《汉书·萧何曹参张良传》的残卷，王重民先生著录为《汉书注》，对比今本《汉书》，应为卷三九《萧何曹参传》与卷四〇《张陈王周传》的合本。《曹参传》《张良传》均另行顶格抄写，因《曹参传》写满格，故《张良传》开篇右侧画了一条短竖线，用以与《曹参传》相区隔。此卷有些注释与颜师古注相同，但更多注释与颜注不同，王重民先生推测此残卷为颜师古叔父、时有"大颜"美称的颜游秦的

① 余欣：《中古异相——写本时代的学术、信仰与社会》，第 41 页。
② 江学旺：《敦煌写本正史辑校》，第 45 页。
③ 余欣：《中古异相——写本时代的学术、信仰与社会》，第 41 页。
④ 荣新江：《归义军史研究——唐宋时代敦煌历史考索》，上海：上海古籍出版社，2015 年，第 1—36 页。

《汉书决疑》。① 江学旺考证颜游秦的注释应完成于唐高祖时期，由于唐太宗时期颜师古注盛行，以后大颜注就失传了，则《汉书决疑》的传抄应该在太宗之前。此卷中不避"世""民""治"等字，或可作为其是大颜注的一个旁证。②

以上三类《汉书》残卷，均与传世《汉书》不同，或作节略，或多出内容，或合并抄录。文献学家首先关心的是为何出现字句的差异，进而探查其中蕴含的学术价值。将敦煌所出蔡谟集解《汉书》与传世颜师古注《汉书》比较，学者首先发现了颜师古虽然批评蔡谟"尤为抵牾"，但实际上大量因袭蔡谟注改为己说。如敦煌本中注"故《金布》令甲曰"一句作"廷相廷尉板诏令也，《金布》其篇名"，颜师古注为："《金布》者令篇名也，其上有府库金钱布帛之事，因以名篇。"又如"今将军规抚，云若管晏而休，遂行日仄，至周邵乃留乎"一句，敦煌本注云："文颖曰：'当如周邵日仄不暇食，不当如管晏而休也。'如淳曰：'休，止；留，亦止。'"师古注改为："问望之立意：当趣如管晏而止，为欲恢廓其道，日昃不食，追周召之迹，然后已乎？"两相比较，颜师古注与此前文颖、如淳以及蔡谟的意见并无太大差别，而师古不列众说而独陈己见，并不是特别合适的行为。所以王重民先生在做出上述比对后，批评颜师古说"其掠美及于乃叔，正同于此"③。

比较敦煌蔡谟注本《汉书》和今传颜师古注本《汉书》，

① 王重民：《敦煌古籍叙录》，第82—83页。易平以为是晋灼注，见氏著《法藏敦煌汉书节抄本残卷研究》，《北京师范大学学报》2009年第6期。
② 也有学者推测此卷乃五代以后写本，故无须避唐太宗、高宗讳。以上均见江学旺：《敦煌写本正史辑校》，第48—49页。
③ 王重民：《敦煌古籍叙录》，第79—80页。

还可以发现正文不同之处。颜师古曾考核各种《汉书》版本，去除后人传习过程中以意改动的字句，还原班固多用古字撰述《汉书》的面貌。蔡谟注本，就是颜师古批评的"弥更浅俗"的版本之一。同样是《萧望之传》，敦煌本有"导民不可不慎也"一句，颜本"导"作"道"，师古注曰"道读作导"；敦煌本"虽有周邵之佐"一句，颜本"邵"作"召"，师古曰"召读曰邵"；敦煌本"永惟边境之不赡"，颜本"境"作"竟"，师古曰"竟读曰境"；敦煌本"望之仰天叹曰"，颜本"仰"作"卬"，师古曰"卬读曰仰"。颜师古这些改动，确实用了古字，但似乎意义并不很大。王重民先生列举上述差异后，评价"师古未免多事矣"[1]。

另有一些版本上的差异，敦煌本《萧望之传》胜过今传本师古注《汉书》，以下仅略举两例。其一，敦煌本"愿令诸有罪，非盗受赇杀人及犯法不得赦者"一句中，"赇"字颜本作"财"，此即为今传《汉书》的样貌。而宋人宋祁称"浙本改财作赇"，表明宋代不同版本中有不同于颜师古注本的意见。"赇"是受贿之意，《汉书·刑法志》中有"吏坐受赇枉法"的字样，这在出土秦汉律令中也很常见。比较而言，敦煌本"受赇"胜过颜本"受财"。其二，敦煌本"明诏遣绣衣使者以军兴击之"一句，今传本师古注《汉书》作"明诏遣绣衣使者以兴兵击之"，师古注云"军兴之法也"。宋祁曰："浙本无兴字。"宋人刘攽曰："当云以军兴兵击之。"秦汉律令中有《兴律》，包括

---

① 王重民：《敦煌古籍叙录》，第80页。

徭役征发、城防守备等内容①，"军兴"一词，也是汉代常见用语，《汉书》的《赵广汉传》《黄霸传》中都可见到。由此看来，敦煌本的记载更接近汉代的实态。②宋祁所谓浙本于此处又与颜本、敦煌本不同，或另有来源。以上两例，表明了敦煌本作为《汉书》的某一个传本，有着补正今传《汉书》的价值。③

抛却字句的差异，而将敦煌《汉书》作为一种载体，考察它在知识史中的意义，则会带来新的启示。节略传记，合并抄写，提示着民间接受的《汉书》形貌未必是规整有序的全本《汉书》。抄写者本人的选择和想法，决定了读者的阅读面貌。民间或地方抄写《汉书》的过程，建构了一个不同于朝廷宝藏《汉书》的另一种文本。阅读节略本、非颜师古注本《汉书》所获得的历史认识和史学见识，恐未必与阅读官方所藏《汉书》的体验相同。两者之间的差异，似乎不能用"精英文本"和"通俗文本"来区隔，而应该视作某种文献在不同传播方式和不同接受方式的多元过程中呈现出的多重面向。敦煌写本《汉书》揭示出了另外一种隐秘在传世文献强大话语权力下的史学传统，虽然支离，但仍可由此催动今人反思史学的多重面向。

吐鲁番出土的《汉书》文本不多，其一是荣新江先生发现的德国国家图书馆所藏 Ch.938 残片，字体为楷书和行书之间，乌丝栏，比定为《汉书》卷四〇《张良传》，纸的背面是《史

---

① 孙闻博：《秦汉"军兴"、〈兴律〉考辨》，《南都学坛》2015年第2期。
② 以上两条例证，均取自王重民：《敦煌古籍叙录》，第80—81页。王著中亦有更多例证，在敦煌本面世之前，传统史家考订史料，也发现了颜本不当之处，当敦煌本问世后，更加佐证了传统史家见解非凡。
③ 姚军：《敦煌〈汉书〉唐写本的校勘价值》，《宝鸡文理学院学报（社会科学版）》2013年第3期。

记·仲尼弟子列传》。其二是《西域考古图谱》所刊的日本大谷探险队所得的吐鲁番文书，其下卷经籍类图版（5）-（1）（2）所刊本也是一面为《史记·仲尼弟子列传》，另一面是《汉书·张良传》。荣新江先生判断，两份文书明显属于同一份抄本，从字体判断应属于唐朝前期抄本。[①] 另一份与《汉书》有关的吐鲁番文书是刘向的《谏营昌陵疏》。此写本较载于《汉书·刘向传》的文字，多出"其人微"三字。[②] 另因写本残破较多，所以可能还有文句不同。不过今日不能断定的是，此《谏营昌陵疏》究竟是从《汉书·刘向传》中摘抄而成，还是单篇流传。无论如何，上述三份文书相对零碎，无法给出吐鲁番地区研习《汉书》情况的全貌。但是吐鲁番地区发现《汉书》的事实，说明《汉书》的传播已经到了比敦煌更西部的地方。

---

① 荣新江：《〈史记〉与〈汉书〉——吐鲁番出土文献札记之一》，《新疆师范大学学报》2004 年第 1 期。
② 国家文物局古文献研究室、新疆维吾尔自治区博物馆、武汉大学历史系编：《吐鲁番出土文书》第八册，北京：文物出版社，1987 年，第 481—482 页。

域外的《汉书》传播

隋唐国力强盛，影响力向东波及朝鲜、日本，《汉书》也成为两国上流知识分子阅读的书目。

《汉书》何时传入朝鲜半岛，目前尚没有具体的答案，不过据韩国学者推断，时间不会晚于东晋时期（317—420）。① 记载朝鲜历史的《三国史记》，于卷一〇《新罗本纪》"元圣王四年（788）"记录了当时新罗选拔人才的考核标准："始定读书三品以出身。读《春秋左氏传》若《礼记》若《文选》，而能通其义，兼明《论语》《孝经》者为上；读《曲礼》《论语》《孝经》者为中；读《曲礼》《孝经》者为下。若博通五经三史、诸子百家书者，超擢用之。前祗以弓箭选人，至是改之。"② 与唐朝类似，新罗科考以经学为主，但兼重史学。"三史"的名目被新罗朝廷采纳，《汉书》自然也成为士人谋求功名的读本之一。

---

① 诸海星：《韩国〈史记〉〈汉书〉翻译现状的概括与评价》，张西平、孙健主编：《中国古代文化在世界：以 20 世纪为中心》，郑州：大象出版社，2017 年，第 98 页。

② 金富轼著，杨军校勘：《三国史记》，长春：吉林大学出版社，2015 年，第 135 页。余欣据韩国首尔大学奎章阁藏本作"若博兼通五经"，见氏著《中古异相——写本时期的学术、信仰与社会》，第 48 页。

更东方的日本，同样受到唐风的影响。奈良时代（710—794）的读书人有阅读汉籍的文化兴趣，在他们阅读的诸多汉籍中，《汉书》处在比较醒目的位置上。有学者考察，现存日本的奈良汉籍旧钞本包括藏于石山寺的"《汉书》卷一下、三十四"、藏于宝生院的"《汉书》卷二十四"、藏于高野山大明王院的"《汉书·周勃传》残卷"。这些钞本全部出自日本人手笔。此外，还有奈良时代东传至日本的唐钞古本，如藏于上野家的"《汉书》列传第五十七"。①

奈良时代《汉书》传布的情况，在日本相关史料中也有记载。《续日本纪》（日本编年体史书）卷二〇"天平宝字元年（757）十一月癸未"："《敕》曰：其须讲经生者《三经》，传生者《三史》。"卷三〇"神护景云三年（769）十月甲辰"："大宰府言：'此府人物殷繁，天下之一都会也。子弟之徒，学者稍众。而府库但蓄《五经》，未有《三史》正本。涉猎之人，其道不广。伏乞列代诸史，各给一本，传习管内，以兴学业。'诏赐《史记》《汉书》《后汉书》《三国志》《晋书》各一部。"如此可见，日本在奈良时代已将《汉书》作为教材供人研习。甚至连皇太子也会修读《汉书》，事见同书卷三三"宝龟六年（775）十月壬戌"载："前右大臣正二位勋二等吉备朝臣真备薨。右卫士少尉下道朝臣国胜之子也。灵龟二年（716），年廿二，从使入唐，留学受业，研览经史，该涉众艺。我朝学生播名唐国者，唯大臣及朝衡二人而已。天平七年（735），归朝，授正六位下，拜大学助。高野天皇师之，受《礼记》及《汉

① 童岭：《六朝隋唐汉籍旧钞本研究》，北京：中华书局，2017 年，第 85—87 页。

书》。恩宠甚渥，赐姓吉备朝臣。"① 高野天皇（718—770）时为皇太子，受著名的遣唐使吉备真备传授《礼记》与《汉书》。实际上，《汉书》就是由吉备真备传入日本的。洞院公贤（镰仓末至南北朝时期的公卿，1291—1360）《拾芥抄》记载："吉备大臣三史柜，入此《三史》。"日本江户时代的学者近藤守重解释"三史柜"为"吉备大臣唐土将来之柜也"。② 如此说来，《汉书》和"三史"中的其他两部史书，乃是由遣唐使吉备真备带回日本的。具体时间，孙猛先生推测应在公元754年，即吉备真备第二次入唐后返回日本时。③

　　成书于720年的日本最早的正史《日本书纪》中记载了日本征服新罗的情况，提到了"遂入其国中，封重宝府库，收图籍文书"。这句话被人理解为日本从朝鲜半岛获得中国文献的证据。不过有学者注意到这句话几乎照搬《汉书·高帝纪上》的"封秦重宝财物府库……尽收秦丞相府图籍文书"④，所以《日本书纪》的历史书写很可能受到了《汉书》的影响，其背后则是日本学者对《汉书》的熟稔和喜爱。

　　凡此，都表明以《汉书》为代表的中国史籍，其影响力早已逸出中原之边界，成为东亚文化圈中共享的知识文本。

---

① 转引自孙猛：《日本国见在书目录详考》上册，上海：上海古籍出版社，2015年，第551页。孙猛将"宝龟六年"条史料系于《续日本纪》卷三六，实在卷三三，今改正。《续日本后纪》载，平安时代的承和九年（842），相摸、武藏、常陆、上野、下野、陆奥等国被写进《三史》（转引自泷川资言考证、水泽利忠校补：《史记会注考证·史记流传》，上海：上海古籍出版社，1986年，第2117页），从中也可以看到《汉书》在日本各地的流传情况。

② 《史记会注考证》，第2117页。

③ 孙猛：《日本国见在书目录详考》上册，第551页。

④ 王勇：《汉籍东传诸说考辨——从文化交流的视角考察汉籍在东亚的流播》，陆坚、王勇主编：《中国典籍在日本的流传与影响》，杭州：杭州大学出版社，1990年，第59页。

第五章
宋代的《汉书》学

宋代是中国古代文治大兴之世，《汉书》在此时也备受重视。除了帝王将相、衣冠士子喜读《汉书》之外，汉唐注释《汉书》的工作依然延续。

宋代《汉书》学发展的一个新特点是刻本《汉书》的出现。因为雕版印刷术的兴起，刊刻《汉书》也成为《汉书》流传史的一件大事。

宋代社会风气与《汉书》的流布

安史之乱以后，唐朝中央政权无力控制地方，地方被一个又一个军事政治集团也就是藩镇所控制。藩镇名义上是唐王朝的一级行政组织，实际上是割据的独立王国。唐末黄巢起义，给风雨飘摇的唐政权最后一击。镇压黄巢起义的藩镇统帅朱温在战争中充实了自己的实力，也窥破了唐朝的衰弱，他杀死唐昭宗（李晔，867—904）和唐哀帝（李柷，892—908），建国号为梁。由于梁的统治基础是藩镇，而当时唐王朝留下的大量藩镇也并不服从朱温的统治，于是历史又一次进入了各地军阀互相攻战的乱世。自梁而后，先后有唐、晋、汉、周等藩镇首领称帝，而且东北方的契丹自唐代兴起，也将军事触角伸向中原地区。这个混乱的时代，就由于五个王朝先后建立而被称作五代。

公元960年，后周将领发动陈桥兵变，拥立赵匡胤为帝，宋朝由此建立。但是，各地割据的局面并没因为宋朝的出现而自然消亡，赵匡胤和他的继任者赵光义经过南征北战，最后重新统一了中国。不过，契丹控制的燕云十六州，一直无法被宋夺回，宋代的统一并没有恢复汉唐时期的版图。此后辽亡于金、南宋亡于元，中原地区长期经历战乱。

宋朝起自藩镇，对武人掌兵权有着天然的敏感和排斥。赵匡胤曾经"杯酒释兵权"，了断了自己手下将领拥兵自重的可能。自此，宋代的国策便是加强中央集权和崇文抑武。加之宋太宗赵光义两次北伐契丹失败，他也放弃了军事扩张之路。崇文抑武的国策成为宋代的"祖宗之法"延续下去。从军事和政治的角度看，崇文抑武的代价就是宋代在中国古代的统一王朝中是一个军事实力相对较弱的王朝。除了东北边的契丹长期与北宋对峙，西部的西夏也一直牵扯着北宋的精力。北宋末年，女真崛起，建立金政权，取代了契丹的位置，成为北方最大的威胁，北宋便亡于女真之手。此后蒙古征伐的脚步赶来，南宋也并没有组织起特别有效的抵抗。凡此，都可以看作崇文抑武的负面影响。

但是，倘若从社会的角度看，崇文抑武又对北宋的文化发展起到了至关重要的作用。举凡今日能提及的著名文人，以宋代为多。唐宋八大家中，有六位是宋代人。苏、辛词在当时便已传唱天下，今天但凡受过初中以上教育的人，都可以吟诵几句。宋代重视科举取士，真正改变了唐以前中古选人凭借门第阀阅的身份特权，一定程度引导了社会结构的转向。《宋史·艺文志》说："宋有天下，先后三百余年，考其治化之污隆，风气之离合，虽不足以拟伦三代，然其时君汲汲于道艺，辅治之臣莫不以经术为先务，学士搢绅先生，谈道德性命之学，不绝于口，岂不彬彬乎进于周之文哉！"宋代的文治创造了异常繁荣的文化局面，重辞章、讲公平、倡思辨等观念，融化在民族的文明记忆长河中，一直流淌到今天。

在这里必须指出的是，辽金元虽然也有研究利用《汉书》的情况，但因其数量少且质量不佳，本书并不深入讨论，而着重考察宋代《汉书》学的情况。

宋代读《汉书》的风气

宋人珍视《汉书》，即便是朱熹（1130—1200）这样的大学者，得到《汉书》也非常欣喜。他曾为自藏《汉书》题跋说："（刘仁季）以其先人所藏《汉书》四十四通为谢，时白鹿洞书院新成，因送使藏之，以备学者看读。"（《朱子文集·跋白鹿洞所藏汉书》）这份《汉书》是"先人所藏"，或许是唐以前的写本。宋人嗜读《汉书》的相关记载也有很多，如安德裕"精于《礼》《传》，嗜《西汉书》"（《宋史·安德裕传》），汪藻"尤喜读《春秋左氏传》及《西汉书》"（《宋史·汪藻传》）。宋代文集笔记中类似的记载也不少。比如杨亿的《武夷新集》收有《赠户部尚书钱公墓志铭》，称志主"雅好班固《汉书》，常日读一卷"。胡寅的《斐然集》收有《左朝请大夫王公墓志铭》，称志主"好善诵《前汉书》，寒暑不懈"。黄庭坚甚喜读《汉书》，他说："每相聚辄读数页《前汉书》，甚佳。人胸中久不用古今浇灌之，则俗尘生其间，照镜则觉面目可憎，对人亦语言无味也。"（《山谷外集》）于是学者评价："《汉书》已成为宋人日常生活必不可少的部分，不仅要多读，更需熟读与理解。"①

宋代的大文豪苏轼嗜读《汉书》，每每于读书中发动古今之慨。苏轼在给友人的信中提到了自己读《汉书》时的情状："某到黄陂，闻公初五日便发，由信阳路赴阙，然数日如有所失也。欲便归黄州，又雨雪间作。向僧房中明窗下，拥数块熟炭，读《前汉书·戾太子传赞》，深爱之。反复数过，班孟坚非庸人也。方感叹中，而公书适至，意思豁然。稍晴暖，当阳罗江上放舟还黄也。"（《苏轼文集》卷五一）苏轼的一生颠沛流离，壮怀激烈之余，稍堪慰藉的只有江上之清风、山间之明月、友人书信与孟坚史论数件而已。

在宋人的诗作中，也有大量阅读《汉书》的记录。这些诗篇或者直接用"读《汉书》""夜读《汉书》"为题，或者在诗文中提到"读《汉书》"。如夏竦《奉和御制读〈前汉书〉》三首："酂侯依日月，天汉叙隆昌。迈德居三杰，观时定九章。过因王尉辩，功赖鄂君扬。终以同心美，清宁赞后王。""子房天授汉，不战道尤尊。秘法盈编受，危机借箸论。避封昭止足，辟谷厌尘喧。莫讶萧规茂，从容有绪言。""高祖宽仁主，淮阴变诈才。设坛诚有礼，推食本无猜。怀惠初颙若，夸功抑殆哉。何如中正者，千载仰高裁。"（《文庄集》卷三一）这三首诗咏唱的是刘邦亲封的"汉初三杰"萧何、张良和韩信。作为汉初最重要的三位功臣，三人的命运迥然不同。萧何因为帮助刘邦镇守关中，权力过大而受到猜忌，晚年甚至有牢狱之灾，在刘邦

---

① 倪小勇：《宋代"文治"背景下的〈汉书〉研究》，西北大学博士学位论文，2014年，第12页。本章所引宋代例证多得此论文提示。

死后于惠帝朝方得善终。张良看清了刘邦鸟尽弓藏的意图，早早就摆明了与世无争的态度，辟谷修仙，远离了争权夺利的名利场。只有韩信，过分信赖刘邦的誓约，也过分自信于自己的卓著战功，最终难逃被刘邦杀害的命运。不过因为诗歌的标题是"奉和御制"，也就是应和皇帝同类型、同主题诗歌的应景之作，所以夏竦自然不会批评刘邦出尔反尔，只能站在皇帝的角度帮腔否定韩信。

同样值得关注的还有陆游的诗作。陆游一生为克复中原而努力，却壮志难酬，素日壮怀，化作流水，只能借《汉书》往事，浇胸中块垒。《杂兴》载："老无添虎仍逢病，春欲残时未减寒。架上《汉书》浑忘尽，床头《周易》却常看。"《闻新雁有感》说："才本无多老更疏，功名已负此心初。镜湖夜半闻新雁，自起吹灯读《汉书》。"（《剑南诗稿》）诗人一生蹉跎，早岁志向，今皆消磨，空怅惘。若与诗人的另一首词作《诉衷情·当年万里觅封侯》对读，更感人生无常，世事难料："当年万里觅封侯，匹马戍梁州。关河梦断何处？尘暗旧貂裘。胡未灭，鬓先秋，泪空流。此生谁料，心在天山，身老沧洲。""万里觅封侯"的典故，指的就是班超。据说有人给班超相面，说他是万里侯相。汉朝制度规定，刘氏皇族之外，若想获得侯爵必须立有战功。班超生活在东汉明帝朝，天下早已一统，若要立功自然得于域外开疆。与陆游不同者，班超虽颠沛玉门关外，毕竟心愿得遂，为国拓境，功成名就；而陆游只能老病于床头，聆听雁叫，任由心中志向渐被消磨。读史读诗最让人感怀之处，便是古今景象的重叠。

经过了魏晋隋唐的积累，特别是唐代"三史科"的刺激，

《汉书》逐渐成为士人们学习的教本，上自皇家，下及庶民，多有阅读学习《汉书》的教育背景。在北宋皇家经筵制度中，讲解《汉书》是重要的一环。南宋王应麟《玉海》载当时情景说"开宝（赵匡胤年号，968—976）读《汉书》而感于张治狱之无冤"，"端拱（赵光义年号，988—989）读《汉书》而感贾谊之激切"。宋太祖、太宗都曾于宫廷讲读《汉书》，关注汉初历史的经验教训，为新造之宋寻找政治上的借鉴。而后又有苏轼"读《汉书》，摘切于治体者"，也反映出统治者注重从《汉书》中找寻施政方略。《续资治通鉴长编》记载宋仁宗庆历四年（1044），翰林侍读学士丁度为皇帝读《前汉书》，与《汉书》一同被仁宗参考的还有《毛诗》和《祖宗圣政录》，足见《汉书》地位之重要。

丁度为仁宗皇帝读《汉书》，不仅仅停留在一人阅读一人听的层面，君主和臣子之间还会就汉朝历史进行讨论。比如读到《韩信传》中韩信要求刘邦分封他做代理齐王时，刘邦发作，反而是张良、陈平劝他忍耐一时，刘邦便顺水推舟任命韩信做了真正的齐王，由此才稳定了齐地局势，争取了韩信在楚汉之间倒向汉一边。仁宗皇帝评价："汉祖之从谏，善用人不疑如此！"丁度回应："汉祖聪明大度，故群下得尽其诚，不然何以基汉业？"又一次读到《东方朔传》，其中记载汉武帝多次微服出行，仁宗皇帝表示不解。丁度解释说因为汉武皇帝继承了文景之治的基业，所以可以穷志极欲。宋皇说："若安宁之时常思危亡之戒，安有后悔。"读到了汉武帝希望占用百姓耕地以扩大自己的园囿，宋皇又评价说："山泽之利当与民共之。"丁度便说侍奉您二十余年，您每次的话，"未尝不忧勤天下，此陛下祖宗以来家法尔"（《帝学》卷五）。这样的对话内容并没有什么高深之处，就如经筵制度不过是古代皇帝妆点治道、粉饰太平的一块遮羞布而已。看起来宋仁宗的政治眼界和史学见识不过尔尔，似乎并未从史书中收获更多。然而统治者毕竟愿意涉猎史学，比较一味奢靡喜功者终究有益于民。

经筵制度要求侍讲官员先写好"经筵讲义"，于是就出现了另一种《汉书》讲本，其中既包含《汉书》内容，又带有侍讲官的主观见解。比如周必大于淳熙二年（1175）"进《汉书》故事"：

> 班固《前汉书·武帝赞》：孝武初立，卓然罢黜百家，表章六经，遂畴咨海内，举其俊茂，与之立功，号令文章，焕焉可述，后嗣得遵洪业，而有三代之风。

> 臣闻六经之实行于三代，六经之名弊于两汉。何谓实？学士大夫自致知格物而达于治国平天下，无非见于躬行者是也。何谓名？辨《诗》之草木虫鱼而不知敦厚之风，习礼乐之声音度数而不著中和之效，诵《书》失之诬而不能疏通知远，习《易》失之贼而不能洁净精微，方平居无事分章析句，自谓有得，及试之以事，则鲜不失其所守。徇名之弊如此，岂孔子正六籍示万世之意哉？无怪乎邪说诐行所由昌也。汉兴，承秦之乱，高祖创业，文景养民，表章此道，势未皇暇。至于孝武，则维其时。厥初，黜黄老刑名百家之言，延文学儒者以百数，似若有意矣，然均以贤良射策。董仲舒潜心大业，是有意六经之实也，则置之江都不用。公孙弘多诈无情，是徒徇六经之名也，则为丞

相封侯，倒置如此，安在其为表章也？史臣徒见其与严助、枚皋、吾邱寿王辈辩论相应，遂以为义理之文焕焉可述，斯亦疏矣。延及后世孔光、张禹之徒，卒误国家而汉业衰焉，殆有以启之也。谓后嗣得遵洪业可乎？然则武帝非表章六经，乃罢黜六经也，兹不可以不辨。①

第一段是《汉书·武帝本纪》，乃班固对汉武帝兴复儒术的肯定。第二段是周必大的意见，他反班固之意，举例说明汉武帝不过是求六经之名而不曾行六经之实，甚至由此使得西汉儒风败坏，导致王朝灭亡。周必大的见解可以说触及了某种程度的历史真实。西汉的灭亡确实与儒生的推波助澜有关系，但是儒生的虚伪是否直接与皇权的虚伪关联起来，以及儒生内部的分化是怎样，尚不能一概而论。不过可以看出，周必大并不是迎合皇帝之人，他所讲论的这部分《汉书》本来是讴歌皇帝的颂词，但经他点拨，反而变成批判皇帝的证据了。

与南北朝时期一样，宋代也有很多自童蒙至青年时代就玩习《汉书》的神童奇才，墓志中经常可见某某自儿童时手抄《汉书》或者过辄成诵的字样。这些情况无须深究，因为其中或许有一二确实熟读《汉书》之人，但从唐代敦煌文书的情况可以推知，更多的人阅读和记忆的或许是《汉书》的节略本，毕竟《汉书》部帙太大，普通人未必有机会阅读。应该指出的是，宋代广泛出现的"说话"，也就是说书活动，谈及两汉历史，或

---

① 周必大：《文忠集》卷一五五《经筵故事一》，《景印文渊阁四库全书·集部·别集类》第1148册，台北：台湾商务印书馆，1986年，第686—687页。

许资取于《汉书》，成为普通民众接触《汉书》的一个途径。

《东坡志林》记载了这样一件事：

> 王彭尝云："涂巷中小儿薄劣，其家所厌苦，辄与钱，令聚坐听说古话。至说三国事，闻刘玄德败，颦蹙有出涕者；闻曹操败，即喜唱快。以是知君子小人之泽，百世不斩。"①

谁家小孩子不听管教，家长就会给他点钱让他出去听"说古话"。专门描绘北宋都城东京汴梁繁盛景象的《东京梦华录》记载了当时几个活跃的说书名家："有孙宽、孙十五等，讲史；李慥、杨中立等，小说；毛详、霍伯丑，商谜；吴八儿，合生；张山人，说诨话；霍四究，说三分；尹常卖，五代史。""说三分"和"五代史"分别指的是三国历史和唐末五代历史，两个都是乱世，而且后者还是北宋的近代史，所以单独有人讲解。其中"孙宽、孙十五"只是"讲史"，应该是泛讲三国和五代之外的历史，汉代历史必然也在其中。他们依据的话本代代传承，经过了许多说书人的修订，但其底本应该是实际记录历史的《汉书》《后汉书》之类。所以说书人的出现和广泛影响，催动了普通民众接触汉代历史、接触《汉书》的愿望。

苏轼曾提到读《汉书》法："吾尝读《汉书》矣，盖数过而始尽之。如治道、人物、地理、官制、兵法、货财之类，每一过专求一事，不待数过而事事精核矣。叁伍错综，八面受敌，

---

① 苏轼撰，王松龄点校：《东坡志林》卷一，北京：中华书局，1981年，第7页。

沛然应之而莫御焉。"（虞集《杜诗纂例序》）这是将《汉书》视
作积累知识的渊薮。但是宋代的士大夫更注意从《汉书》中吸
取治国修身的经验教训，经常借《汉书》典故品评当世，据学
者总结其有六个方面的体现：论治国之策，论取士用才，论为
吏之道，论尊礼规治，论重农养民，论法制刑罚。① 宋人的意
见，大概不出上文所引周必大之例，而且其中特多议论之作。
如苏轼《留侯论》称："古之所谓豪杰之士者，必有过人之节，
人情有所不能忍者。匹夫见辱，拔剑而起，挺身而斗，此不足
为勇也。天下有大勇者，卒然临之而不惊，无故加之而不怒。
此其所挟持者甚大，而其志甚远也。"又称："夫高祖之所以胜，
而项籍之所以败者，在能忍与不能忍之间而已矣。项籍唯不能
忍，是以百战百胜而轻用其锋。高祖忍之，养其全锋而待其弊，
此子房教之也。"② 文章无非借古史而论忍，与史学关系不大，
是抒怀之作。宋代一扫六朝隋唐骈文之风，特重散文，《留侯
论》乃是以散文体例表达情绪的上乘之作。

　　宋人借《汉书》所发议论，其数量远远超过魏晋南北朝及
隋唐任何一代，是否可以说明，宋代《汉书》的流传要超过上
述各朝，而且士大夫对《汉书》的重视程度更高呢？其实不能
轻易下类似结论。因为要注意这样一个事实：随着宋代印刷术
的推广，大量士人的文集、笔记得以保留。相关历史记载积累
得多了，容易让人误以为宋代《汉书》的普及情况更高。应该

---

① 倪小勇：《宋代"文治"背景下的〈汉书〉研究》，西北大学博士学位论文，
　　2014 年，第 26—36 页。
② 苏轼撰，孔凡礼点校：《苏轼文集》卷七，北京：中华书局，1986 年，第 103—
　　104 页。

说，宋代的知识阶层人数较前代更为庞大，这是可能的；但是知识阶层在总人口中的比例恐怕未必比前代有更大的突破，换言之，熟悉《汉书》的人数在整体人口中的比重，仍然不会特别高。

宋代的《汉书》学再没有集中注意力在集注方面，这固然与颜师古的工作有关，但是也可以从前面的论述中看到，宋人更重视利用《汉书》来议论。学风上的重大转化，或许反映出贵族和平民社会中的知识阶层对待《汉书》的不同态度。

宋刻《汉书》

宋代的社会现实推动了《汉书》学的发展，其中特别关键的因素在于，宋代是印刷术极大兴盛的时代，对于保存《汉书》起到了助益作用。虽然宋代印刷术已经兴起，但在宋初，《汉书》也并非人人可得、人人易读之书。比如苏轼曾说他遇到的"老儒先生"回忆自己年轻时"欲求《史记》《汉书》而不可得，幸而得之，皆手自书，日夜诵读，唯恐不及"（《东坡集》卷三二）。如此，宋初的情形与唐并无二致：《汉书》的传播依赖于手抄。

刊刻《汉书》的前提是确定其定本。宋太宗淳化五年（994），朝廷选官校勘《史记》和前后《汉书》，校勘完毕，送到杭州（宋代重要的版刻中心之一）镂板，又用四年时间完成刊刻，此即所谓"淳化本"《汉书》由来。此书今虽不传，但此后众多版本均从此本而出。

宋真宗（赵恒，968—1022）咸平年间（998—1003），有人奏报太宗朝三史版本校勘未精，当再刊正。咸平年间，仅复校《史记》。前后《汉书》校勘始于真宗景德元年（1004）正月，到真宗景德二年（1005）校勘完毕，但并没有大量改动刻板。

宋仁宗景祐元年（1034），秘书丞余靖建议"国子监所印

《两汉书》文字舛讹，恐误后学，臣谨参括众本，旁据它书，列而辨之，望行刊正"，重新校勘《汉书》。据此重刊的《汉书》是淳化本的修补本。[①]

宋神宗（赵顼，1048—1085）熙宁二年（1069）继续校勘《汉书》。至此，北宋校勘《汉书》的工作结束了。此后还有熙宁本、宣和本，南宋的绍兴本、乾道本、湖北庚司刊本、建安本（庆元本）等《汉书》版本先后出现，相关情况倪小勇已有讨论，可参考。[②] 上述诸本中，景祐年间的淳化修补本的意义较为特别，此本因为收入商务印书馆百衲本二十四史，多为学者参考，可以说是近代中国影响最大的《汉书》版本。另一个是南宋宁宗（赵扩，1168—1224）庆元年间建安书坊所刻《汉书》，也值得一提。建安就是福建建安县，乃是宋代的私人版刻中心，所以庆元本是民间刻本。与官刻不同，民间刻本讲究市场销量，刊刻上也颇为用心。清代学者王先谦（1842—1917）曾在《汉书补注序例》中叙述庆元本的成就："至宁宗庆元中，建安刘之问又取宋校本，更别用十四家本参校。"是本又采入萧该《汉书音义》、司马贞《史记索隐》等书，到了明代南京国子监刊刻史书时，其中的《汉书》便以此本为底本。

今日所用《汉书》均从宋刻本而来，写本向刻本时代的变化至此凝结。后代的《汉书》刻本虽因版刻地点及刻工不同有所差异，但是造成的异文远小于写本时代抄写所造成的差异。从宋代开始的刻本时代，使得中国古代的文献逐步形成了基本的面貌。

---

① 辛德勇：《正史版本谈》，北京：生活·读书·新知三联书店，2021 年。
② 倪小勇：《宋代"文治"背景下的〈汉书〉研究》，西北大学博士学位论文，2014 年，第49—60 页。

宋代的《汉书》考订之学

宋代《汉书》研究方面的专书，据学者统计有 35 部之多，如《汉书刊误》《新校前汉书》《前汉书纲目》《西汉刊误》《汉书辨证》《汉书问答》《前汉六帖》之类。不仅如此，宋代还有大量与《汉书》相关的"摘编形式为主的通释性研究""诏令集、奏议集与会要体史书""编年体史书"等等。上述著作虽多散佚，但显示出宋代学人对《汉书》研究的热衷和推崇。①

宋代研究《汉书》最著名的学者是号称"三刘"的兄弟父子三人：刘敞、刘攽、刘奉世。刘敞是刘攽之兄、刘奉世之父。他们是江南西路临江军新喻人，于是三人又被称为"新喻三刘"。刘氏家学为《汉书》，三刘校语曾以专书形式流传于世，名为《三刘汉书》。宋代晁公武的目录学著作《郡斋读书志》如此记录："右皇朝刘敞原父、弟攽贡父、子奉世仲冯撰。"但随着庆元本《汉书》刊刻时将《三刘汉书》附入后，单独流传

---

① 范宇焜：《宋元"汉书学"研究》，北京师范大学博士学位论文，2018 年，第 72—81 页。

的《三刘汉书》就不可得见了。①

三刘之中以刘敞的成绩最大。《汉书·司马迁传》袭取《史记·太史公自序》记载司马氏祖上世系，有一句"当始皇之时，蒯聩玄孙卬为武信君将而徇朝歌"。对于此中的武信君是谁，不同注家有争议。颜师古称："武信君即武臣也，未为赵王之前号武信君。《项籍传》曰'赵将司马卬'，是知为武臣之将也。"刘敞称："此言当始皇时，为武信君将，则武信君非武臣也。"但从这句话来看，刘敞的语句存在逻辑缺漏。颜师古讲了两层意思：其一是武信君就是武臣，其二是司马卬是武臣的将领。刘敞只说秦始皇时的武信君应该不是武臣，至于理由他没有交代。清人王念孙说："《蒯通传》云'武臣略定赵地，号武信君'，是武信君即武臣也。此秦二世时事，而云当始皇之时，记者之误耳。（误本《史记》）始皇之时，卬安得为武信君将而徇朝歌乎？贡父据此一句，而辄生异说，谬矣。"②王念孙肯定了武信君就是武臣，但是又强调武信君"徇朝歌"是在秦二世时代，不在始皇时，所以是司马迁记错时间了。经此解说，刘敞的意见也可以了然了：刘敞纠结于秦始皇时的武信君应该是谁，换言之，他清楚秦二世时有一个武信君就是武臣，但这个人应该和秦始皇时的武信君不是同一人。王先谦站出来弥合诸说，一方面他肯定秦二世时代的武信君就是武臣，这一点他赞成颜师古、王念孙的说法；另一方面，对于王念孙说《史记》记错了时间的指摘，王先谦以为在"当始皇之时"前面还有一句

①　马清源：《〈汉书〉宋人校语之原貌与转变——以宋祁、三刘校语为主》，《文史》2014年第1辑。

②　王先谦：《汉书补注》，上海：上海古籍出版社，2008年，第4329页。

"蕲孙昌，为秦王铁官"，所以"当始皇之时"应该与前面这句连读，与下文的武信君等事没有关系。这种解释也说得通。不过整体看来，刘敞的校语或许由于转引之故，并不是特别充分完整。

刘敞对《汉书》的熟稔直接辅助了司马光修撰《资治通鉴》。《文献通考·经籍考》记载了司马光养子司马康告诉友人晁说《资治通鉴》修撰得人的情况："《史记》、前后《汉》则刘贡父（刘敞），三国历九朝而隋则刘道原（刘恕），唐迄五代则范淳夫（范祖禹）。"修撰《资治通鉴》时对两汉历史文献的整理，就仰赖于刘敞。作为一部涉及千余年历史的编年体大书，司马光及相关学者需要广泛搜罗材料，并将其按照年月汇集，这项工作的成果叫作"丛目"，在此基础上形成"长编"，最后由司马光统合全书。保存汉代史料的主体就是《史记》《汉书》《后汉书》，其中尤以两《汉书》为主要。司马光严谨之处体现在他不仅于《资治通鉴》正文中给出一种确定的历史叙述，还另文告诉读者，为何选用某某史料，为何采纳某某说法，为何形成今日《资治通鉴》的面貌，这项工作是纯粹的历史考订，其成果就是《通鉴考异》。司马光的意见，应该也参考了此前刘敞等人对于各个断代的意见。从这个角度说，刘敞的工作不仅对《汉书》有价值，对《资治通鉴》也有不可或缺的价值。

刘敞、刘奉世父子侧重搜罗金石材料佐证传世文献。比如《汉书·食货志》记载王莽时行用新币："又造契刀、错刀。契刀，其环如大钱，身形如刀，长二寸，文曰'契刀五百'。错刀，以黄金错其文，曰'一刀直五千'。"契刀和错刀具体的样貌是否如此，需要实物佐证。刘奉世曰："当时常得错刀，文曰：'一刀平五千'。"刘当时是刘奉世的弟弟，刘敞之三子。宋祁也从友人处听说刘敞家里有两枚古钱，其中就有王莽新朝时期的"金错刀"，长二寸半（《汉书补注·食货志》）。又如《汉书·武帝纪》中有所谓"甘泉通天台，长安飞廉馆"，飞廉是什么？宋人吴仁杰提到刘敞得到了一柄古刀，据说是赫连勃勃所做的"大夏龙雀"，刀环是龙身鸟喙，便推测飞廉如此形状。刘敞、刘奉世父子收藏的金石器物，和汉代历史多有关联，正可以佐证《汉书》中的记载。

进一步可以发现，宋代兴起的金石之学成为《汉书》学的有效支撑。或者说，宋代《汉书》学的一个新特点便是利用金石材料加以研究，这是此前注家注释《汉书》时未曾出现的一个新趋向。

所谓金石学就是研究铜器和石刻的学问。宋代文教兴盛，士林风雅，出现了搜罗铜器碑碣的好尚。金石学开创之人便是欧阳修，他的《集古录》以金石材料与《汉书》相互比对。如《魏邓艾碑》中，欧阳修考证邓艾姓名说："余谓古人'艾''乂'常通用，《汉书》曰'黎民艾安'，与'惩艾''创艾'，注皆读为'乂'。岂非邓侯名'艾'音'乂'，而书碑者从省欤？"这便是以金石材料和《汉书》相佐证。后来赵明诚的《金石录》又收有《秦权铭》称："案班固《汉书·律历志》：'五权之制……圜而环之，令之肉倍好者，周旋无端，终而复始，无穷已也。'孟康注以谓'锤之形如环也'。然古权亦有与今称锤相似者，盖形制不一，各从其便尔。"[1] 这也是立足于两种不同类型的文献所作的考证。赵明诚还依靠金石材料订正传

---

① 赵明诚撰，金文明校证：《金石录校证》卷一二，桂林：广西师范大学出版社，2005年，第212—213页。

世文献的谬误，如《汉张侯残碑》：

> 右《汉张侯残碑》。张侯者，子房也。碑已断裂摩灭，不可次叙，独其额尚完，题"汉故张侯之碑"。在今彭城古留城子房庙中。验其字画，盖东汉时所立。乐史《寰宇记》："陈留县有张良墓。"引《城冢记》云："张良封陈留侯，食邑小黄一万户。汉为良筑城，因名张良城。"今陈留有子房庙，庙貌甚盛。余案《西汉书·地理志》注："留属陈，故称陈留。宋亦有留，彭城留是也。"《子房传》曰："始臣起下邳，与上会留，臣愿封留足矣。"下邳与彭城相近，而此碑乃汉人所立，实在彭城；然则子房所封，非陈留明矣。《城冢记》诞妄，盖不足信也。①

赵明诚利用张良残碑指出了《太平寰宇记》与《城冢记》的错误。其实《汉书》记载留地在下邳，不在陈留，乃《太平寰宇记》与《城冢记》作者因读《汉书》不明而出现谬误。这本无须用金石材料佐证，不过通过张良碑，则更加清楚地证明了留地在彭城、下邳一带，而非陈留。赵明诚甚至还利用《汉书》修正了欧阳修《集古录》中的错误。同样面对《汉永乐少府贾君阙铭》，《集古录》引《后汉书》章怀太子注"《汉官仪》长乐少府以宦者为之"，故称"则贾君盖亦宦者也"②，赵明诚则说：

---

① 赵明诚撰，金文明校证：《金石录校正》卷一九，第324页。
② 欧阳修撰：《集古录·跋尾》，上海：上海古籍出版社，2020年，第108页。

> 余以《汉史》及石刻考之，当时三公如陈球、刘宽皆尝为此官，非独一人。盖自西汉以来，太后、皇后官属如大长秋之类，皆参用士人。然则《汉官仪》以为止用宦者为之，盖其阙漏；而《集古录》遂以贾君为宦者，亦未必然也。①

　　此说不仅涉足之前《汉书》注释之学的文字训诂的层面，更进入了官制考订的层面。金石学的工作，表明当时学者使用材料的视野更为广泛了。而官制考证，则进一步表明学者的关注兴趣摆脱了单纯的释读文字。魏晋南北朝隋唐时期，也有进行史学考证的《汉书》研究，不过那些研究多依附于《汉书》本文作为注释存在。宋代的《汉书》考订之学，则更体现为利用《汉书》证史考史，其做法已经体现出现代历史学的某些萌芽。其中最为精彩的，要数宋人笔记中的《汉书》考证。

　　学者总结，宋人笔记有典籍与史事评议、文献辨伪与订误、典故与词语释义、用字与语源辨析等若干方面的尝试。②洪迈的《容斋随笔》是这方面的集大成之作，如其《汉书注冗》一篇，批评颜师古《汉书注》的冗繁之处，曰：

> 颜师古注《汉书》，评较诸家之是非，最为精尽，然有失之赘冗及不烦音释者。其始遇字之假借，从而释之。既云"他皆类此"，则自是以降，固不烦申言。然于"循行"

---

① 赵明诚撰，金文明校证：《金石录校证》卷一九，第 326 页。
② 倪小勇：《宋代"文治"背景下的〈汉书〉研究》，西北大学博士学位论文，2014 年，第 94—96 页。

字下，必云"行音下更反"；于"给复"字下，必云"复音方目反"。至如说读曰悦，毲读曰徭，乡读曰向，解读曰懈，与读曰豫，又读曰欤，雍读曰壅，道读曰导，畜读曰蓄，视读曰示，艾读曰义，竟读曰境，饬与勒同，毲与由同，驱与驱同，晻与暗同，娄古屡字，墜古地字，饟古饷字，犇古奔字之类，各以百数。解三代曰夏、商、周，中都官曰京师诸官府，失职者失其常业，其重复亦然。贷曰假也，休曰美也，烈曰业也，称曰副也，靡曰无也，滋曰益也，蕃曰多也，图曰谋也，耗曰减也，卒曰终也，悉曰尽也，给曰足也，寝曰渐也，则曰法也，风曰化也，永曰长也，省曰视也，仍曰频也，疾曰速也，比曰频也，诸字义不深秘，既为之辞，而又数出，至同在一板内再见者，此类繁多，不可胜载。其豁、仇、恢、坐、邽、陕、治、脱、攘、薮、垣、绾、颡、擅、酣、伴、重、禺、俞、选等字，亦用切脚，皆为可省。志中所注，尤为烦芜。《项羽》一传，伯读曰霸，至于四言之。若相国何、相国参、太尉勃、太尉亚夫、丞相平、丞相吉，亦注为萧何、曹参，桓、文、颜、闵必注为齐桓、晋文、颜渊、闵子骞之类，读是书者，要非童蒙小儿，夫岂不晓，何烦于屡注哉？颜自著《叙例》云"至如常用可知，不涉疑昧者，众所共晓，无烦翰墨"，殆是与今书相矛盾也。①

---

① 洪迈：《容斋续笔》卷一二，《容斋随笔》，上海：上海古籍出版社，1978年，第365—366页。

洪迈批评颜师古反复注释一些常用字、常用名称，造成了
不必要的繁冗。他认为有能力读《汉书》者都是具备相当文史
功底之人，不劳如此絮烦。此说颇有见地。他对颜师古的批评
并不只此一处，同书《汉志之误》一篇又云：

> 昔人谓颜师古为班氏忠臣，以其注释纪传，虽有舛误，
> 必委曲为之辨故也。如《五行志》中最多，其最显显者，
> 与《尚书》及《春秋》乖戾为甚。桑穀共生于朝。刘向以
> 为商道既衰，高宗乘敝而起，既获显荣，怠于政事，国将
> 危亡，故桑穀之异见。武丁恐骇，谋于忠贤。颜注曰："桑
> 穀自太戊时生，而此云高宗时，其说与《尚书大传》不同，
> 未详其义，或者伏生差谬。"按《艺文志》自云："桑穀共
> 生，太戊以兴，鸣雉登鼎，武丁为宗。"乃是本书所言，岂
> 不可为明证，而翻以伏生为谬，何也？僖公二十九年，大
> 雨雹。刘向以为信用公子遂，遂专权自恣，僖公不寤，后
> 二年，杀子赤立宣公。又载文公十六年，蛇自泉宫出。刘
> 向以为其后公子遂杀二子而立宣公。此是文公末年事，而
> 刘向既书之，又误以为僖。颜无所辨。隐公三年，日有食
> 之。刘向以为其后郑获鲁隐。注引"狐壤之战，隐公获
> 焉"。此自是隐为公子时事耳，《左传》记之甚明。宣公十
> 五年，王札子杀召伯、毛伯。董仲舒以为成公时。其他如
> 言楚庄始称王，晋灭江之类，颜虽随事敷演，皆云未详其
> 说，终不肯正诋其疵也。《地理志》中沛郡公丘县曰："故
> 滕国，周懿王子叔绣所封。"颜引《左传》"郜、雍、曹、
> 滕，文之昭也"为证，亦云未详其义。真定之肥累，蒉川

之剧，泰山之肥城，皆以为肥子国，而辽西之肥如，又云"肥子奔燕，燕封于此"。魏郡元城县云："魏公子元食邑于此，因而遂氏焉。"常山元氏县云："赵公子元之封邑，故曰元氏。"不应两邑命名相似如此。正文及《志》五引虖池河，皆注云："虖音呼，池音徒河反。"又五伯迭兴，注云："此五伯谓齐威、宋襄、晋文、秦穆、楚庄也。"而《诸侯王表》"五伯扶其弱"注云："谓齐威、宋襄、晋文、秦穆、吴夫差也。"《异姓诸侯王表》"适戍强于五伯"注云："谓昆吾、大彭、豕韦、齐威、晋文也。"均出一书，皆师古注辞，而异同如此。[1]

洪迈此篇更是批评颜师古注的知识性错误。前文提及，唐代因总结魏晋南朝的训诂音义之学而在经史领域出现了几部重要的集大成之作，对于此前的时代而言，唐代的集注起到了整理收束的作用。但是，对于此后的时代而言，学术的进一步出路应该走向何方，也是不得不思考的问题。一方面，洪迈批判颜师古注的知识性错误，仍是延续着注释家的研究范式而做出的讨论，这种情况在宋代也很普遍；另一方面，洪迈大量批评在唐代有很高声望的颜师古注，也表明宋代《汉书》学达到了一个新境界，那便是重视历史在价值判断方面的作用、重视总结史学演化规律，这集中表现为史评和史论。

---

① 洪迈：《容斋三笔》卷一，《容斋随笔》，第 425—427 页。

关于《汉书》的批评意见

中国古代学术发展至宋代，出现了理论反思的高峰。从经学角度看，传统的注疏之学变为义理之学，这种变化造端于唐，而兴盛于宋。经学领域的变化呈现在文学领域则孕育了古文运动，它以六朝隋唐骈俪文体反对者的面貌出现，使宋以后提倡的散文更呈现出活泼与个性的追求。至于史学方面，自刘知幾试图从理论层面思考古代史学的某些共性规律始，宋以后的学者也并没有停止类似的探索，特别是针对《汉书》，他们形成了一些共识。

宋人重"会通"，重视撰写长时段的历史。在这种史学氛围影响下，断汉为史的《汉书》受到了当时一些学者的批评，其中最典型者是郑樵。郑樵的主要成果是《通志》，从题目就能看出，这是一部关于古代制度的贯通性著作。于此书中，郑樵一反前人重《汉书》而轻《史记》的论点，说"不幸班固非其人，遂失会通之旨，司马氏之门户，自此衰矣"，"（班固）谓汉绍尧运，自当继尧。非迁作《史记》，厕于秦项。此则无稽之谈也。……由其断汉为书，是致周秦不相因，古今成间隔"（《通志·总序》）。《汉书》改变了《史记》书写通史的追求，也就强行造成了历史的断裂，郑樵对此很不以为然。进而他肯定了班彪续修《史记》的意义，说："善学司马迁者，莫如班彪，彪续迁书自孝武至于后汉，欲令后人之续己，如己之续迁，既无衍文，又无绝绪，世世相承，如出一手，善乎其继志也。"（《通志·总序》）不过前文已经提及，班彪所作虽名为《史记后传》，但他本人对汉代以前的历史没有丝毫兴趣，在他眼中，司马迁唯一的贡献就是记载了汉初到武帝朝的历史而已。所以郑樵对班彪的肯定，无疑有些隔靴搔痒之感。

宋代的另一位大学者马端临也强调了贯通的史学主张。他的著作《文献通考》是续修《通典》之作，起自唐天宝，终于宋嘉定。同样，马端临也在著作中批评《汉书》："自班孟坚而后，断代为史，无会通因仍之道，读者病之。"（《文献通考·自序》）

郑樵和马端临批评《汉书》不够会通，是否有其道理呢？今日看来，不同的著作各有所长，不可以其短而攻其长。《史记》所长在贯通，《汉书》所长在断代，贯通的好处在于可以将长时段的历史发展面貌呈现出来，断代的优势在于能将一时代的情况书写得更加详细具体。虽然人们总期待能够有一部作品同时网罗诸多优点，但是毕竟人力有限，一本著作只能满足两个优点之一，倘若以不够会通来批评《汉书》，那人们也同样可以用不够精熟来批评《史记》。所以对《汉书》在会通方面的批评，也不过是宋代独特的学术环境下的新产物罢了，在此前的刘知幾那里就看不到类似的批评。会通与否，表面上看是史书涵盖的范畴问题，实质则是追问史学在价值评判上的功能尺度究竟有多宽。如此便提醒了读者，在宋代以降的史学批评理论中，史学不仅仅有记录历史的作用，更重要的是，史学成了褒贬时代精神和人物品性的某种工具，甚至史学本身的价值也在不断地反思相关问题中得以体现。

由于过于强调史学的道德教化功能，宋人对《汉书》的记事也存有不满，其中有些批评近乎苛责。比如王应麟在《困学纪闻》中批评班固不给汉成帝时的逸民成公立传，他举出了一段成公与汉成帝交往的材料："成公者，成帝时自隐姓名，常诵经，不交世利，时人号曰成公。成帝时出游，问之，成公不屈节。上曰：'朕能富贵人，能杀人，子何逆朕哉？'成公曰：'陛下能贵人，臣能不受陛下之官；陛下能富人，臣能不受陛下之禄；陛下能杀人，臣能不犯陛下之法。'上不能折，使郎二人就受《政事》十二篇。"（《困学纪闻》卷一二《考史》）这段材料据学者考证出自西晋皇甫谧的《高士传》，其史源不明，恐怕存在问题。①

叶适在《习学记言序目》中批评《汉书》对刘向、刘歆父子同等记录，称："向孤忠，志在抑绝王氏以存刘氏，而歆乃与王莽共篡刘氏，何同学而异操也？……向幸无此，然亦其父子讲学所不到，而歆遂狼狈不可救，悲哉。"刘歆曾依附王莽，这在宋人看来有违纲常名教。类似这样以善恶褒贬《汉书》的论调在宋代屡见不鲜。当时人如此认识，是因为他们受到历史条件的局限，不能够有洞达古今的眼界和气度，今人倘若仍如此看待班固与《汉书》，则万万不可了。

---

① 范宇煜：《宋元"汉书学"研究》，北京师范大学博士学位论文，2018 年，第164 页。

前文提及，汉代的意识形态经历了从黄老之学向儒学的转化，而西汉的儒学，主要是今文经学。今文经学将汉朝的建立神化，鼓吹"汉家尧后"，一直影响到东汉。这种类似迷信的意识形态，可以为汉朝建立摇旗呐喊，也可以为取汉自代的其他政治势力所利用，两汉之际的各个政权都借助谶纬的力量武装自己，光武帝更是其中老手。不过其中最为纯熟精当者，要数王莽。西汉末年，社会上的知识阶层普遍接受了汉朝的建立乃是得天命的主张，国运既系于天意，自然有得有失，汉可得自于周秦，亦有人可得自于刘汉。所以王莽篡汉，是一次没有经过大量流血的政治运动，也得到了当时知识阶层的广泛支持。换言之，是西汉的儒生按照他们服膺的经学主张亲手终结了西汉。倘若叶适等人也生活在西汉，即便不能与刘歆比肩，恐怕也未必自甘人后。所以说，宋人以善恶褒贬班固及《汉书》，乃是没有看到历史发展事实，而只能停留在义理层面妄下雌黄罢了。

可以与上述批评《汉书》的观点对读的是朱熹的论说。作为理学大师，朱熹对《汉书》几乎没有批评意见，他既赞赏班固的史学才能，又肯定《汉书》的文采，更褒赏《汉书》的立意。如在史学方面，当有人问他要不要读《资治通鉴》时，朱熹说："《通鉴》难看，不如看《史记》《汉书》。《史记》《汉书》事多贯穿，纪里也有，传里也有，表里也有，志里也有，《通鉴》是逐年事，逐年过了，更无讨头处。"① 这样看来，朱

---

① 黎靖德编，王星贤点校：《朱子语类》卷一一，北京：中华书局，2020年，第240页。

熹更偏爱纪传体史书。

朱熹倡导读史书之方法，进而推广到一般读书法，也是以《汉书》为例，他说："人读史书，节目处须要背得，始得。如读《汉书》，高祖辞沛公处，义帝遣沛公入关处，韩信初说汉王处，与史赞《过秦论》之类，皆用背得，方是。若只是略绰看过，心下似有似无，济得甚事！读一件书，须心心念念只在这书上，令彻头彻尾，读教精熟，这说是如何，那说是如何，这说同处是如何，不同处是如何，安有不长进！而今人只办得十日读书，下着头不与闲事，管取便别。莫说十日，只读得一日，便有功验。人若办得十来年读书，世间甚书读不了！今公们自正月至腊月三十日，管取无一日专心致志在书上。又云：'人做事，须是专一。且如张旭学草书，见公孙大娘舞剑器而悟。若不是他专心致志，如何会悟！'"① 在朱熹那里，《汉书》是史学的绝妙典范，更是读书治学的门径。

在朱熹看来，《汉书》不仅是史学的范本，更是文学的佳例。他品评说："尝与后生说：若会将《汉书》及韩、柳文熟读，不到不会做文章。旧见某人作《马政策》云：'观战，奇也；观战胜，又奇也；观骑战胜，又大奇也！'这虽是粗，中间却有好意思。如今时文，一两行便做万千屈曲，若一句题也要立两脚，三句题也要立两脚，这是多少衰气！"② 倘若将这种评价与前文批评《汉书》的评价对读，又别有一番滋味了。

---

① 黎靖德编，王星贤点校：《朱子语类》卷一一，第242—243页。
② 黎靖德编，王星贤点校：《朱子语类》卷一三九，第4058页。

第六章
明清的《汉书》学

　　明代尚《汉书》评点之学。学人多从文理出发，讨论《汉书》所记历史之情状，这也可看作此前重视《汉书》研讨记录史事之学的某种发明。

　　清代尚朴学，对《汉书》的注释考订工作又有新收获。王先谦作《汉书补注》，遂成继颜师古后，又一位集注《汉书》之大家。

明清学风的变化

清代以降的学者对明代学风都持鄙薄批判态度，实因宋明之间的元朝实行一种文化高压政策造成了知识上的断裂。元代正式在全国范围内恢复科举考试是元仁宗（字儿只斤·爱育黎拔力八达，1285—1320）皇庆二年（1313），这个时间距离忽必烈（元世祖，1215—1294）建立国号"元"（1271）已经过了四十几年，距离元朝灭亡（1368）也不过五十几年。在诏书中，元仁宗说："俺如今将律赋省，题诗、小义等都不用，止存留诏诰、章表，专立德行明经科，明经内四书五经，以程子、朱晦庵注解为主，是格物致知，修己治人之学。这般取人呵，国家后头得人材去也。"① 元代科举持续时间短，选拔人才数量也有限②，但其留下的遗产却影响深远，最主要的就是将考试的内容限定在有限的几本书特别是有限的解释之内。这种刻板的思想政策造成了宋明断裂之中的连续，即宋代形成的程朱理学和心学仍旧保持统治地位。值得注意的是，两派学说在诞生之初，

---

① 郭成伟点校：《大元通制条格》卷五《科举》，北京：法律出版社，2000年，第73页。

② 余来明：《元代科举与文学》，武汉：武汉大学出版社，2013年，第1—59页。

很有些新内容。

程朱理学提倡"致知在格物"的方法论，将逻辑引入儒学。格物致知就是即物穷理，意思是在事物上寻找出道理。胡适说这便是归纳的精神，但是没有做出科学的成绩，因为工具器械不足，因为没有科学应用的需要，因为不讲实用也没有纯粹的爱真理的态度。特别是这种方法不重视假设，所以距离科学尚远。[①] 宋儒陆九渊和明儒王阳明提倡的心学，主张"心外无物"。陆九渊就说过"《六经》为我注脚"，王阳明也说过"夫学贵得之心，求之于心而非也，虽其言之出于孔子，不敢以为是也"（《阳明先生年谱》）。作为儒学的新形态，两者都侧重于"尊德性"的本体追求，一定程度上便忽视了"道问学"的取径。虽然心学在这方面表现得更为极端一些，但仍可以说理学和心学是儒学从知识层面的智识主义发展到哲学层面的反智识主义的典型代表。明代的学风由此走向了一种空疏的路径。

明太祖朱元璋（1328—1398）推崇程朱之学。他诏令："一宗朱氏之学，令学者非五经、孔孟之书不读，非濂、洛、关、闽之学不讲。"（《东林列传》卷二《高攀龙传》）永乐皇帝（朱棣，1360—1424）时，更是诏命纂修了《五经大全》《四书大全》《性理大全书》等书作为士子科考的教材。顾炎武批评这几部书说："当日儒臣奉旨修四书五经大全，颁餐钱，给笔札，书成之日，赐金迁秩，所费于国家者不知凡几。将谓此书既成，可以章一代教学之功，启百世儒林之绪，而仅取已成之书抄誊

---

① 胡适：《清代学者的治学方法》，《胡适文集》二，北京：北京大学出版社，2013年，第257—258页。

一过，上欺朝廷，下诳士子，唐宋之时有是事乎？岂非骨鲠之臣已空于建文之代？而制义初行，一时人士尽弃宋元以来所传之实学，上下相蒙，以饕禄利，而莫之问也。呜呼！经学之废，实自此始。"（《日知录》卷一八《四书五经大全》）学者考证这几部书几乎全是抄录元人著作，并无学术价值可言，以至开创了明代抄袭和剽窃的风气。①

既然明代科举考试规定了固定教材和答案，考试内容和形式也就被限制住了，士子不需要过多地苦读与思考，只要按照一定的套路加以准备便能取得不错的成绩。如此，汉唐儒学那种重视知识储备并讲求实效的精神便荡然无存了。

陆九渊提出"宇宙便是吾心，吾心即是宇宙"的观点，已经反对通过阅读扩充知识以增进对世界的认识。明代的陈献章说出"千卷万卷书，全功归在我。吾心内自得，糟粕安用那"（《藤蓑五首·其五》）的豪言，以坟典为绪余，视文献作糟粕。王阳明更是说："徒敝精竭力，从册子上钻研，名物上考索，形迹上比拟，知识愈广而人欲愈滋，才力愈多而天理愈蔽。"（《明儒学案》卷一〇《姚江学案》）他直面前代儒生念兹在兹的艺文经籍为探知天理的障碍，从而将知识和见识对立起来。在心学家那里，习得的经验并不可靠，帮助人们认识世界与人性的根本性力量蕴藏于人自身之中，人需要不断地发觉本身的良知良能，才可以体察宇宙的奥秘。其中的悖论不言而喻：人如果没见识宇宙的奥秘，又谈何发现？人如果从别处了解了宇宙的奥

---

① 杨绪敏：《论明代空疏学风形成和嬗变的原因及影响》，《北方论丛》2006 年第 4 期。

秘，又如何保证这种知识是习得的而非从自身涵育的呢？即便存在这样的悖论，心学也因其主张简便易行，仍旧在社会上大行其道。

官方的压制，学风的散漫，造成明代社会知识阶层主体的堕落。有学者不满于此，更将明朝灭亡与此联系起来，开始提倡一种经世致用之学，其代表人物便是顾炎武。

顾炎武是明末清初的人物，感慨于明朝学风空虚的教训，他提出在学术上要讲究"博学于文"，一反此前的心性学说。他研究的内容包括"国家典制、郡国利病、历史形势、山川险要、民生状况"，并提倡"科学的研究法"，从"文字声音下手"，于是便成了清代考据训诂之学的开山。① 其实在汉唐儒生那里，顾炎武所论本属寻常，因为当时的学术风气重视考据，对于名物辞章之类多有涉及。可是经过宋明的震荡，顾炎武的主张一如新风，打破了理学和心学反知识的倾向，将士人的目光重新扭转回文献，有非常大的积极意义。他的读书札记《日知录》，乃是积三十年读书点滴功力而成，其名本于《论语》中子夏言"日知其所亡，月无忘其所能，可谓好学也已矣"。这样一种学术态度，与静坐养气的明儒迥然不同。自此以降，清人逐渐走上了朴学的路子，举凡文字训诂、版本考订、佚文搜求等文献学的功夫，无不集古之大成，一直影响到近代学术的发展。

清代朴学盛于乾嘉时代，究其原因，固然与此时社会安定而文献繁盛有关，但也与康雍乾三朝大兴文字狱，大量汉族知识分子于创作上颇多避忌，因而醉心于故纸堆中做些饾饤考证

---

① 胡适：《几个反理学的思想家》，《胡适文集》四，第60页。

脱不开关系。学者认为，当时的学术风气，受到权力的毛细管作用影响很大。所谓毛细管作用，是指士人迫于政治高压开始的自我审查。[①] 伴随着学术风气的紧张，学者主动将自身经历投入传统文献的考索，尽量回避触及政治或民族议题。换言之，他们选择用考证功夫展示自己的能力，而非以创作境界表现自己的深思。清代学风虽然以扎实见长，但也不得不说是学者选择自我放逐之后的保守结果，其本质是学术向政治的投降。

清代科举考试沿袭明代传统，以八股文能力作为考校士子知识水平的主要标准，实际上限制了士子的思想。清代乡试、会试分三场，第一场考四书，第二场考五经，第三场考策问，但在具体的科考实践时，因为考试题量大、参考人数多，形成了只重视首场考试的现象。当时有所谓"三场只看一场文，七艺全凭首艺精"的说法。首艺，就是乡试、会试第一场的第一篇四书文。由此，不仅重视历史知识和实务能力的策问不被士子关注，就连五经也不为人所熟悉了。日本汉学家狩野直喜（1868—1947）评述说："清朝除了少数学问大家，一般学者总是着眼于研究四书，特别是《论语》《孟子》，而无暇顾及五经。"[②] 当时甚至有"太史公是何科进士？《史记》是何科朱卷"的笑话；也有某京官借阅《汉书》，觉得此书"不见有一点好处，其中文理荒谬令人费解者甚多"的情形。学者指出，清代科举考试的具体实践是广大士子阅读储备知识的指引，而由于官方的知识规划是"损之又损"、极度简化的，导致了与四书和

---

① 王汎森：《权力的毛细管作用》，北京：北京大学出版社，2015 年。
② 狩野直喜著，周先民译：《清朝的科举制度》，《中国学文薮》，北京：中华书局，2011 年，第 340 页。

八股无关的书籍无人问津的结果。①

　　到了这时候，班固创作《汉书》时受到的高压情景似乎又重现了。研究《汉书》的学者虽然众多，其功力不能不谓深厚，见解不可不谓深刻，但是其工作仍旧延续汉唐注释家的路子，难有新的突破。虽然有大量的研究成果面世，有独特见解者却少之又少，不知是《汉书》研究的幸事抑或不幸。

---

① 以上清代科举考试对时人知识结构的形塑过程，参考曹南屏：《阅读变迁与知识转型——晚清科举考试用书研究》，北京：社会科学文献出版社，2018 年，第 28—64 页。

明代的《汉书》评点之学

明代学者承宋人议论《汉书》汉史之风，热衷于评点《汉书》，即评说书中人物事件再加上己意，成果有茅坤的《汉书钞》、凌稚隆的《汉书评林》等。其中凌著汇集东汉至明代一百七十多家评论《汉书》的资料，引书达一百三十种之多，被学者称为《汉书》评论的集大成之作。① 王世贞评价凌稚隆功力时，提及宋明学风云："攻其辞或出所疑信，或出所是非，揄扬之未已，从而雌黄之，此宋士之所创而明士之所长也；取事属辞以发其意，而求备一家言，此宋士之所长而明士之所传也。"② 凌稚隆所作也难以摆脱这一风气的影响。

《汉书评林》在天头刊刻诸家意见，附从于正文。如对《汉书·高帝纪》载章邯攻破项梁，凌稚隆评曰：

> 当陈胜遣数十万师入函谷关，非邯率骊山之徒击之则

---

① 许殿才：《〈汉书〉研究的回顾》，《史学史研究》1991年第2期。明代评点《汉书》著作名称，又可参考袁法周：《乾嘉时期的〈汉书〉研究》，北京师范大学博士学位论文，2007年，第16页。
② 王世贞：《汉书评林·序》，吴兴凌氏明万历刻本，哈佛大学汉和图书馆藏，第5页。

长驱直捣咸阳，秦亡旦暮间矣。所以能支撑两岁，犹克陈
胜，降李良，焚魏咎，困张耳，杀项梁者，皆邯力也。此
其将略岂蒙恬下哉！惜其助桀为□，不免身名俱灭耳。[①]

又如对同卷"先入定关中者王之"的怀王之约，凌稚隆评
曰："'先入定关中者王之'一句，楚汉所以两相烧杀而天下率
归于汉者，根本于此。"上述评述还有很多，读起来都是没有什
么特别见解的一家之言。看凌稚隆引用的前人成果也多是此类，
比如对订立怀王之约前楚国大臣比较刘、项优劣，凌稚隆引吕
祖谦之言说："看楚怀王诸将言，便合知楚汉得失。"又引苏辙
之言："沛公乃方入关而项羽已至河北与章邯相持，邯虽欲还兵
救秦艺（亦）不得矣。怀王之遣沛公固当，然非那项羽持于河
北，沛公亦不能成功。故曰此天命非人谋也。"这两段论述都是
对时势的评述，并看不出特别高明的历史见地。

《汉书评林》将精力都放在评述时势上，并不能如同此前的
《汉书》学者对《汉书》字句、史例做出讨论，所以在表志的
部分，凌稚隆几乎没有留下评语。

虽然《汉书》学发展到唐代已经达到巅峰，但并不是说过
去那种训诂式的研究不可能再取得成绩了，进一步说，宋以降
的《汉书》学，本应该在继承训诂式研究的严谨扎实学风基础
上，寻找训诂注释之外的新的学术园地。然而，宋明时代的评
点议论之学，却使《汉书》研究处于进退维谷的状态。明代学
者胡应麟在他的《少室山房笔丛》中这样品评《史记》《汉书》

---

① 凌稚隆：《汉书评林》卷一，吴兴凌氏明万历刻本，第10页。

两书在明代以前的研究情况：

> 班、马之书，晋、隋以前习其义者不啻百家，而于词
> 忽焉；唐、宋以后习其词者亦且百家，而于义疏焉。故
> 《史》《汉》之学胜于六代之前，而其文贵于六代之后，盖
> 至明而极矣。①

研究《史记》《汉书》的风气经历了由史学而文学的转向，其终结在明代。即令胡应麟本人讨论历史，似亦不能摆脱明人评说之气，如他在《史书占毕》中提道："百战百胜而得天下者，唐太宗也，而项籍以胜而失之；百战百败而得天下者，汉高祖也，而昭烈以败而失之。固人也，亦天也。"② 类似的评论对于体察历史有所帮助，但是从史学的角度来说价值不是很大。

可以说，这一时段的《汉书》研究不仅没有新的突破，甚至陷入了停滞或者倒退的局面。清代学者有惩于此，重新回归《汉书》考订之学，带来了古典《汉书》学最后的余晖。

---

① 胡应麟：《少室山房笔丛》卷一三《史书占毕一》，上海：上海书店出版社，2009 年，第 131 页。

② 胡应麟：《少室山房笔丛》卷一四《史书占毕二》，第 144 页。

三大考史家的《汉书》考订之学

承袭明末清初实证主义学风，并受康雍乾三朝压力的影响，清代乾嘉时期出现了一批考证经史的大师，形成了一系列《汉书》研究的专书与学术笔记。诸如杭世骏（1696—1773）的《汉书蒙拾》、钱大昭（1744—1813）的《汉书辨疑》、沈钦韩（1775—1832）的《汉书疏证》等，均为佳作。[①] 王鸣盛、钱大昕、赵翼贯通地考证传统正史形成的学术笔记，是清代乾嘉考据学风在史学领域的最高代表。本书之前的论述中，三位学者的意见不断出现，因为他们通过细致的阅读研究，对《汉书》文本和史学价值做了精当的考订，不仅修正了汉唐注释家和文本流传中出现的众多错误，甚至对班固本人记载的谬误也有所指正。正如梁启超概括时人的考订工作包括四个方面：其一，校勘前史文句之讹舛；其二，订正其所载事实之矛盾错误；其三，补其阙疑；其四，整齐其事实使有条理易省览。[②] 这些方面于三人著作中多有体现。

---

① 诸书情况，参考袁法周：《乾嘉时期的〈汉书〉研究》，北京师范大学博士学位论文，2007年，第35—41页。
② 梁启超：《中国近三百年学术史》，天津：天津古籍出版社，2003年，第305页。

一、王鸣盛

王鸣盛的学术著作鸿富，他自称于经有《尚书后案》，于史有《十七史商榷》，于子有《蛾术编》，于集有诗文①，确实是乾嘉时代首屈一指的学者。他在史学领域里最主要的著作《十七史商榷》，整理者以为其贡献在"于校勘文本、补正讹脱外，最详于职官舆地、典章制度"（《十七史商榷·整理弁言》）。

商榷《汉书》之初，王鸣盛首列"汉书叙例"条目，讨论《汉书》注释。他说：

> 今人家《汉书》多常熟毛氏汲古阁刻本，字密行多，篇帙缩减，诚简便可喜，予亦用之，但前明南监板有颜师古《叙例》，此削去不存，则来历不明。凡读书最切要者，目录之学，目录明方可读书，不明终是乱读。据《叙例》，注《汉书》者，师古以前凡五种：一服虔，二应劭，三晋灼，四臣瓒，五蔡谟。师古据此五种，折衷而润色之……②

此下王鸣盛叙述颜师古注释《汉书》之义，此条后他又罗列"许慎注《汉书》""刘之遴所校《汉书》""监板用刘之同本"数条，出发点均为《汉书》版本，其中一些内容，本书前文已有涉及。《汉书》注释乃唐以前《汉书》研究的最主要方

① 沈枺德跋《蛾术编》引王鸣盛语，王鸣盛著，顾美华标校：《蛾术编》，上海：上海书店出版社，2012年，第35—36页。
② 王鸣盛撰，黄曙辉点校：《十七史商榷》卷七《汉书一》，上海：上海古籍出版社，2016年，第68—69页。

面，至明代汲古阁刻本竟删去颜师古注《叙例》，足见明人对学术的态度。王鸣盛重提颜师古注的意义，由此讨论《汉书》的不同版本，正是回归到严谨的文献考证的工作。这种努力，有着相当强烈的示范意义。

王鸣盛的《汉书》研究大体包括三个方面，即是正文字、考校史事、明晰典章制度。

是正文字方面如卷八"田肯"条。其文曰："田肯，《史记》同，而《索隐》曰：'《汉书》及《汉纪》作宵。'案郭忠恕《佩觿》曰：'《汉书》田肯，肯本作肎。'故误为宵耳。"这段材料中，王鸣盛分别引用《史记》《史记索隐》和五代时郭忠恕的字书《佩觿》考证"田肯"还是"田宵"，颇见其严谨的态度。本书前述魏晋南北朝的《汉书》研究时，提到了梁元帝萧绎也曾经问有"汉圣"之称的刘臻"田宵"为何作"田肯"一事，则此争议看来一直持续至清代。

又如卷二四"爽"条，举《汉书·贾谊传》中"下数被其殃，上数爽其忧"，引清代学者沈彤的意见说"爽，甚也。谓下疑上则必反，而上必甚其忧也"，故而解说为"爽有猛烈意，是甚之义"。王鸣盛于此训释字义，疏通文意。

不仅单就《汉书》本文做讨论，王鸣盛还比较了《史记》《汉书》两书的差异。如卷二八"《史记》多俗字《汉书》多古字"条列举毛氏汲古阁《汉书》与《史记》的差异：《史记》之《武帝本纪》《封禅书》中有"张羽旗，设供具"，《汉书·郊祀志》中"供"作"共"；《史记》之《齐悼惠王世家》中有"舍人伺之"、《灌夫传》中有"令门下候伺"，《汉书》中"伺"作"司"；《史记·留侯世家》中有"良为他人言皆不省"，《汉书》中"他"作"它"。凡此均表明《汉书》存古字。

考校史事方面如卷八"左司马得"，颜师古以为此"得"是左司马之"名"，王鸣盛则以为《史记》此处"得"字下尚有"泗川守壮"四字，则"得"是动词，而非人名。类似的小考证仍有数例，足可以帮助理解《汉书》文句。

明晰典章制度方面有卷二三"二府三府四府五府"条。王鸣盛首先举《刘向传》中的"二府奏佞谄不当在位"，引如淳注以"二府"为丞相和御史大夫的省称，然后罗列大量汉代例证，结论为："汉时二府权重，有大事必下二府治之。"此说今日已经成为治秦汉史者的共识，因西汉皇权为有限皇权，实则为皇帝丞相共治，御史大夫作为皇帝的秘书，起到上传下达的中枢作用，如此丞相与御史大夫成为西汉初最主要的政府官员，他们背后的丞相府和御史大夫府是当时最为庞大的政府部门，负担着汉朝日常行政的运作。

至于"三府"则多见于《后汉书》，王鸣盛解释为太尉、司徒、司空府。此说源自西汉末废丞相和御史大夫，改立三公，三公名号至东汉稳定为上述三称。《后汉书》中又有"四府"一说，王鸣盛举《后汉书注》补"大将军"一职。同书又有所谓"五府"，则王鸣盛又补充上"太傅"一职。不仅如此，此条还讨论了《晋书·职官志》所见"开府仪同三司"、《新唐书·百官志》中"三司"与汉代"三司"之区别。仅从此条笔记而论，王鸣盛在通读史书的基础上举证说明己见，这种搜集材料论证观点的做法，已经具备了现代历史学的某些雏形。

值得一提的是，王鸣盛于考史处亦品评明人的《汉书》学。如在卷八"高祖得天下不改元"条，他批评道："吴兴凌稚隆

《汉书评林》所采明人议论少佳者，如许氏应元谓高祖既得天下，正帝号而不改元，于礼为缺。"这种观点针对的历史情况是刘邦称帝以后仍然沿用汉中王年号（前206—前202），并未重新改元。刘邦建立汉帝国的公元前202年，在当时的纪年中表述为"汉五年"。明人批评这种做法不合礼制，王鸣盛反驳说周武王即位后也不曾改元，刘邦所行乃是古制。

学者注疏也难免一时技痒，有发议论之处。如在卷二五"杨恽"条，王鸣盛写道："敞以给事霍光幕府，为光所厚爱，致位宰相，而敞之子恽即以告霍氏反封侯，亦可谓倾危之士矣。"这里是评价杨敞、杨恽父子的政治选择与操守，与历史和史学并无关系，却延续了宋明以降文人笔记的传统。

前引数例，确实能看到王鸣盛扭转明人空疏学风的努力，也足见王鸣盛于史学领域多所发明。不过王鸣盛破有余而立不足，比如他在"田肯"一条并未利用其他《汉书》版本予以考证，而是利用其他学者的研究为佐证；在"高祖得天下不改元"一条，仅用周武王古制来回应明人，无法举出更多例证，也不能从礼制的角度回应明人的质疑。如此便涉及学问的一条通识性的关键问题：质疑者可以从任何角度出发，无需列举坚实的证据；但是反驳者需要从逻辑和例证两方面予以回应，任何一方的不充分都不能让人产生完美之感。所以王鸣盛的工作虽然精彩，但未臻至善，在这方面就不得不提及钱大昕的成绩了。

二、钱大昕

钱大昕的《汉书》考异工作虽然基本面向与王鸣盛接近，但是由于钱大昕本人惊人的学术能力，故其见解之高明与论断之准确，远在王鸣盛之上，更可谓乾嘉诸人之翘楚。

与王鸣盛以专题条目讨论史书不同，钱大昕是按照传记排列顺序逐句阅读，有感则发。如第一条便是《汉书·高帝纪》中的"羽自立为西楚霸王，王梁、楚地九郡"，钱大昕谓此九郡究竟指何处，注家罕能详之。单从这一句话就能看出钱大昕的学术见识，王鸣盛的工作还每每复述前人所说，其工作更像是在清代重新认识古人的高明，而钱大昕则多是发前人所未发，于前人已见不明处重新明之。换言之，王鸣盛力在破，而钱大昕重在立。就此条而论，钱大昕先将梁、楚之地中分封于其他诸侯的郡国排除，而后从秦朝设立的郡国中得到泗水、砀、薛、会稽四郡应为项羽所据。至于另外五郡从何而得，钱大昕解说为当时分置郡名。因高帝六年（201）裂项羽故地分封吴王、楚王，提到东阳郡、郭郡、吴郡、砀郡、薛郡、郯郡，则可知数郡亦在项羽所占九郡之中，于是可证"九郡"为泗水、东阳、东海（即郯）、砀、薛、郭、吴、会稽、东郡诸郡。此考证短小精悍，所论恰当，具有典型的钱氏风格。钱大昕于天文地理诸学无所不通，此处不过是牛刀小试而已。

譬如在《地理志》的部分，班固于济南郡下记录了朝阳侯国，钱大昕举《续汉书志》载此处为"东朝阳"，理由是南阳郡下亦有朝阳县，这里是为避复重而作。又如东海郡下有海曲，钱大昕以为应作"海西"，理由是《续汉书志》载广陵郡下有海西县，故属东海郡。他又举《宋书·州郡志》载临淮郡下有海西县，述曰"前汉属东海，后汉、晋属广陵"以为佐证，并举《三国志·蜀志·糜竺传》载先主转军广陵海西之例。对一个地名的考证，钱大昕分别用了三条材料，其一是东汉历史情况，其二是南朝人追述历史情况，其三则是实际历史事件。三条材料性质各不相同，极大地增加了论证的力度。这种对史料来源和性质的敏感，使得钱大昕不同于传统的笔记作者，而具备了现代史学研究的某些特质。

钱大昕不仅讨论了《汉书》中的制度史事等，亦关注史例。如《夏侯婴传》称"婴本夏侯氏，而标目称'滕'，不称'夏侯'。《石奋传》标题不云'石'，而云'万石'"，其理由则是"皆因史公元文，然于例终未画一"。《史记》于夏侯婴之传记作《樊郦滕灌列传》，《汉书》则作《樊郦滕灌傅靳周传》；《史记》于石奋传作《万石张叔列传》，《汉书》则作《万石卫直周张传》。两相比较，《汉书》的确仍袭《史记》之旧，但是《史记》于列传标目颇为随意，有称人名号，如夏侯婴、石奋两例；有称人封号，如《淮阴侯列传》《魏其武安列传》；有称将军号，如《李将军列传》《卫将军骠骑列传》；更多的是称人名字，如《吕不韦列传》《李斯列传》之类。但是《汉书》传记标目基本上都是称人的名字或姓氏，只此两例称人名号，显得并不整齐，可见钱大昕所言甚是。

又如《惠帝纪》"元年冬十二月赵隐王如意薨"条，钱大昕发现"班史本纪之例，诸侯王薨，书名不书谥"的条例，又特别于"二年，郃阳侯仲薨"下注明"列侯薨，纪皆不书，独《惠帝纪》书薨者二人"，二人分别是郃阳侯刘仲和舞阳侯樊哙，前者是刘邦之兄，钱大昕以为书其薨是特尊其属；至于后者为何书薨，钱大昕并未给出解释，只以为樊哙未必党于吕氏。此总结义例之工作难免有反例出现，未可以此否定钱氏之学术水准。

在《汉书考异》的末尾，钱大昕专门作了一篇《侯国考》，将《汉书》中出现的一百九十四个侯国对应到郡下面，标注出始封者的姓名，补充《地理志》失注者二十五人。此项工作可以视作专门的史学论文。文末他又总结说"侯国例不属诸侯王，故王子而侯者，必别属汉郡"，这便提出了西汉分封诸侯的一般性规律，即"王国境内无侯国"，分封诸侯必于汉直属郡中。此例之发见意义得到当代历史地理学者的高度肯定。①

三、赵翼

赵翼的学问与王、钱二人比较更别具一格：如果说王、钱二人的研究重在历史考据方面，赵翼的工作则更多体现在史学考索方面。《廿二史札记》开篇便讨论"司马迁作史年岁"和"班固作史年岁"，这是两篇小的史学考证札记。此后乃是"各史例目异同"，讨论的是纪传体史书的体例如何经由不同史家的加工而各起作用。体例乃是关乎史书能否包举一代大事的要目，更于其中体现史家见识，所以从体例入手，既可以见历史情状，也可以看史学水准。赵翼此论，就史学眼光看，乃是极有水平的发见，其立意远追《史通》之《六家》《二体》各篇。不过其中略有小误，比如于列传标目处载"《后汉书》于列传，《儒林》《循吏》《酷吏》外，又增《宦者》《文苑》《独行》《方术》《逸民》《列女》等传……《晋书》改《循吏》为《良吏》，《方术》为《艺术》，不过稍易其名，又增《孝友》《忠义》二传……《宋书》但改《佞幸》为《恩倖》……《梁书》改《孝义》为《孝行》，又增《止足》一款……《后魏书》改《孝行》为《孝感》，《忠义》为《节义》，《隐逸》为《逸士》，《宦者》为《阉宦》……"因《梁书》《晋书》成书于唐代，晚于《宋

---

① 马孟龙：《西汉侯国地理》，上海：上海古籍出版社，2013年，第6—7页。

书》，所以赵翼以为的各史标目变化并非按历史顺序罗列之变，应叙述为：《宋书》改《循吏》为《良吏》，《宋书》设《孝义》，《魏书》分为《孝感》《节义》，《晋书》分为《孝友》《忠义》。[①]

由于是从史学角度出发考察《汉书》的优缺点，所以赵翼往往不拘泥于史书的某一个字或某一句话，而是从整体上把握其特点。如卷二中的"《汉书》移置《史记》文""《汉书》多载有用之文""《汉书》增传""《汉书》增事迹"等条目，让人一目了然《汉书》与《史记》的不同处。宋人郑樵褒《史记》而贬《汉书》，以为《汉书》多袭取《史记》，创见者少。赵翼书中上述条目，足可以涤荡郑樵所论。

赵翼站在史学的高度总结历史规律，往往发现前人所未见的观点，如卷二"汉初布衣将相之局"总结伴随刘邦起义诸位将相的出身，除张良是贵公子外，其他诸人不过郡县吏，更有屠狗贩缯之辈。赵翼感慨"一时人才皆出其中，致身将相，前此所未有也"，于是他评价秦汉时代"为天地一大变局"。若世人只看到布衣将相的局面，容易流于赞叹富贵之难得，成为一种励志的品评，如此便失之轻浮。赵翼不然，他对比先秦历史，认为秦汉以前立国乃是封建诸侯，采用世卿世禄制度，父子相继，官守世代相传。战国时代征伐不断，有在下位者游说而取卿相，便开后世布衣将相之局。这种变化实际上是社会性质变化而导致的社会结构变化。

前人能看到这种变化，但论述角度不同，所以结论亦略有差异。如司马光的《资治通鉴》于三家分晋处形容天子以降直至士庶人的统御模式是"贵以临贱，贱以承贵。上之使下，犹

---

① 陈垣：《陈垣史源学杂文》，北京：人民出版社，1980 年，第 14—16 页。

心腹之运手足，根本之制支叶；下之事上，犹手足之卫心腹，支叶之庇本根。然后能上下相保，而国家治安"。实际上他描述的周代的分封制是一种身份制度，保证国家安定的基本条件乃是维持身份高低贵贱的差异。所以司马光接着说"天子之职莫大于礼也"，礼乐制度，就是维持身份差异的基本保证。当周天子将原本是晋侯卿士的韩、赵、魏三君分封为诸侯的时候，表明周天子已经放弃了由血统而分封的基本礼制，开始承认凭借军事实力也可以获得诸侯之位，即在事实上打破了身份等级这道不可逾越的鸿沟。司马光虽然已经触及社会变化的实质，却停留在维护正统的角度为此叹息痛恨，而没有揭露它。与之相比，赵翼更加冷静，他肯定这种变局不可阻挡，即便到了汉初仍有诸侯王存在，七国之乱以后其力量已不足与朝廷抗衡，其实质则是封建制被中央集权的郡县制取代。于是赵翼总结道："三代世侯、世卿之遗法始荡然净尽，而成后世征辟、选举、科目、杂流之天下矣。"不能不说这是非常高明深刻的论断。

类似的历史、史学见解在赵翼书中俯拾皆是，如"汉初诸侯王自置官属""武帝年号系元狩以后追建""汉诏多惧词""汉时以经义断事""贤良方正茂材直言多举现任官"，等等。每一条目都是精当的总结性认识。陈垣评价说："在乾嘉诸老中，不过笔记一条，扩而充之，则为今人一论文矣。譬诸炼奶，一匙可冲水一大碗也。"[1] 这一论断用来形容赵翼最为恰当。与其说他尚执着于旧日的学术考证，不如说赵翼于乾嘉学者中，已经展示出新的史学研究的倾向。

---

[1] 陈智超编注：《陈垣来往书信集》，上海：上海古籍出版社，1990年，第686页。

《汉书》表、志之学

　　纪传体史书编撰之难，以表、志为最。二十四史中，多数史书无表，少数有志，前者以时间为纲目，罗列一代之细事，后者以古今做标尺，叙述制度之沿革。非有大筹谋、大眼界和大学问者，不能做表、志。《汉书》有八表，涵盖汉代的诸侯、功臣、外戚、公卿以及古今人物；又有十志，包含天文、地理、刑法、食货、沟洫、艺文。两者相合，既可以看作汉代的历史记载，又可以视作以汉代为坐标，观览从先秦迄于当时的历史的基本制度史材料。

　　不过正因为表、志之学艰难，作者撰述不易，历代传写有失，正史往往难保齐备此二体。特别是表，难免出现"经纬相牵，或连或断""阡陌可循，而行幅易乱""前后失次，上下乖方，昭穆参差，年月舛迕"之谬（《校汉书八表·序》）。清代学者夏燮希望校正《汉书》各表之谬误，故作《校汉书八表》。读此书可知夏燮并非单纯做了考订工作，还指示了表例，即其一般读法，以成为后人用功之门径。

　　比如《异姓诸侯王表》中，夏燮校曰："按此及汉凡十三国皆以是年正月始封，故表皆从汉例书一月也，以后二月但书

'二'字，三月但书'三'字，皆以始封之月起数，此与《史记》月表之例同。"而后他又指明《史记》表不如《汉书》表之处为："惟《史表》书始封分王事为横行，篇幅所窘，歧入二月下，传写者遂以二月为始封之一月，三月书二，四月书三，与此表相差一月，而以纪传证之，则《史表》之误经班氏改正者也。"班固改正《史记》之误，自是班固修订表例的高明之处。借助纪传以考证表的正误，乃是夏燮于此书序言中提到的"莫如以纪传志校表"，即运用本校法研究《汉书》之一例。

表之难读便在体例难明。此后在《异姓诸侯王表》的"代王歇始故赵王二十七""胶东王田市始故齐王二十"等下，夏燮又校曰："以上皆旧封今徙之诸王，故其月分俱以旧封之月起数。如《表》中所云'二十七'月者，言歇始立为赵王至此已二十七月，下皆仿此，惟歇始立在秦二世二年正月，其年有后九月，推至汉高元年正月，实止二十六月。"此处看起来是考证，实乃解释体例，其功劳甚大。钱大昭的《汉书辨疑》于此处说"歇以二世二年正月立为赵王，至项羽改封歇为代王，凡二十七月也。胶东之二十，辽东之三十一，魏之十九，韩之二十二，并仿此"，乃是同义。夏燮说显系从钱说而来且后出转精。遍览二十四史，其中有注释者除前四史外，唯有新旧《五代史》；而这些注释中，仅以《旧五代史》较多地注明体例，因此书系邵晋涵辑佚而成，若不注明史料出处及体例设定，读者便不能清楚其中关节。换言之，汉唐至清代的注释，多数都是教人识字的，很少教人如何读书以及如何读懂书中的体例。夏燮等人的工作，是踏实的教人读书的工作。

《汉书》中的《古今人表》自成书以来特别为人诟病，理由是班固将古代人物分成上上至下下的九等，名为"古今"，其中却无一汉代人物，既与表目不合，亦与《汉书》断代史的体例不符。班固自坏其例，又看不出此表在人物品评褒贬之外有什么特别高明的地方，所以学者对此表多不以为然。但是倘若换一个角度看，我们既可以将此表视作班固保留《史记》通史意识的某些体现，又可以凭借此表熟悉汉以前的人物。即便是刻意强调汉代与众不同的班彪、班固父子，也无法回避古今之间的联系吧。夏燮于此表中详细考订每个名字的世系或经历，所依据的史料便是《史记》。通过这种方式，夏燮将《史记》与《汉书》之间的联系勾陈出来，用事实证明尽管班彪、班固对《史记》收录汉以前历史表示不满，但他们也保留了《史记》的记载。

在《校汉书八表·古今人表》中有"上上老子"，夏燮于此说："按原表一等上上至孔子止，今复增老子于一等者，此唐开元以后窜改之本，而自宋刻以后未有能纠正以还班氏之原第者。"他认为，老子应列于第四等，所据史料为表序中张晏之注："老子玄默，仲尼所师，虽不在圣，要为大贤……而在第四。"准此，老子应为第四等人物，不应列于"上上"。钱曾《读书敏求记》称唐玄宗开元二十三年（735）诏令将老子传记升为《史记》列传之首，宋刻《史记》中便有如此形貌者。夏燮又由此推测，老子升入《古今人表》的第一等，很可能也是开元之后的举措，为此他更相信曹魏时人张晏的说法。如此，夏燮得出结论："以见班氏之评论古今固有定见，未可轻訾也。"夏燮先后利用版本和注释的知识，考证了老子于此表中的实际位置，更进一步讨论了班固的史法。虽然班固的史学见识或可见仁见智，但立足于实证主义态度基础上的意见，值得今人尊重。

根据《二十五史补编》收录的《校汉书八表》书末夏燮之孙夏诚梈跋，此书乃光绪庚寅（1890）夏，由夏诚梈刊刻公布。刊刻此书缘起，则为光绪元年（1875），夏燮临终前对孙子将此书传于世的嘱托。夏诚梈言十余年来浮沉吏事，未能尽早完成祖父遗愿，故而终于在庚寅年刊刻完毕。这当然是惠及学林的一件好事，尤其对于《汉书》学的研究来说，是足见功力的一次推动。

除夏燮之外，另有万斯同的《汉将相大臣年表》、梁玉绳的《汉书人表考》、蔡云的《人表考校补续校补》、翟云升的《校正古今人表》等等，也都是补正《汉书》表的成果。

清代学者对《汉书》的《地理志》和《艺文志》用功甚勤，形成了很多专书。

《地理志》方面有全祖望的《汉书地理志稽疑》、钱坫的《新斠注地理志》（徐松集释）、吴卓信的《汉书地理志补注》、王绍兰的《汉书地理志校注》、洪颐煊的《汉志水道疏证》、汪远孙的《汉书地理志校本》、汪士铎的《汉志释地略》《汉志志疑》、陈澧的《汉书地理志水道图说》、杨守敬的《汉书地理志补校》、吴承志《汉书地理志水道图说补正》等专书。[①] 这些著作或考订汉代郡国设置及疆域，或疏通水道走向及变革，或订正《地理志》中的文字，均取得了相当的成果。

《艺文志》方面有姚振宗的《汉书艺文志拾补》《汉书艺文

---

① 收入二十五史刊行委员会编：《二十五史补编》第一册，上海：开明书店，1937 年。

志条理》、孙德谦的《汉书艺文志举例》、刘光蕡的《前汉书艺文志注》等书。[1] 其中比较重要的著作是姚振宗的《汉书艺文志拾补》，此书继承清代辑佚工作的传统，参考其他史籍，从中搜罗检讨，补充不见于《汉书·艺文志》的汉代文献。自《汉书·艺文志》以降的正史目录，素来有着辨章学术、考镜源流的作用。但是不同的目录效果不同，比如有的目录仅能罗列书名，故而除了提示某一时代藏书现状外，并不能给出学术发展流变方面的线索。姚振宗所作《拾补》在补充书目的基础上，更略作考辨，提示了某些进一步研讨的理路。此外还有孙德谦的《汉书举例》一书，虽然完成于 1917 年，但是其研究方法仍基于旧式的目录学轨道，对《汉书·艺文志》的研究也有所推动。

---

① 收入二十五史刊行委员会编：《二十五史补编》第二册。

王先谦的《汉书补注》

乾嘉诸儒考证《汉书》之作，还可见于殿本《汉书》之考证。所谓殿本，指的是乾隆时期武英殿刊刻二十一史，因为是宫廷刻板，所以质量上乘，成为有影响力的一个本子。这本《汉书》每卷末附有考证，出自齐召南之手。他说"古人撰述既博，不无失检，纪、表、志、传或彼此乖违，郡国官名或后先错出"（《汉书补注·官本跋尾》），于是对这些问题都一一予以辨正考核。这一工作，与前述诸家的《汉书》研究类似，瞩目于衍文、脱字、离句、辨音等处。乾嘉时期《汉书》相关成果已如此鸿富，道咸以降，又出现了囊括诸家观点、总结《汉书》注释的集大成著作，这便是王先谦的《汉书补注》。

王先谦是湖南长沙人，曾中同治乙丑科（1865）进士，后于1889年归乡教授。他的学术成果甚多，在史学领域除了《汉书补注》外，还有《后汉书集解》等书传世，可以说他是清人中于两汉史料用功最勤的学者了。

王先谦在《汉书补注序例》中说："先谦自通籍以来，即究心班书，博求其义，荟最编摩，积有年岁，都为一集，命曰《汉书补注》。藏之箧笥，时有改订。忽忽六旬，炳烛余明，恐

不能更有精进，忘其固陋，举付梓人。"叙述了他多年来耕耘于
《汉书》的经过。有学者认为文中的"通籍"是指他于同治四
年（1865）得授进士①，"通籍"一词泛指读书以来。如果此说
不误，王先谦恐在《汉书》上耗费了整整一生的精力。

此书共计一百二十四卷，仿颜师古注，"选取前人 47 家研
究成果，又吸取郭嵩焘（1818—1891）等 20 位参订人士的研究
成果和参订意见，自己予以评判、补充、改正，前人有未及之
处下以己意"。直接引用他人见解，作"某某曰"；转引他人之
说，作"某某云"。② 这四十七家前人研究，上起宋代的宋祁，
下至同时代人，并以清代学者考证为主，基本涵盖了颜师古之
后的主要《汉书》注释成果。

虽然是汇集诸家注释，但王先谦本人对于《汉书》文句同
样予以解释；遇诸家意见不同或难通之处，王先谦本人亦疏通
文义，给出己见，学者评价他的工作为"义训、声训、解释名
物制度"③。

如《韩王信传》："上赐信书责让之曰：'专死不勇，专生
不任，寇攻马邑，君王力不足以坚守乎？安危存亡之地，此二
者朕所以责于君王。'"颜师古注为："言虽处危亡之地，执忠履
信，可以安存，责其有二心。"

此事的背景是韩王信向刘邦自请都马邑，近边塞，备匈奴，

---

① 张海峰：《王先谦〈汉书补注〉研究》，山东大学博士学位论文，2011 年，第
  18 页。
② 张海峰：《王先谦〈汉书补注〉研究》，山东大学博士学位论文，2011 年，第
  23、24 页。
③ 张海峰：《王先谦〈汉书补注〉研究》，山东大学博士学位论文，2011 年，第
  126 页。

刘邦许之。而当匈奴入侵大围马邑时，韩王信却数次遣使向匈奴求和，刘邦因此怀疑其有二心，故做责备语。颜师古注本于《汉书》正文为之解释，大体不错。但是韩王信本处于边境线上，且夕有性命之虞，此时还告诫他"执忠履信"，无乃太过迂腐。刘邦马上征伐，何必劝人忠信，只设身处地为告诫韩王信计，劝其尽力而为，不逃死不轻生而已。王先谦不满意颜师古的解释，另解为："言处安危存亡之地，专死、专生二者，皆非朕所望。责其竭智勇以御敌，不可轻生，亦不宜惜死也。颜注微隔。"此说便近于情理。

至于文字训诂方面，王先谦较多地保留了颜师古和他人注的成果。比如《汉书》卷六八《霍光金日磾传》有"中孺扶服叩头"，师古注曰"服音蒲北反"，王先谦补注曰"扶服，即匍匐"。很明显，王先谦只是为颜师古做出补充说明，将"扶服"两字直接读作"匍匐"而已。又如后文"（霍）光为奉常都尉光禄大夫"，先谦补注引钱大昭曰"'常'当作'车'"，先谦曰"官本作'车'"。这也体现出了"补"的意义。略微熟悉汉代官制情况的便知汉代没有"奉常都尉"，只有"奉车都尉"，"常""车"二字因形近而讹。王先谦没有止于此，虽然"官本"不过是清代的本子，从版本上说并无力度，但是"官本"据以挖改刻定的意见仍值得参考。类似的情况颇多，这也是王先谦补注《汉书》的方面之一。

名物制度方面可见如下例。《汉书》卷六七《杨胡朱梅云传》有"胡建……孝武天汉中，守军正丞"，师古注曰"南北军各有正，正又置丞，而建未得真官，兼守之"。这是将"军正""军正丞"和"守"的含义依次解释了一下。王先谦补注如下：

> 刘敞曰："南北军各有正，正又置丞，而建未得真官，
> 兼守之。建之所守，军正之丞耳，未尝兼守正也，故建奏
> 云'丞于用法疑'，若兼守正，何疑之有？自是其时无
> 正耳。"
>
> 齐召南曰："案后文御史穿北军垒垣，则建守北军正
> 丞也。"
>
> 何焯曰："以军正之丞，故系正言之，犹上卷言庐江太
> 守丞。"①

此处补注，王先谦只是汇合前人意见，并不给出自己的意
见，理由应该是前人讨论颇为充分，意思相仿，则他表示赞同
并无须提示己见而已。实则胡建所守者为"军正丞"一职，自
师古处已经说明，刘敞以降各种说法，无疑是颜师古的重复而
已。齐召南只是由下文推测胡建守北军正丞，也谈不上多高明
的见解。

以上的补注虽然成绩很突出，但是其弊端也同样明显。王
先谦兼采众家之说时一味地追求博览，因而收录很多重复且并
无学术价值的意见。正如演奏乐曲时单纯增加同一种乐器只能
放大音量，唯有区分器乐类型才能组合成交响乐一样，学术工
作也不应是同类同质史料的反复引用，而应该是异类异质史料

---

① 班固撰，王先谦补注，上海师范大学古籍整理研究所整理：《汉书补注》第九
册，上海：上海古籍出版社，2008年，第4585页。

的互相佐证。王先谦的工作中，版本的参校可以算作不同性质的史料意见，但这类的证明多据官本，也难以说有太大的版本意义，充其量还是清人意见的某种翻版。

集注式注释的价值体现在两处，其一是所集之注数量全，其二是集注之人的意见特有学术价值。比较看来，训诂学意义上的《汉书》集注自颜师古时，已经基本上可以告一段落了。宋以降的《汉书》注释，虽不能说泥沙俱下，但若想从中举出特见精神者，也无异于披沙拣金。王先谦所引各家注释，其功劳在于"全"，而其缺点也在于"全"。借此一书在手，读者可对古今《汉书》注释大貌有一概览，这是《汉书补注》"全"之所在。可又由于太过全面，读者会空耗许多时光在一些一般性意见上，无法得到专门的见解。因失之于"精"，王先谦本人的研究也并未能超迈前人太远，从这个角度看，《汉书补注》在很大程度上无法与《廿二史考异》相比。

如果从学术发展进程的角度观察，王先谦的学术工作体现了一种处于转折年代的特色。王先谦是一只脚迈入中国近代历史大门的人物，他生活的时代距离乾嘉已经遥远，距离颜师古则更为绵邈，距离近代新史学范式的传入和确立的时代反而很近，但是他的学术思维和研究方式却仍停留在古代。他并没有利用掌握的大量《汉书》注释做出历史学研究，也未曾给文献的考订之学指出一条新路。眼光的局限与变革意识的缺失，反映出其学术态度的保守和学术勇气的匮乏。可以说，王先谦并不是开创学术新范式的人物，亦非具有卓越学术眼光的大师。他的《汉书补注》可以作为旧式学问的风车，于新时代的风气吹来之际，凭吊传统，缅怀过去。

第七章
近代的《汉书》学

近代以后，《汉书》学的发展处于近乎停滞的状态。

此前《汉书》研究重识字、重史事、重评论，近代以后，学术风气整体转化，《汉书》不再如古代一样备受重视了。如果从史学史的角度观察，这代表了学术发展进入了一个新阶段。

中国近代的社会变化

历史的车轮滚滚向前，除了少数几个意欲凿破铁窗的先行者铿锵作响之外，更多身处其中之人却未必有足够的体察，唯有伴随时代的波涛浅斟低唱，留下片段的和声。观察中国历史的角度不同，因之对时代的分期方式也不同。但无论是哪一种分期方式，都会关注到中国近代发生了千百年未有之大变局，由此大变局而成大时代。当此之时，中国社会的方方面面都呈现出了前所未有的新变化和新境地。

从哪个时间点来划分中国古代和近代呢？稍具历史常识的人往往会脱口而出"鸦片战争"。的确，1840 年英国发动的这场侵华战争，将中国推入世界历史的范畴内。不过换一种角度思考，历史的发展往往是缓慢的、流动的，标志性的事件只能作为一个时间段内的代表，却不能说在此事件之前或之后，历史发生了截然不同的变化。

中国的近代化在鸦片战争之前已经缓慢地开始了，但是鸦片战争之后，这一过程加速了。这不仅体现为中国更深度地参与到世界范围内的经济政治活动中，而且也表现为中国社会发生了深刻的变化，非但各个阶层的社会地位出现了松动，更剧烈的震荡也发生在思想领域之中。

自地理大发现以后，欧洲、美洲和非洲早就开始了深层次的接触和交往。欧洲殖民者在美洲和非洲建立了殖民地，掠夺原材料，倾销商品和货物。对于远在东方的中国，欧洲也并没有停止觊觎。早在十六七世纪，葡萄牙人、西班牙人、荷兰人先后进入澳门、福建沿海，甚至一度侵占了台湾。与此同时，相当多的传教士进入明代的宫廷，融入士大夫群体，他们带来了先进的科学和地理知识，让一些传统士人意识到世界的广大。类似的活动在清初遭遇挫折。清朝开国之初，因为郑成功割据台湾，所以清廷厉行海禁，命令"片板不许下海，界外不许闲行"，一定程度上切断了海外贸易和对外的文化交流。直到康熙二十四年（1685）清廷统一台湾之后，海禁方才解除。康熙皇帝（玄烨，1654—1722）对西方近代科学非常着迷，所以对来华传教士报以开放的心态。他更允许与西方各国进行贸易，设立粤、闽、浙、江四海关。这时，中国对外开放的大门虽说并非完全敞开，却也不甚封闭。

不过乾隆皇帝（弘历，1711—1799）对外国的心态就没有他祖父那么包容了。乾隆五十七年（1792），英国使节马嘎尔尼访华，试图建立起中英两国间的正式商贸关系。乾隆皇帝将其视作下邦朝贡，要求对自己行三跪九叩之大礼。这次外交接触以双方的不欢而散收场。人们总愿意试想，倘若乾隆皇帝能以平等的方式对待英国，中英之间的关系能否呈现出另一种面貌，而中国的近代历史能否就此改写呢？人们也常说历史不容假设，并非不可以设想历史的另一种走向，其背后的真实原因是，造成一种历史结果的条件往往不止一个，改变其中一项，未必会促成全局的变化。乾隆皇帝表现出来的自大，是贯穿整个清帝国的天朝体面和天朝体制的折射。近代化的标志之一，就是这种天朝体制逐渐瓦解，中国融入现代国际关系、贸易体系并建立现代国家治理模式。

鸦片战争之后，中国社会的近代化进程依旧缓慢。举个简单的例子，根据1844年签订的中美望厦条约，中国和美国将在十二年后重新修约；同时，1843年的中英虎门条约又规定，英国享有其他各国同等的外交利益，如此，英国也获得了十二年修约的权利。虎门条约是南京条约的"附粘"条约，所以这十二年的期限要从南京条约算起，至1854年到期。享有最惠国待遇的美、法两国，也要求同年修约。据此情形，茅海建指出："按照国际法，中英虎门条约所规定的最惠国待遇，只是针对英人，并不包括政府，更何况修约不应在最惠国待遇之内。对于这些理由，英方缄口不言，清方毫不知晓。"① 当时负责接洽英国使节的两广总督叶名琛和统治者咸丰皇帝（奕詝，1831—1861）根本不清楚修约是怎么一回事，叶名琛又在皇帝面前大包大揽，皇帝也乐得让叶名琛全权处理。就这样，英国借口"亚罗号"船上中国水手在广州江面被捕事件，出兵进攻广州，第二次鸦片战争爆发了。在强大的军事压力面前，清廷不得已于咸丰八年（1858）与英、美、俄、法等国签订了天津条约，其中对中国侵犯最为酷烈的莫过于修改海关税则、赔款、片面最惠国待遇和领事裁判权等项，但最让咸丰皇帝不能接受的却

---

① 茅海建：《苦命天子——咸丰皇帝奕詝》，上海：上海人民出版社，1995年，第157、158页。

是外国公使驻京。这是因为，清朝仍旧抱持着"天朝上国"的理念，将世界上的外国视作四夷。既然是夷人，驻扎在国都与天子为邻，而且还可以面见皇帝，亲递国书，岂非有失天朝体面？换言之，距鸦片战争爆发已经快二十年，而咸丰皇帝心心念念的天朝体面和天朝体制，仍远远谈不上松动，更别说瓦解了。

不过，在这种看似凝固胶着的社会中，毕竟有些新的气象和变化，用现代学者陈旭麓的概括，便是"新陈代谢"。① 什么是"新陈代谢"？有学者总结其最大特点或最重要的意义在于"解释倒退，说明反动"，既看到了中国近代社会不可避免的倒退与反动，也看到了长久发展中的进步。② 在与西方的接触中，中国社会也开始逐步地变革，经济领域发生了学习西方技术和管理模式的洋务运动，政治领域出现了专理外交事务的总理衙门，所有这些变革又都催动了对新式人才的需要。那些懂外语，知外事礼节，了解西方政治体制、商务规则、科学技术的人才，成为办理洋务最为稀缺的资源。于是在文化教育领域，清廷又开始选派留学生或兴办新式学堂，培养专业人员。

虽然清廷拥有了具备新技术和新思想的专业人才，但管理和使用他们的体制还没有建立起来。马克思说："过时的东西总是力图在新生的形式中得到恢复和巩固。"③ 清人孙宝瑄注意到

---

① 陈旭麓：《近代中国社会的新陈代谢》，上海：上海人民出版社，1992 年。
② 茅海建：《思想比生命更长久》，《历史的叙述方式》，上海：上海三联书店，2019 年，第 281 页。
③ 《马克思致弗里德里希·波尔特，1871 年 11 月 23 日》，中共中央马克思恩格斯列宁斯大林著作编译局：《马克思恩格斯选集》第 4 卷，北京：人民出版社，2012 年，496 页。

的"号之曰新，斯有旧矣。新实非新，旧亦非旧"①，正是清末的实照。所以新的学历只能向旧的官僚选任制度看齐，诸人仍需兼有本官，另以差遣从事。陈旭麓说："新事物开始时并没有独自的性格，常常是寄托于旧的躯体里，有的艰难地生长，有的变成畸形。"② 官制上的新旧冲突最挑动时人的神经，其本质则是社会阶层的矛盾。传统的官僚制度建立在旧式的士农工商四民分立的社会基础上，人的身份一旦确定，所属的社会阶层便也确定不变，想要突破其间藩篱的最主要途径便是科举考试。科举所学所试之内容乃是儒家治国平天下的思想，其中内容非但与近代化颇多扞格，所倡导并维护的天朝与四夷、上智与下愚之类轨则，更与新的国内国际形势格格不入。经由科举考试培养出来的人才，除少数具备接轨近代化的视野，多数人的思维还停留在古代。于是在一些地方实权督抚的建议下，清廷于1905 年废除了科举考试。此举是顺应近代化要求的当然之法，但是造成了巨大的社会震荡。传统的四民分业被改变，首当其冲的就是知识阶层即读书人群体。学而优不再能仕，做官不成，学习洋务亦不及，他们面临在社会中寻找位置的危机。反之，原来处于边缘的某些群体如军人、商人，逐渐在社会中占据核心位置。社会重心的变化造成了深远的影响。③

---

① 孙宝瑄：《忘山庐日记》，上海：上海古籍出版社，1983 年，第80 页。
② 陈旭麓：《浮想录》，上海：复旦大学出版社，2008 年，第37—38 页。
③ 以上参考罗志田：《近代中国社会权势的转移：知识分子的边缘化与边缘知识分子的兴起》，《权势转移：近代中国的思想与社会》，北京：北京师范大学出版社，2014 年，第109—153 页。

近代史学的兴起

　　社会的变化孕育着思想的变化，思想的变化同样催动着社会的变化。从早期林则徐组织翻译的《四洲志》到魏源的《海国图志》、徐继畬的《瀛寰志略》，国人对世界的地理格局和历史大势有了初步的认识；19 世纪末 20 世纪初，严复翻译了《天演论》、《原富》（《国富论》）、《群学肄言》（《社会学研究》）、《群己权界论》（《论自由》）、《法意》（《论法的精神》）等著作，标志着国人对西方的学习已经从了解历史地理、掌握科学技术进展到了社会政治领域。时人迫切期待打破禁锢在思想上的枷锁，改变传统的政治体制，使中国跻身近代国家的行列。

　　伴随着思想领域的新风吹拂，史学领域也出现新的主张。1901 年梁启超发表了《中国史叙论》一文，次年又发表了《新史学》一文，文中他猛烈地批判中国传统史学，认为过去的史学关注的主角是帝王将相，与社会之进化关系不大，有四种弊病："一曰知有朝廷而不知有国家""二曰知有个体而不知有群体""三曰知有陈迹而不知有今务""四曰知有事实而不知有理想"，故而在写作上只能铺叙而不能别裁，只能因袭而不能创作。故而他倡导以进化的观点，将目光聚焦于全体国民，重写中国历史。

在梁启超之前，中国并非没有史学。漫长的修史传统，完备的史官制度，学者的史学意识，以史学为镜鉴的批判精神，在中国屡见不鲜。但是这些工作，或者以记载历史的史书形式出现，或者以学术笔记或札记展示，很少以某一特定问题为切入，通过对比史料，形成严整的逻辑论证链条加以佐证，并导出结论。中国传统的史学是以记载的修史为主流，而非以研究的论述为要旨。造成这种局面的一个主要原因，在于中国传统史学的目的是论证政权更迭的正统性而非叙述社会群体变化的整体性。正因为传统史学附着的王朝政治有连续性，所以史学也呈现出相当顽固的连续性。"朝廷"和"国家"以及"个体"与"群体"之间的矛盾，其实质是古代社会与近代社会体制的差异。传统国家只能孕育旧史学，现代国家才能建立新史学。所以只有传统史学依附的社会基础被打破，传统史学才能向近代史学过渡。梁启超指示的新史学方向，其核心要义是变化，而传统王朝统治理念的根基则是稳定，倘若没有经历近代社会的巨大震荡，如果没有西方学术的引进和发扬，假使梁启超本人不曾参与到政治革新的运动中来，新的史学意识的萌生与出现，恐怕仍需时日。

具有近代意义史学观念的出现亦需要思想环境的具备，这个变化便是经学的衰微。前文提及，清代特重考据学，因之出现了一大批兼具现代科学精神的学者。考据的对象主要是经学文献，考据的目的呢，又是阐发圣贤之道，故即便手段方法已经比宋明诸儒高明许多，成效亦大，而其研究的路径仍旧与现代学术南辕北辙。考据盛行是经学一家独大的体现，经学独大又使学者的精力较少延及其他领域，所以沈兼士（1887—1947）说有清一代学术"拿经来统制一切学问，是利，也就是弊""清代学术是以朴学始，以朴学终"。① 在这种环境里，声誉利禄伴随经学水准而来，学者"舍史学而趋于经学之一途"，以至于只有宦成休退之时，才能致力于史学。史学乃是"文儒老病销愁送日之具"，受经学限制并没有多少空间。② 即便是那些以史学考据闻名的大家，亦是先在经学考证领域里成名。③ 康有为是以总结说："史学大半在证经，亦经学也。"④ 不过在太平天国运动以后，以湖湘为中心的经世之学兴起了，又值西学传入中国，纯粹考据的经学衰落了。⑤

　　尽管梁启超提倡了新史学，但是史学的变化与其他思想领域的变化一样，是渐进出现的。真正在史学领域里能出现中国学者自己摸索出的适合中国史学的理论范式，要等到顾颉刚提出疑古学说，那已经是20世纪20年代以后的事情了。不过既然新学术的号角已经吹响，笼罩在传统学术上的迷雾也便渐次廓清了。

　　罗志田认为民国史学有两种取向：其一是追步德国兰克史

① 沈兼士：《近三十年来中国史学之趋势》，《沈兼士学术论文集》，北京：中华书局，1986年，第372页。
② 陈寅恪：《陈垣〈元西域人华化考〉序》，《金明馆丛稿二编》，北京：生活·读书·新知三联书店，2015年第3版，第269—271页。
③ 罗志田：《清季民初经学的边缘化与史学的走向中心》，《汉学研究》（台北）第15卷第2期，1997年。
④ 康有为：《桂学答问》，《康有为学术著作选》，北京：中华书局，1988年，第49页。沈兼士也说"终清之世，其学不出乎两部《经解》"。沈兼士：《近三十年来中国史学之趋势》，《沈兼士学术论文集》，北京：中华书局，1986年，第372页。
⑤ 罗志田：《清季民初经学的边缘化与史学的走向中心》，《汉学研究》（台北）第15卷第2期，1997年。

学，向往科学而重新发现乾嘉考据的科学性，导致一种以"怀疑"为表征、以"史料"为依归的新型考据史学；其二是受西方影响的学人，复受道咸以降"新宋学"的影响，产生出一种集两者共同注重之"义理"与"通识"取向，进而发展出以"同情"为表征的另一种新考据史学。① 后者所谓"同情"针对的乃是前者的"怀疑"，而"怀疑"的学说便是顾颉刚提出的"层累地造成中国古史"观。

1923 年 5 月，顾颉刚在《读书杂志》上发表《与钱玄同先生论古史书》，申论说"时代愈后，传说的古史期愈长"；"时代愈后，传说中的中心人物愈放愈大"；"即不能知道某一件事的真确的状况，但可以知道某一件事在传说中的最早的状况"。同年 6 月，他又在《读书杂志》第 11 期发表《答刘胡两先生书》，提出打破四个传统观念，即"打破民族出于一元的观念""打破地域向来一统的观念""打破古史人化的观念"和"打破古代为黄金世界的观念"。此后经过不断完善与实践，在与其他学者的讨论和修订中，"层累地造成古史观"亦即"层累说"形成了。学者认为"'层累说'既是一种历史观，又是一种史学研究方法"，"重新估定传统经学的价值，开创新的古史研究方法，成为 20 世纪中国古史学的主要研究范式"。②

此前的学者并非没有怀疑的观点。对顾颉刚影响深远的崔述和康有为都怀疑古代文献的真伪，但是他们的侧重仍在经学

① 罗志田：《清季民初经学的边缘化与史学的走向中心》，《汉学研究》（台北）第 15 卷第 2 期，1997 年。
② 黄海烈：《顾颉刚"层累说"与 20 世纪中国古史学》，北京：中华书局，2016 年，第 1 页。

方面。所以顾颉刚批评他们"只是儒者的辨古史，不是史家的辨古史"①；"他们的治学，究竟不能脱离旧观念，既要昌明孔学，又要通经致用"②。顾颉刚与前人不同之处在于他摆脱了经学的包袱，而以史学的眼光将此前的经典视作材料，将圣人看作凡徒。换言之，前人并非没有怀疑的观念和能力，只是没有怀疑的胆识。而当顾颉刚开始用平等的态度、科学的方法对待前人奉为圣贤的人物、传说、文献和古史时，一切都不同了。学者评说顾颉刚的贡献是使传统史学的视野、方法及目标发生全景式的转换，资料与资料之间有全新的关系③；当转变完成时，即使处理与以前一样的同一堆经学材料，但通过给其以新的历史演化的结构，也可使其处于新的相互关系的系统中④。用顾颉刚自己的话说便是："治学的方法是不要信守而要研究的了，骤然把眼光放开，只觉得新材料的繁多乱目，向来不成为问题的一时都起了问题了。"⑤ 正因为如此，虽然有梁启超倡导新史学于前，但是真正对中国史学发生革命性影响的，非顾颉刚莫属。

顾颉刚疑古学说出现以后，学术界无论是支持还是反对，都无法回避其巨大影响。学者意识到，历史学研究的目的不能停留在"证经"的层面，所利用的材料也不能局限在经部、史

---

① 顾颉刚：《与钱玄同先生论古史书》，《古史辨》第一册，上海：上海古籍出版社，1982 年，第 59 页。
② 顾颉刚：《中国上古史研究讲义·自序二》，北京：中华书局，1988 年，第 12—13 页。
③ 王汎森：《古史辨运动的兴起——一个思想史的分析》，台北：允晨文化实业股份有限公司，1987 年，第 295—296 页。
④ 黄海烈：《顾颉刚"层累说"与 20 世纪中国古史学》，第 89 页。
⑤ 顾颉刚：《古史辨》第一册《自序》，第 84 页。

部文献，而必须对古人那种传统的、古典的文献研究做一种改变，纯粹为着了解真实的过去而广泛地搜求材料，以求得可靠的见解。1928 年傅斯年在《历史语言研究所工作之旨趣》中说："我们不是读书的人，我们只是上穷碧落下黄泉，动手动脚找东西。"① 如此夺人眼球的宣言，摆明了近代历史学家不同于古人的离经叛道的态度。同年，史语所开始在安阳殷墟主持科学的考古发掘，至 1937 年全面抗战爆发，一共进行了十五次。这是中国人自己科学考古的发端，更是国家组织、支持考古学研究的开始。地下古物的科学研究更摆脱了金石学的癖好，为着学术目的做出研究。考古与文献配合的二重证据法，更扩充了近代史学的眼界，并加强了论证的可靠性。从此，传统的史学研究越来越式微了。②

---

① 傅斯年：《历史语言研究所工作之旨趣》，《中央研究院历史语言研究所集刊》第一本第一分，1928 年。
② 沈兼士总结，民国以后史学的发展有三个主要的推动因素：其一是 1922 年北大设立研究所国学门，首先创考古学研究室；其二是该所于 1923 年五月成立风俗调查会，于是考古学和民俗学共纵横经纬，合起来成为一种新的史学；其三是该所成立清内阁大库档案整理会，为史学研究提供了材料。沈兼士：《近三十年来中国史学之趋势》，《沈兼士学术论文集》，第 373 页。

古典《汉书》学的余韵

　　《汉书》成书以后，历代都重视《汉书》胜过《史记》，而自近代以后，学者的研究更加注重《史记》。有学者统计，1900—1990 年间"司马迁与《史记》"研究专著有 102 种，"班固与《汉书》"研究专著不过 33 种。[①] 有学者认为，"《史记》在思想性、开创性、文学性方面远胜于《汉书》"是造成《史记》研究数量多于《汉书》研究的主因。[②] 这种观点只看到表象而不及实质。《史记》的确在思想性、开创性、文学性方面胜于《汉书》，但是为何到近代以后人们才意识到这一点呢？所以其实应该注意的是，重视发掘"思想性、开创性、文学性"是近代以后才出现的意识。当人们瞩目史书的思想性、开创性和文学性时，说明学术的风气已经转变。前文已经论及《汉书》学最为兴盛的曹魏以后直至隋唐时代，人们将《汉书》视作法效前朝典制的范本、施政治国的教材、识字明理的途径，它既是一本史书，又是一本经典。所以研修《汉书》并非仅有史学

---

① 张传玺主编：《战国秦汉史论著索引续编》，北京：北京大学出版社，1992 年，第 787—793 页。

② 周洪才：《历代〈汉书〉研究述略》，《齐鲁学刊》1987 年第 3 期。

方面的收获，获得的满足感甚至是政治的、伦理的。

梁启超评述："迁、固两体之区别，在历史观念上尤有绝大之意义焉：《史记》以社会全体为史的中枢，故不失为国民的历史；《汉书》以下，则以帝室为史的中枢，自是历史乃变为帝王家谱矣……"① 对于正史究竟能不能被看作帝王将相家谱可以再商榷，不过梁启超的说法，很能代表近代以来历史学家的认识。《汉书》无论宗旨还是实践都有很强烈的光大汉朝的意味，如此明确的政治企图使其不全为一部历史书。古典的或传统的《汉书》学侧重疏通《汉书》文句、辩证音义、考订史事、发表议论，其目的不光是为了读懂《汉书》，亦希望在某种程度上向《汉书》的宗旨或主张靠拢。这种研究模式在近代以来仍旧存在，不过参与人数与著作数量整体都不及清以前，其原因正在于历史学已经从经学和政治中脱离出来，追寻自己的问题意识了。

传统的或者古典的《汉书》学的近代延续主要体现在《汉书·艺文志》的研究领域。目录学是文献学的分支，虽然新的历史学研究范式已然出现，不过对于文献学来说，研治目录的方法并没有太大变化。《汉书·艺文志》是正史目录书志之祖，近代学者仍以传统的方法增订新见散佚的汉代书目，如顾实的《汉书艺文志讲疏》和叶长青的《汉书艺文志问答》便是这方面的代表作。

此外，还有关注《汉书》的书法义例、探究作者史学意图的作品，以刘咸炘的《汉书知意》最为著名。此书是札记体，

---

① 梁启超：《中国历史研究法》，石家庄：河北教育出版社，2000年，第25—26页。

虽仅四卷，但评述颇为精要。前人评述《史记》《汉书》差异，往往从班、马二人学养角度出发，但刘咸炘能从两书通史断代的体例角度出发，所得见解更高一筹。比如他于《叙传》处说："首引典谟，明本朝臣子述本朝事之源及扬功德之意，断代之义始立。书法有所尊主，而正伪之辨、内外之别由此生，非复通史等观之见矣。"特别值得一提的是，后人评断史书，都以善恶褒贬为准绳。但实际上，司马迁设立纪传一体，本为叙述天道与人事之间的联系，并无是非的成见，也不想品评古今人物。前人不明此处，故多替太史公发言。刘咸炘于《郦陆朱刘叔孙列传》处说，"史家立传，以明一时事风，或以事连，或以品同，本无定格，本不以立传与否为褒贬，尤不以同传与否为褒贬"，这种坦然诚恳的看法，最接近司马迁设立传记的初衷。

学者指出刘咸炘以章学诚私淑弟子自居，所以仿效章氏，以校雠作为读书治学的基础，特别重视《汉书·艺文志》，并在《续校雠通义》中设《汉志余义》讨论《汉志》的分类义例。[1]如此看来，刘咸炘考究班氏的史意史法，也颇与新史学神似。

与刘咸炘研究方式接近者另有李景星的《汉书评议》，此书是氏著《四史评议》中的一部，撰述目的是提示《汉书》之佳处。李景星读书时经常听人说《汉书》"甚佳"，可究竟"佳"在何处，却又不能听人一一明言[2]，所以中年以后他励志苦读《汉书》，以纪传各篇参证互读，又与《史记》比较，得出读《汉书》之门径。他评述前贤研究《汉书》，包括"三刘之刊

---

① 杨倩如：《汉书学史》（现当代卷），北京：人民出版社，2018年，第179页。
② 李景星：《四史评议》，长沙：岳麓书社，1986年，第127—128页。

误，朱氏之辨正，刘氏之异同，吕氏之精华，以及许茗山氏、王槐野氏、胡可泉氏、王遵岩氏、凌藻泉氏、茅鹿门氏、徐天目氏、卢志庵氏之评抄等类，无不各抒所见，以资证明"①。上述诸人所作多系评述《汉书》优劣的著作，故《汉书评议》乃以评为主，评中附带考证。如评议《武帝纪》时李景星开篇写道："武帝一生，得失参半，如劝学兴礼，黜百家，表六经，求贤才，行夏时，是其得处；好仙嗜利，重敛繁刑，侈宫室，事甲兵，是其失处，而转关之处全在末年之悔。班氏觑定此意，以叙《武纪》，故落落写来，全体俱见，比《史记》未成之《武纪》，自尔不同。"② 李景星关注到汉武帝一生的政治转折在于"末年之悔"，这便是熟读史书而能从文献进入历史的大见识。田余庆先生评价汉武帝晚年的政策转向，也将注目点置于轮台"哀痛之诏"，将西汉中期由武功转向文治的历史过程勾勒了出来。③ 李景星虽没有今日史学家的功力，但其见识毕竟不凡。

倘若从李景星的论述深入下去，更可以看到古典《汉书》学和近现代历史学研究思路的不同。李景星研讨《汉书》的工作目的在于读出其中妙处，让人能够发现不曾关注的历史关节，这一点已经具备近现代历史学研究的初级形态。历史学的研究目的之一，也是为了发现不曾为前人所重之处。然而，近现代历史学并不是单纯为了提示人读出妙处与趣味，其更关键处在

① 李景星：《四史评议》，第127页。
② 李景星：《四史评议》，第138页。
③ 田余庆：《论轮台诏》，《秦汉魏晋史探微》（重订本），北京：中华书局，2004年，第30—62页。

于追问历史走向的必然性或偶然性是什么，这项工作，绝非用"飘定此意""落落写来"之类的文学性语言便能表达的。仅就汉武帝晚年罢轮台戍卒一事而论，田余庆最关注的是轮台诏颁布的时机，他论述道：

转变政策既然早已有必要又有可能，汉武帝对此也有所认识，为什么他要迟到征和末年自己临死前，才在轮台诏中确认这种转变呢？关于这一问题，我们从史籍中找不到现成的答案，只能从事态发展中探寻迹象，进行分析。我认为，造成这种情况的一个原因是，汉武帝对开边之事心里无数，不知道该在什么地方适可而止；另一个原因是，汉武帝与卫太子的矛盾制约着转变政策这件事情的整个过程。可以说，汉武帝在完成积极事业的过程中，该止步的时候没有止步。他师心自用，侥幸求逞，使自己走向相反方向，因而延误了政策转变的时间。只是到了最后时刻，他才下决心颁布轮台"哀痛之诏"，力图挽回将颓的局势。失之东隅，收之桑榆，汉武帝的目的应当说基本达到了。班固所做"仁圣之所悔"的评论，对汉武帝来说大体上是合适的。①

很明显，田余庆与李景星所问问题并不是同一层面上的，前者追问的是历史转向的深层次动因，后者却仍停留在历史现象变化的层面。即便是在材料处理方面，两人的见解也有差异。

① 田余庆：《论轮台诏》，《秦汉魏晋史探微》（重订本），第34页。

譬如在评议《武帝纪》时李景星称："赞语极为称扬，末后数语乃曰：'如武帝之雄才大略，不改文、景之恭俭，以济斯民，虽《诗》《书》所称，何有加焉！'措辞含蓄，使通纪之意隐隐俱出，乃又其立言得体处也。"① 这种论说停留在予以武帝肯定的立场。倘若评述历史及历史人物，仅仅是为了给予是或否、赞扬或贬义的评价，那便不能够揭示出历史发展的客观性和历史人物的主动性，也无法看清历史发展的某些规律性趋势和偶然因素的影响。

田余庆则对比了《史记》《汉书》，以及唐司马贞《史记索隐·述赞》，宋刘攽、司马光《资治通鉴·汉纪》，宋朱熹《朱子语类》等文献中对此事的叙述和评价。他认为《汉书》将汉武帝政策转化前后的巫蛊之祸与轮台之诏等事散入不同纪传，实际上是忽视了汉武帝改弦易辙的重大历史问题。特别是"如武帝之雄材大略"以降诸文字，是生活在中兴之世、深受儒家思想影响的班固对武帝的极力颂扬，其指责又含糊其辞。② 仅仅这一见识，就已经超出李景星一味颂扬班固和武帝许多了。即便是对司马光和朱熹两位极有史学眼光的大学者，田余庆也指出："司马光论汉武帝，着眼于汉武帝个人的思想认识；朱熹直谓汉武帝轮台之悔是由于他'天资高'。他们分析历史问题，深度只能至此为止。今天看来，汉武帝以'亡秦之迹'为诫，终于在最后一两年中实现转变，还有其客观原因，有其历史条件。"③ 田余庆不仅使用的史料远远比李景星丰富，其见识更在

① 李景星：《四史评议》，第138页。
② 田余庆：《论轮台诏》，《秦汉魏晋史探微》（重订本），第56页。
③ 田余庆：《论轮台诏》，《秦汉魏晋史探微》（重订本），第59页。

李景星之上。而所谓"客观原因"和"历史条件",实际上是揭示出了历史的复杂性,它既包括关键历史人物的左右,也包括历史环境的配合,古人所谓"天时地利人和",便是上述要素的另一种解说。如果回到田余庆对汉武帝政策转向的历史评价上来,更能看到历史学家和古代读书人见解的不同:

> 论轮台诏的前因后果,涉及的历史人物颇多,他们在纷纭政局中起着各自的作用,表现了历史的复杂性。但是真正左右局势的并不是他们,而是汉武帝自己。历史动向向我们昭示,汉武帝作为早期的专制皇帝,实际上是在探索统治经验,既要尽可能地发展秦始皇创建的专制主义中央集权的统一国家,又要力图不蹈亡秦覆辙。在西汉国家大发展之后继之以轮台罪己之诏,表明汉武帝的探索获得了相当的成功。①

虽然以读书札记的形式评述《汉书》的著作已经逐渐丧失了生命力,不过还是要肯定其中蕴含着的历史思考确实会对后来的历史学家起到帮助。近现代历史学的发展,也是得益于相关的积累。

除此之外,还需注意到,训释文字、疏通文义的《汉书》学的传统一直延续到1949年以后,虽然时间已经进入现代,其学术旨趣却依旧延续了古典《汉书》学的脉络,故于此一并予以讨论。

---

① 　田余庆:《论轮台诏》,《秦汉魏晋史探微》(重订本),第55页。

著名语言和文字学家杨树达一生涉猎广博，著述颇丰，余嘉锡评价他："君之读书，先致力乎根柢，循序渐进，不陵节而施：其于《说文》讽籀极熟，于群经讲贯极精，然后上溯钟鼎甲骨之文以识其字，旁通诸子百家之书以证其义，穷源竟委，枝叶扶疏，著书至十万余言，诵班孟坚书不复持本，终卷不失一字，古所谓汉圣者无以远过。由是考览范陈以下诸史及汉魏人文字金石刻辞，辄怡然以解，又为之说数万言。"① 如此看来，杨树达乃是经史子集无所不通之大学者，而他特别擅长《汉书》竟至成诵，与南朝人物无异。他自称对于《汉书》之喜爱源自父亲，所谓："家大人喜读史，少时侍坐，窃见治司马氏《通鉴》，日有定程。余兄弟幼承训诲，故亦皆好史籍，而余尤嗜班书。每读一篇，三复不忍释手。"② 除了家学渊源，杨树达还受到乡贤王先谦的影响。他在《汉书窥管·自序》中说："清代朴学云兴，鸿生钜儒多肆力此书，及其末造，同邑先辈王葵园先生从事采辑，为之《补注》，奥义益明，《地理》一志尤为卓绝。自是读《汉书》者人手一编，非无故也。"③ 此说出于1924年3月14日的《汉书补注补正·自序》，其时杨树达说："同邑先辈王葵园先生著《汉书补注》，荟萃成说，卓有剪裁，《地理》一志尤为卓绝，信可谓美矣。"特别是1913年，他曾与同学一同访问避地长沙东乡凉塘的王先谦，目睹了其身居斗室之中、满堆故纸之前，年逾七十而著述不辍的葵园好学之风，"至

① 余嘉锡：《积微居小学金石论丛序》，杨树达：《积微居小学金石论丛》，北京：科学出版社，1955年，第9页。
② 杨树达：《汉书补注补正·自序》，《积微居小学金石论丛》，第260页。
③ 杨树达：《汉书窥管·自序》，上海：上海古籍出版社，1984年，第1页。

今追忆，每怀悚敬"。① 在前辈风标激励下，杨树达也开始了他的《汉书》研究。

杨树达的《汉书》研究有两个力图超越的对象，其一是清代大知识分子王念孙，其二则是他奉为学术标杆的王先谦。与前者争胜的意图特别明显，对后者的批评也隐隐存在。

杨树达试图用自己在小学方面的造诣超过王念孙的《读书杂志》。他在《汉书窥管·自序》中说："大抵清儒治此书者推高邮王氏为最富，亦最精，然已不免疵颣。"② 此后罗列王念孙注释《汉书》数处错误，如《汉书·金日磾传》有"赏为奉车，建驸马都尉"，王念孙于"奉车"二字下增"都尉"，杨树达以为大谬，所谓"不知班氏因下有都尉二字省略也"。杨树达又举《儒林传》"上于是出龚等补吏，龚为弘农，歆河内，凤九江太守"，《王莽传》"又置六经祭酒各一人……琅琊左咸为讲《春秋》、颍川满昌为讲《诗》、长安国由为讲《易》、平阳唐昌为讲《书》、沛郡陈咸为讲《礼》、崔发为讲《乐》祭酒"两例，说明《汉书》往往省略官制而于最后一人处注明，所以王念孙于"奉车"二字下增补"都尉"，"不惟不能心知其意，亦暗于全书通例矣"。③ 此类微小失误，并不能据以全然否定王念孙的学术水准，且王氏的特长在文字训诂，于史例偶有小错，终究无伤大雅。杨树达的批评不很客气，倒也能看出他以王念孙作为假想敌而建立自己学术业绩的雄心。

提到王先谦时，杨树达也略加批评。他说王先谦的《汉书

---

① 杨树达：《汉书补注补正·自序》，《积微居小学金石论丛》，第377页。
② 杨树达：《汉书窥管》，第1页。
③ 杨树达：《汉书窥管》，第2页。

补注》对于王念孙不明《汉书》通例的错误"一一迻录，不加驳正"，并不是正确的做法。进而他又说，"著书者称引前人成说，但可剪裁，不宜改易，致失立说人本意"，而王先谦的问题也就出自这里。比如《汉书·王子侯表》记载湖乡侯、伊乡侯都名叫"刘开"，金乡侯、就乡侯均名为"刘不害"，四个人都是东平思王之孙。陈景云认为，湖乡侯和伊乡侯同时受封，金乡侯与就乡侯也是同时受封，不应该同名，一定有记载讹误之处。王先谦《汉书补注》将陈景云的意见录入"湖乡侯"下，称四人为思王孙，同时封，不应二人同名，必有一误。杨树达批评为"如此则将四侯混合为一，同名两起之事实末杀无余，全失陈氏立说之初意矣"。① 又如《景武昭宣元成功臣表》记载了李谭、称忠、钟祖、訾顺四人因共同捕杀谋反者而得以封侯一事。李谭封于永始四年（汉成帝，前13）七月己巳，称忠封于十一月己酉，钟祖、訾顺同封于七月己酉。钱大昕以为四人因同事封侯，封当同月，特别是该表将称忠的十一月受封置于钟祖、訾顺七月受封之前乃为失伦；又举《成帝纪》所载捕反者事是在永始三年（前14）十一月，疑"十一"二字误合为了"七"，而"四年"当作"三年"。钱大昕的意见清楚有力，但王先谦没有将之放在有误的"四年""七月"两处下，反而放在"十一月"下。故而杨树达说："据《补注》全书观之，葵园先生用心不失审慎，而此二事《补注》惯惯如此，疑先生于诸表假手他人，不及覆校也。"②

---

① 杨树达：《汉书窥管》，第2页。
② 杨树达：《汉书窥管》，第2页。

　　今按，杨树达于《汉书窥管·自序》中提出的王念孙的失误可取，王先谦的失误未必那么可取。四侯同封一事，王先谦节略陈景云文，叙述简略易致人误，但古人行文本就不甚精确，转述时出现歧义在所难免。至于第二条，王先谦将钱氏意见置于称忠的"十一月"下，很明显是他赞同钱说，以四人"十一月"封侯为是，不过不曾一一与另外三人条目下罗列罢了。就此说来，王先谦之失在于札记之学不能精确，此乃传统《汉书》学不可避免的弊端，并非王氏不欲改，实为兼顾不到。

　　那么杨树达较之二王更胜一筹之处在哪里呢？相较于王念孙，杨树达更熟悉《汉书》通例；而相较于王先谦，杨树达更明于文字训诂。既然《汉书窥管》是仿效《汉书补注》之作，于史学领域杨树达与王先谦已并驾齐驱，更略胜一筹者无外乎文字方面。所以杨树达说："余四十年前，偶读《苏武传》，有'蹈其背以出血'语，心疑背不可蹈，况在武受伤时耶！而师古及《补注》并无说，余因读'蹈'为训轻叩之'搯'，文乃可通。缘此知《补注》篇帙虽富，遗义尚多。"[1] 杨氏欲以己之所长，补王先谦之不足，其雄心亦可见一斑。

　　既然法效的对象是王先谦的《汉书补注》，所以《汉书窥管》的体例也采用了札记体，且其注释内容侧重于传世文献。举一实例如下，《高帝纪》有"岁竟，此两家常折券弃责"。颜师古注："以简牍为契券，既不征索，故折毁之，弃其所负。"钱大昭曰："'责'南监本、闵本并作'负'。寻注文义，'负'

---

① 　杨树达：《汉书窥管》，第2—3页。

字为是，惟《史记》作'责'。"王先谦曰："官本'责'作
'负'。"①上述三家所论均聚焦于"责"究竟作何解。颜师古并
没有具体解释此字，意以此字为"负"。钱大昭举不同版本的例
子称此字作"负"，并结合文义以为《高帝纪》作"负"胜于
《史记》作"责"。王先谦也举版本例称"负"胜于"责"字。
从唐至清的学者，无论以文义解，还是以版本解，都理解此处
应作"折券弃负"。虽然如此，最有力度的反例是《史记》此
处作"责"。诸位学者没有提出《史记》版本上的反例，所以
难点在于如何举出更坚实的例子，判定"责"不是秦汉时代人
的通用语。

杨树达于此解释为："涵芬楼百衲本《廿四史》影印北宋景
祐本《汉书》作'责'字，是也，'责'即今之'债'字。颜
云'弃其所负'，以'所负'释'责'字耳。诸本作'负'者，
盖据注妄改。又按：据此知今俗年终偿债，秦时风俗已然。"②
杨树达所用方法与上述诸人并无二致，无非是所据《汉书》版
本更早。以较早的版本否定相对晚出的版本，以版本的权威性
确定文本内容的权威性，是文献学上的通识。加之《史记》所
录也可以视作另一版本系统中的同源文字，两相比对，故可确
定《汉书》此处应作"责"。

不过这种方法同样也有弊端。因为颜师古至王先谦诸人所
用为一版，杨氏所用为另一版，彼此均为古籍刻板，何以厚此
薄彼？固然《汉书》刻板以北宋景祐本最早，而倘若南监以下

① 杨树达：《汉书窥管》卷一，第1—2页。
② 杨树达：《汉书窥管》卷一，第2页。

诸本于刊刻时参酌了其他《汉书》抄本的情况，改动此字，又当如何呢？退一步讲，即便各本均从景祐本而来，倘若景祐本此处刻错，而以下诸本将文字是正过来了呢？这样看来，杨树达用版本证据攻讦版本证据，与颜师古等人方法一致，并不能彻底取信于人。①

比杨树达稍晚的陈直，参酌此前历代《汉书》注释，特别仿效《汉书窥管》体例而作《汉书新证》。其书广泛采用出土材料，乃是代表了一种新的学术眼光。书稿正编成于 1957 年，续编成于 1959 年，两编汇合纂集于 1961 年完工，从时间上看，应算作当代《汉书》学的成果。不过杨、陈二人注释《汉书》体例相同而方法大异，加之两人同属一辈学人，故今将陈直的《汉书新证》情况列于此，与《汉书窥管》一书比较。仅就《高帝纪》中"岁竟，此两家常折券弃责"一句的解释，便可以看出杨、陈二人不同的学术旨趣。

陈直注释称：

> 《居延汉简释文》一六九页，有简文云："七月十日鄣卒张中功，赍卖皂布章单衣一领，直三百五十二，堠史张君长所，约至十二月尽毕已，旁人临桐史解子房知券。"可证西汉风俗，以十二月岁底收债，与后代亦相仿佛。高祖此事在秦末，则岁竟当指九月而言。又"弃责"一本作"弃负"，敦煌、居延两木简，关于债务，皆称为"责"，

---

① 辛德勇已否定景祐本一说，见本书宋代《汉书》学版本部分。此处行文仅从杨树达文而讨论，不作辨明。

不称为"负"，准此例本传以作"弃责"为长。①

《汉书新证》首先证明西汉有年底收债风俗，又举"敦煌、居延两木简"的材料证明《汉书》记录的版本差异并不难解释，认为只从当时用字作"责"即可。对师古以降直至杨树达从文义和文献角度推断的文字，陈直只用出土材料便给出了"责"乃秦汉时代通行用语的答案。殊途虽然同归，但陈直的方法明显更高一筹，其高明之处便在于使用了不同性质的材料，解决了传统文献难以顺畅解决的问题，用功少，见效大。由此说开去，陈直和杨树达的研究虽然都是为《汉书》作注，但前者代表了近代历史学以出土材料与传世文献相佐证的"二重证据"研究的新风尚，而后者仍旧停留在传统的文献考据的框架内。并不是说传统文献考据没有生命力，只是在其乏力之处，正是出土材料大放异彩之时。更何况，近代史学的研究，以广泛占有不同性质的史料为优，举凡前人所不顾之甲骨、简牍、金石、释道二藏、本草诸书、外族语言文字、图像遗迹遗物，无一不可引入史学考证，无一不可成为学者关注研习之对象，无一不可深化今日对往昔的认识。当此之时，仍旧延续旧日积习，恐不可以为是。

对于如何用新材料佐证《汉书》考释，陈直有如下经验见解：

我于一九四〇年，来客西安，见汉城出土，有"钟官

---

① 陈直：《汉书新证·高纪第一》，天津：天津人民出版社，1979年，第2—3页。

钱丞""钟官火丞""宜秋佐弋"等封泥，知《百官表》语
焉不详。日积月累，中心藏之，奋笔写作，前后联贯，历
三月始就。我之方法，以本文为经，以出土古物材料证明
为纬。使考古为历史服务，既非为考古而考古，亦非单独
停滞于文献方面。①

考古一旦和历史相结合，原本各自独立的学术体系便发挥
了一加一大于二的作用。实际上，陈直并非不了解古典《汉书》
学的传统，其《汉书新证·自序》便已陈述了东汉应劭以降乃
至杨树达的各家成绩。他评价王先谦的《汉书补注》"自己创见
并不多，排比校雠之役，且多假手于他人。但以本书引证本书，
予初学以极大便利。王先生之缺点，是各注家之精华，如钱大
昭、周寿昌诸人，采撷均有未备。且剪裁截合，往往与作者本
意相违背"②，这一见解明显从杨树达处得来。而对于杨树达的
工作，陈直则明确表示"对于训诂校勘很有参考之价值，在古
物方面，亦间有征引"③。

陈直坦言："两汉人解经，名为章句，东汉人注《汉书》，
改称为音义。隋以前注家，仍用其名。实则汉人偏重于作音，
汉以后人偏重于释义。历时二千年之久，经过数百家之众，已
绝少剩义，现惟取资于古器物，为治《汉书》学者，另辟一条

① 陈直：《汉书新证·自序》，第4页。
② 陈直：《汉书新证·自序》，第3—4页。
③ 陈直：《汉书新证·自序》，第4页。杨树达并非不理会出土材料，其《积微居
小学金石论丛》中有数篇文章均考证出土材料，举凡买地券、镇墓瓶之类，均
有所讨论，唯其利用不多，且基本的研究思路仍停留在训诂文字方面，较少作
史学考证。

新道路。"而利用出土材料，可以获得十七种成果：

一、官名之确定。

二、州郡县属吏名称之新证。

三、地理名称之误字。

四、姓氏之考证。

五、人名之决定。

六、字句之译释。

七、宫殿名称之解释。

八、人物价值之分析。

九、典制之疏证。

十、东汉通用隶体字之发挥。

十一、文献纪载之补遗。

十二、汉代避讳之例证。

十三、习俗语之旁证。

十四、地面古迹之搜查。

十五、注文之解要。

十六、颜注之发伏。

十七、叙例之附见。①

这些成绩将清以来朴学的风气转化为了近代的实证主义史学方法。

使用文字训诂的方法解释古代历史，在近代学者看来存在

---

① 陈直：《汉书新证·自序》，第7—10页。

很大的问题。比如顾颉刚解释《诗·长发》中"禹敷下土方"的"敷"为"铺放"，解释《信南山》中"信彼南山，维禹甸之"和《韩奕》中"奕奕梁山，维禹甸之"的"甸"为"陈列"，解释《文王有声》中"丰水东注，维禹之绩"的"绩"为"迹"。周予同（1898—1981）评价这种解释字义的方法："实在没有什么了不得的价值，并且有点危险"，"因为中国的文字，引申，假借，转变实在太繁复；如果我们先有了成见然后去解释字义，每每可以用什么对转旁转的方法，得到一个与原意相反的字。就是能够繁征博引，也只能做到'能胜人之口而不能服人之心'"。① 这种说法一语道破了传统文字训诂之学的弱势。对于新的研究，周予同则建议顾颉刚："我希望他努力于实物考证法，而对于解释字义的方法加以限制的采用。"② 利用实物考证的方法证明古史固然有其局限，但是相较于从传统学术延伸出来的文字之学，终究是前进了一大步。以是否可以稍微回避文字训诂之学、参用实物考证作为衡量古今学术风貌变化的标准，表面上看是使用史料的范围与类别的扩大、论证方法的革新与变通，其实质则是究竟如何才能深入学术的核心，用确切的材料得到确切的道理。从这个角度来说，新旧学术的共同点或许都在求真求实，通过同类例证的叠加获得的真实难免不是某种观念表述的转写，而借助类别丰富的例证获得的真实更具备科学的特征。

---

① 周予同：《顾著〈古史辨〉的读后感》，朱维铮编：《周予同经学史论著选集》（增订本），上海：上海人民出版社，1996年，第611页。
② 周予同：《顾著〈古史辨〉的读后感》，朱维铮编：《周予同经学史论著选集》（增订本），第612页。

如果将杨树达视作古典《汉书》学研究的殿军①，则陈直便是现代《汉书》学研究的开山。至此，古典《汉书》学的研究范式可以挥别，现代的《汉书》学研究开始登场。

---

① 杨树达另有《汉书补注补正》（商务印书馆1924年版）及《汉书释例》（《燕京学报》1928年第3期）、《〈汉书〉所据史料考》（《大公报·文学副刊》1932年）、《汉书提要》（1940年）诸书及文章，成果亦不完全局限于传统的文献订补之学。相关研究，参考杨倩如：《汉书学史》（现当代卷），北京：人民出版社，2018年，第208—211页。

史学史视角下的《汉书》

梁启超在《中国历史研究法补编》中提出"中国史学史"的概念，其研究对象和基本内容包括"史官、史家、史学的成立及发展，最近史学的趋势"四个部分，由此在中国近代史学界出现了"中国史学史"这一学科门类。虽然史学史研究的学者呈现出不同的学术取径，但是对经典史学文献的研究则是共通的侧重点，《汉书》作为纪传体断代史的首创之作，自然为研治中国史学史的学者所重视。

中国史学史的相关著作包括通论和专论，通论的中国史学史著作均会提及《汉书》并作评判。学者往往能注意到《汉书》开创纪传体断代史的意义，以及考察两汉之际史学发展的情势，更能在一定程度上探讨班固撰史的意图、笔法和体例。这方面的代表著作包括罗元鲲的《史学研究》、魏应麒的《中国史学史》、金毓黻的《中国史学史》等书。① 不过这些研究在今日看来，也是传统史学批评的延续，或对比班、马异同，讨论《汉书》取材，考究通史与断代的短长，抑或辨析班固是否盗窃

---

① 杨倩如：《汉书学史》（现当代卷），第184—187页。

父书，尚不能跳脱出古人的思维框架，包括一些专论如杨翼骧的《班固的史才》①、朱东润的《汉书考索》②，也并未提出特别超迈古人的见识。然而，从中国史学史学科发展的角度来说，这些研究毕竟将史学作为独立的学科来考察，而且注重发掘不同时代史学发展演化的一般态势，一定程度上表现出与此前不同的学术追求。但因为学科要求所限，研究史学史，须将《汉书》置于整个传统史学的大体系中观察，因此相对而言，多数中国史学史学者对于《汉书》本身的情况并不是特别熟稔，抑或说由于在整个中国史学史研究的范畴内，《汉书》并非拥有举足轻重的地位，也无须学者投入过多精力加以专门研究了。

这实在是一种吊诡的局面，可以用西方古典学研究的情况与之比拟。西方语境中的古典学，是研究古希腊、罗马的学问，既高深又小众，与中国传统的经史之学类似。学者指出古典学专业在西方面对的情况是："古人在公共空间里的影响越小，其成为专业学科的进展就会越快；但是，古人（在外部）的影响越是减少，我们就越不容易（在学校的教育体制内部）作为学科来捍卫他们。"③ 一门学科的专业性越强，对于学科本身的研究越是有利，但是这样一来社会大众或者其他非专业人士就不易认可此学科。一门学科面临的困境如此，一本书的专门之学面临的困境也是如此。

对于《汉书》研究来说，需要有一位既熟悉《汉书》，又

---

① 杨翼骧：《班固的史才》，《经世日报·读书周刊》1947 年 12 月 17 日。
② 朱东润：《史记考索（外二种）》，上海：华东师范大学出版社，1996 年。
③ 弗朗索瓦·阿赫托戈著，闫素伟译：《出发去希腊》，北京：中信出版社，2020 年，第 9 页。

能进入新的历史学和文献学研究范式的学者，重振《汉书》研究的局面。这个人就是郑鹤声。他就读于南京高等师范学堂时师从柳诒徵，毕业论文以"汉隋间之史学"为题，行文竟至十余万言，连载刊发于 1924 年出版的《学衡》杂志。此文同样受梁启超倡导从文化史角度研究史学史的启发，侧重考察史官、史家、史著、史界现象等问题。不过郑鹤声专门将汉隋间的史学抽绎出来，说明他对这一时段史学的特点有独到的把握。他从目录学的角度出发，认为《隋书·经籍志》体现出汉隋时代是"史学蔚然云兴，与他部相抗衡，且能远逾其他书目"的时代，换言之，这是史学进步的时代。① 此文中，郑鹤声已经开始尝试用历史学的观点考察《史记》《汉书》的差异。他认为刘知幾比对《史记》《汉书》以时近者易为功、代远者难为力，是只看到了"作史之难易"，却看不到"史学之原理"。他认为的史学原理有两点：

（一）在历史事迹之全体观之，决无一种骤然的文化使人类大部分之风俗习惯制度变其性质。

（二）虽在一制度风俗习惯中，亦无有以骤然之变化而尽失其本来面目，以达于崭新之域。

故历史之连贯性演进迁流无有已时，其变通弛张之故，非融会贯通未易知之。断代史则不能见会通因仍之道，故郑樵谓自班固断代为史，无复相因之义。②

---

① 郑鹤声：《汉隋间之史学》，《学衡》第 33 期，1924 年，第 11 页。
② 郑鹤声：《汉隋间之史学》，《学衡》第 35 期，1924 年，第 37 页。

郑鹤声的意见超迈于刘知幾之上，从社会风俗、制度发展规律的角度看待史学的因应，于是提出因为社会发展自有其惯性，所以使用通史体例更能见其全貌。这一角度自然相较《史通》的意见更为科学。那么如何看待断代史呢？他以为："至朝代时期，纯属人为，历史时期犹不易分，况朝代乎。故作史当着眼于社会全体，自然之演进，决不可以易姓嬗代为段落，且以朝姓为主，则彼此标榜，各党其亲，史学之蔽，莫此为甚。"[1] 断代史的分期人为割裂了历史演进过程，并且会偏袒所记述王朝，这一点从《汉书》以降的各代正史中都可以看出来。但是前人如郑樵《通志》往往可以指出正史对所记述王朝的回护，却不能指出历史分期不应以朝代为断限，而应以历史发展规律为断限，这便是近代历史学家和古代学者之间显著的区别。所以郑鹤声的研究也超然于古人史论之上，《汉隋间之史学》也成为以近代史学眼光发掘古代历史宝藏的先驱之作。

此后，郑鹤声先后于 1929 年和 1930 年完成及编著了《班固年谱》与《史汉研究》两书，继续《汉书》领域的研究。《班固年谱》一书详细考证了班固生平、家族成员、修史经过，构成了了解《汉书》成书环境和作者情况的基础。《史汉研究》在《汉书》部分则先从班氏传略讲起，次及《汉书》体例安排，然后讨论《汉书》修撰时间、取材、得名、流传、版本，接着讨论《汉书》各体之得失，最后以《汉书》撰写特点作结。其中，班氏传略及《汉书》修撰等内容与其《班固年谱》相似，关于《汉书》之版本问题则为此前各家所不及。郑鹤声

---

[1] 郑鹤声：《汉隋间之史学》，《学衡》第 35 期，1924 年，第 38 页。

注明了所知各《汉书》传本的校刻者及其特征，自南监本、北监本以降，又述及殿本、汲古阁本、明汪文盛刊本、欧阳铎本、田汝成重刊欧阳本、明德藩最乐轩本等数十家刊本，为后人利用相关版本提供了帮助。

不过，郑鹤声的一些见解也并没有较古人高明太多。比如刘知幾在《史通·编次》中批评班固不将王莽担任"假皇帝"的居摄时期（6—8）的历史情况记入《平帝纪》，而记入了《王莽传》，由此导致了当时仍属汉家正朔的几年历史湮没无闻。郑鹤声先记下这一意见，又举章学诚的认识说纪、传两种体例只是古人用于分别经纬的方式，并没有尊卑的区别，然后得出结论："编纪系事，在乎主政，莽虽人臣，实执其政，用以纪年，较为便适，非可厚非。"① 这首先是看刘知幾批评《汉书》没有将居摄年号放在《平帝纪》，因为王莽虽然担任代理皇帝，但名义上的皇帝还是孺子婴，所以居摄年号应该是孺子婴和王莽共享的纪年，如果从这个角度理解，似乎应该将这期间发生的事件归入《平帝纪》。章学诚则认为纪、传体例本无高下分别，事件适合归入哪里就归入哪里。仅就这两种观点来说，刘知幾所坚持者乃义例，章学诚所陈述者乃变通。用变通解释义例，并非不可以，但终究是以意解之、就事论事，不能给出超越刘知幾之上的分析框架。同样，郑鹤声的意见也停留在章学诚的层面上。类似的情况几乎贯穿于全部讨论《汉书》各部体例优劣的部分，叙述顺序就是刘知幾云云、章学诚云云，郑鹤声依违两家之间给出自己的结论。虽然前人观点精当可作后代

① 　郑鹤声：《史汉研究》，第113页。

借鉴，不可不读，但是郑鹤声对于《汉书》问题意识，仍从刘知幾、章学诚而来，而非由自己对古代历史的深刻认识而来。这或许说明，最早的一批史学史家，已经开始尝试用新传入的学术规范如章节体来写作，表明了自觉进入新的研究范式的态度，但是他们的思路仍旧接受传统史学批评的分析框架和问题意识，尚不能完全与之脱钩。在新与旧、中与西、古与今、变与常的不断胶着往复中，中国史学艰难地寻找自己的新路。也正是因为如此，传统的《汉书》学遇冷了。

第八章
现当代的《汉书》学

1949 年之后，史学界以马克思主义为指导思想，重新发掘传统史学遗产，形成了诸如"中国古代社会分期""汉民族形成"等有关键性意义的问题，并围绕相关问题展开了系统性的讨论和论述，这些成果今日看来仍有无可比拟的意义。

但是在这一过程中，也一定程度上出现了以论代史的现象，造成了具体研究的停滞，这种局面随着拨乱反正的实现和改革开放的实行已经得到了扭转。至 20 世纪 80 年代，实证主义的史学风气又重新在史学界形成声势，《汉书》的研究也随之呈现多元化的状态。

总体看来，进入 20 世纪后半叶，《汉书》的研究远不如《史记》的研究兴旺，其面貌与清以前的状况完全相反。当代《汉书》学研究重回实证主义学术研究的正轨，从材料出发，提出新观点，揭示《汉书》在此前不为人关注的诸多特点。

点校《汉书》的工作

　　1958年，毛主席指示吴晗、范文澜组织标点"前四史"，作为向国庆十周年献礼的工程。当时已经有顾颉刚点校的《史记》即将完成，所以最初吴晗等人预计"前四史"的点校完成时间应该可以满足国庆献礼的需要，然而《汉书》的点校一直至1965年才完成。虽然毛主席的指示是标点"前四史"，但吴晗与齐燕铭、金灿然等人商量后，决定将这一工程扩大为点校全部"二十四史"。本书的出版由中华书局负责，所以后来的点校工作也由中华书局组织。

　　所谓点校，包括标点和校勘两个部分。传统古籍不加标点，句读全凭读者的知识水平，因古人习用文言，所以阅读起来也不存在太大障碍。现代人自文学革命以后，日益习惯白话文，对不标点的古文感到陌生。标点古文，是便于今人阅读古籍的首要工作。比较而言，校勘古籍的任务难度就比较大了。所谓校勘，就是广泛搜求同一部书的善本异本，检核异文以确定出最准确的定本。就《汉书》而言，这种工作自其问世以后就不断有人从事。前文提及的南朝梁代人对比"《汉书》真本"与传世本、颜师古比对流俗本《汉书》和其他各本的异文，都是校勘。到了现代，人们掌握的古本数量未必多过古人，其质量也未必在古人之上，所以以校勘的工作较之标点，更是难上加难。

据中华书局原副总编辑赵守俨回忆，1960 年以前，对于点校"二十四史"既没有质量上的明确要求，也没有切合实际的工作方法规定，特别是校勘上只提及版本对校，对于前人的校勘成果也只吸取殿本考证的意见，所以最早出版的几部史书效果并非尽如人意。①

点校《汉书》的工作由西北大学历史系师生承担。根据西北大学历史系《汉书》标点组回忆：1959 年，西北大学历史系调配了 12 位教师和 18 位同学成立《汉书》点校组，决定选用清代乾隆武英殿本作为底本，以百衲本（即宋景祐本）参校，根据国务院出版总署公布的《标点符号用法》标点。工作过程分试办、正式点校和复查三段，计划三个月内全部完成。② 实际上，中华书局 1962 年出版的标点本《汉书》于《出版说明》中是这样交代此次点校所用《汉书》版本情况的：

> 现在我们用王先谦的《汉书补注》本（下面简称王本）作为底本，分段标点，析出注文，可是只收颜注，不收补注……我们用来校王本的是北宋景祐本（商务印书馆影印的百衲本）、明末毛氏汲古阁本、清乾隆武英殿本（简称殿本）和同治金陵书局本（简称局本）四种本子。这几

---

① 赵守俨：《雨雨风风二十年——"二十四史"点校始末记略》，《赵守俨文存》，北京：中华书局，1998 年，第 250—261 页。
② 西北大学历史系《汉书》标点组：《标点汉书工作总结》，《西北大学学报》1959 年 Z1 期。

> 种本子互有短长，但王本最后出，注中备录诸家的意见，
> 对以前各本的得失已经有所论证，所以用它作底本较为
> 方便。①

按照这个说法，西北大学历史系的《汉书》点校工作其实更换
过一次底本，将此前的武英殿本换作了王先谦的《汉书补注》
本。后来，中华书局总编辑徐俊讲述《汉书》点校的情况时说：
"在点校本之前，通行了两百年的是殿本，后来是百衲本，因此
最初的考虑，就是直接拿殿本来点校，有些尽管版本更换了，
但还留下了殿本的影子。如《汉书》虽然用王先谦《补注》作
底本，但大量用字同殿本。"② 点校古籍以确定底本为要务，其
基础则是梳理清楚各种版本的源流关系。《汉书出版说明》对此
倒是有解说：

> 我们用来互校的五种本子可以区分成两个系统。王本
> 自言"以汲古本为主"，局本也自称"毛氏正本"，所以汲
> 古本和局本、王本成一个系统。殿本根据明监本，明监本
> 根据南宋刘之问的建安本，这一条线往上通过宋祁的校本
> 而连到北宋景祐本，所以景祐本跟殿本成一个系统。③

殿本不过是宋本体系中最末一个本子，其年代既不比北宋本古
老，也不能和明代南监本相比，唯其在清代是通行本，所以被

---

① 《汉书出版说明》，《汉书》，北京：中华书局，1962年，第4页。
② 徐俊：《谈点校本二十四史的修订》，国学网。
③ 《汉书出版说明》，《汉书》，第5页。

西北大学历史系《汉书》标点组采用。可见最初的《汉书》标点，态度上是急迫的。

因为标点《汉书》的工作要体现群众路线，所以大量同学参与到工作中，他们的基础知识不足，尚处于学习阶段，尽管《汉书》标点组将"边干边学"当作一个亮点来肯定此项工作，但用今日的眼光看来如同儿戏。比如有的同学说："过去我感到古文很难，缺乏信心，所以不愿意学中国古代史，现在看懂了古文，思想解放了。"还有同学说："我过去只知道班固作《汉书》，但不知《汉书》是什么样子，这次工作，对《汉书》有了比较深刻的了解。"另有同学说："经过这次工作，基本上掌握了工具书的使用方法。古书也能看懂了，遇见一些问题，很快地就能查出来，心里非常高兴。"尚未读过《汉书》，对读古文还有困难的同学参与《汉书》点校工作，很难保证这项工作的学术性和准确性。不仅学生素质堪忧，一些教师的学术水准也值得怀疑。有一位先生说："我过去看《汉书》只看大字，不太注意小字，现在发现小字也很重要。'学然后知不足'，对这句话有了更深的体会。"① 看到这样的总结，我想，倘若只有一腔热血，却没有满腹经纶，恐怕在《汉书》点校的工作上越是发力，越会南辕北辙。

亲历者冉昭德1959年的日记可以提供西北大学历史系点校《汉书》的一般情形：

① 西北大学历史系《汉书》标点组：《标点汉书工作总结》，《西北大学学报》1959 年 Z1 期。

3月27日　抄写组的同学把点［号］组复校后的成品，吹出了许多毛（按，吹毛求疵之意）。大都属于粗枝大叶方面的……

3月29日　《艺文志》再校毕，《郊祀志》校了一卷，发现陈（直）公断句错误数处，标号组复校后之错误再多。

3月31日　复校《天文志》，进行得很慢，主要是由于不懂。

4月1日　上午复校《天文志》，因不懂，进行甚慢。

4月6日　下午与之勤、中正等碰了一次头，发现复校工作中的一些问题，姚先生因病住院。人力须要调整，结果总支指示要用革命的办法，必须于本月15日前全部完成工作。

4月7日　今天开会布置工作。点［号］组重新划分了7个工作单位，决意于15日前点完。点号由余负责，真是责任重大，诚惶诚恐。自己担任的点号工作几乎没有进行。①

基础知识不足，加之冒进的工作态度，导致此次《汉书》点校总体质量不尽如人意。② 究其原因，还是参与者学术积累不足，加之指挥不当。徐俊讲述"二十四史"点校工程的最初设定是："起初有两套出版计划，一套标点集注本，一套标点普通本。集注本应专门研究之需，普通本供一般读者之用。普通本

---

① 杨倩如整理：《冉昭德日记》，《历史学家茶座》2012年第27辑，第32—35页。
② 杨倩如：《汉书学史（现当代卷）》，北京：人民出版社，2018年，第205页。

就是现在通行的本子，当时是要给一般读者阅读用的，所以主要工作是标点，目标是做一个准确简明的标点本……但标点集注本，一本也没做出来。原本为方便一般读者阅读的普通本，反倒成了半个世纪以来学术界最通行的本子。"① 如果西北大学历史系整理出来的《汉书》标点本仅仅是给一般读者使用，版本异文上只要没有太大问题，也不是不能接受，但由于这套标点本的"二十四史"影响太大，成书一直是学者引用《汉书》的通行本，则点校过程中出现的种种谬误必将影响到学术研究的质量了。

进入21世纪以后，中华书局重新启动了修订"二十四史"和《清史稿》的工作，《汉书》由北京大学的吴荣曾先生及其学术团队负责。针对西北大学点校时使用底本欠妥当的问题，这一次的校订重新选择了底本。徐俊说："到目前为止，学术界对《汉书》版本的研究仍不充分，这次《汉书》修订组在版本调研上做了大量工作，经过数次版本对校，最终确定以金陵书局本为修订底本。"但是底本变动后，文本面貌和校勘记都会有变化，所以虽然更换了底本，仍尽量延续点校本的基本面貌是这次修订工作必须考虑的情况。

---

① 徐俊：《谈点校本二十四史的修订》，国学网。

围绕《汉书》阶级性的争论

1949 年以后，学术界对《汉书》的评价不高，因为班固在书中表达了大量维护王朝统治的思想和仇视农民起义的态度。侯外庐主编的《中国思想通史》第二卷将班彪、班固父子修撰的《汉书》评价为"两汉儒学宗教化、学校寺院化、帝王教皇化、学者神父化演进程序上的产物"①。虽然班固确实有维护儒学正统和神化汉朝的主张，但是如此的措辞在思想颇为激进的年代无疑给班固和《汉书》扣上了一顶帽子。

白寿彝的《司马迁与班固》一文，梳理了司马迁撰写《史记》到班固修撰《汉书》为止，汉代史学的发展历程、主要人物及其史学主张，是一篇两汉史学史的名作。白寿彝评价《史记》"是一部有丰富的人民性的著作。它在处理历史重大问题上，重视了对人民群众在历史上的影响。司马迁为《史记》规定了'稽其成败兴坏之理'这一任务，他是以人心向背作为考察这个问题的一个重要角度的"。加以如此评价，可见《史记》的地位自然非同寻常。白寿彝如何表述司马迁一定程度上超越

---

① 侯外庐主编：《中国思想通史》第二卷，北京：人民出版社，1957 年，第 135 页。

了自己的阶级属性呢？他说："它（《史记》）并没有着意宣扬封建主义，反而是揭露了、谴责了封建主义的某些方面——特别是封建专制主义的方面，反映了人民群众——特别是小所有者的一部分政治情感、政治要求。这是很重要的一点，它使得《史记》在中国整个封建社会时期历史著作中所以能显示出来耀眼的光辉。"① 白寿彝肯定司马迁设立《游侠列传》，"颂扬舍己为人，扶危救困"的人物是《史记》人民性的突出标志。可自扬雄以降，学者对司马迁为游侠作传多持批评态度，到了班彪那里就形成了"贱守节而贵俗功"的结论。因为游侠不仅仅是"舍己为人，扶危救困"的人物，他们还是现政权的反对者、现秩序的挑战者，所以古代学者站在维护王权正统的角度少有肯定司马迁为游侠作传者。时代改易，评价标准已然变换，从前《史记》备受批评之处反而成为今日之优点。在这种情况下，《汉书》往日之受人肯定处，今日也必成为其遭批判之处。

白寿彝肯定了《汉书》继承《史记》体例的功劳，评价说"长期以来，旧史家就《汉书》是否抄袭《史记》而展开了对《汉书》的评论。其实这并不是重要的问题，重要的是《汉书》利用了《史记》在体例、史料、写作艺术以及在某些观点上的成就，并且也利用了《史记》的学术威信和社会威信"，这是《汉书》光大《史记》处，但《汉书》"却用正宗的观点挤掉了《史记》的进步精髓而加以改写"，主要体现在三个方面：

第一，《汉书》不是像《史记》那样把汉的建国放在

---

① 白寿彝：《司马迁与班固》，《北京师范大学学报》1963 年第 4 期。

历史发展过程中去考虑。它反对这种做法，指责《史记》把汉史"编于百王之末，厕于秦项之列"，是把汉的历史地位压低了。它在《叙传》里既特别提出"汉绍尧运以建帝业"，在《高帝纪》还把刘邦的世系从唐虞夏商周、春秋、战国，一直到秦汉之际，都大体地编排起来……注明所值五德之运。这也不过是要证明汉以火德代周之木德正如帝尧之以火德代替帝喾的木德一样，是按着必然的程序出现的。

第二，《汉书》抛弃了《史记》"究天人之际、通古今之变"的进步内容，而把天人感应的神秘学说，特别是五行灾异学说当作社会现象的永恒规律来宣扬。《五行志》是集中地表达了这种思想的。它是《史记》八书所无而班固新创的项目。它在这里集中了董仲舒、夏侯始昌、眭孟、夏侯胜、京房、刘向、刘歆、谷永、李寻等这些阴阳五行学说大师的论述，加上自己的意见，系统地编写起来。在时间上，它包含了对春秋以来直至王莽时期某些史事在灾异上的附会。在内容上，它企图表明水火木金土等自然现象可以反映政治上的得失，貌言视听思的失当也可影响到风雨水旱寒暖蝗灾地震等等。

第三，《汉书》以强调封建性代替《史记》的人民性。班固说《史记》"论大道则先黄老而后六经，序游侠则退处士而进奸雄，书货殖则崇势利而羞贱贫"，这并没有批评倒了司马迁，反而是显示自己拥护封建的面貌。《史记》本来也尊信《诗》《书》，"折衷于夫子"，详于孔子、七十弟子、孟荀等儒家之传记的，但决不同意独尊儒术、罢黜百家，并且还自命为"一家之言"。《汉书》于《艺文志》也序列诸子，但却是把"艺"置于"文"之首，把诸子诗赋都看作"六经之支与流裔"。①

白先生的这些批评意见，有的非常中肯，比如第一条意见，是从史学发展的实际情况出发得出的结论。此前本书讨论班固对司马迁的批评时，也提到过因为班固有意突出汉朝的历史地位，所以对《史记》的通史写法不屑一顾。所谓德运之说，乃是古人维护正统编造出来的历史哲学，以今日眼光来看确实难脱愚昧的窠臼，不过对于科学知识并不发达的古人来说，他们能够抽象出五行相生相克的宇宙论，也是一套非常自洽的解释体系。纵观历史上各个古文明，大概都形成了类似的宇宙论，所以这应该是人类认识发展的共有阶段，并无可厚非。

　　至于第二点意见，也是批评班固的五德终始说，可以说是准确的。但是司马迁的"究天人之际，通古今之变"是否就比五德终始说进步，是否就不强调天人感应，还是可以再讨论的。《史记·天官书》说："夫天运，三十岁一小变，百年中变，五百载大变；三大变一纪，三纪而大备，此其大数也。为国者必贵三五。上下各千岁，然后天人之际续备。"按照这种说法，司马迁认为天象是在一种支配性规律牵引下运行，体现为"五星公转的会合周期和恒星周期完全纳入历周之内"②。朱维铮借此指出司马迁的"究天人之际"旨在给自己的历史观寻找一种自

---

① 白寿彝：《司马迁与班固》，《北京师范大学学报》1963 年第 4 期。
② 李约瑟：《中国科学技术史》第四卷《天学》第二十章第八节"历法天文学和行星天文学"，北京：科学出版社，1975 年，第 562 页。

然史的基础。司马迁分析日月五星运行的规律，但仍旧没有摆脱对占星术的信仰，正所谓："他力图证明天在变，但又力图证明这个变只能是宇宙和谐系统的表现。而他所描绘的宇宙和谐图景，不是别的，正是地上的秩序在天上的投影。因此，我们看到，西汉王朝的政权结构和政治生活，在司马迁的天体结构里统统有对应的表现，甚至没有忘记给皇帝的后宫、仓库和舆服在天上找到位置。"所以司马迁一定会回到占星术上去，成为董仲舒"天人感应"说的俘虏。①

第三点意见包括两层意思：第一层是司马迁为游侠立传，体现了人民性；第二层是司马迁并没有独尊儒术，这一点也优于《汉书》。第一层不光是白寿彝先生强调，在肯定《史记》人民性特点的学者那里，游侠这种不容于现政权的独特社会力量，很容易被视作"人民"。但是倘若仔细分析《史记·游侠列传》中记载的人物，就会发现游侠和"人民"距离甚远。《史记·游侠列传》记载的第一个大侠是鲁国的朱家，这个人"所藏活豪士以百数，其余庸人不可胜言。然终不伐其能，歆其德，诸所尝施，唯恐见之。振人不赡，先从贫贱始。家无余财，衣不完采，食不重味，乘不过轺牛。专趋人之急，甚己之私"。他自己有帮助别人特别是贫贱人士的行为，看起来很有侠义之风。不过虽然朱家本人生活简朴，却能够豢养上百人的豪士，更不用说称不上"豪士"且不可胜数的"庸人"了。倘若没有雄厚的财力，朱家如何为这些人提供衣食呢？如果联想战国养士之

---

① 朱维铮著，廖梅、姜鹏整理：《中国史学史讲义稿》，上海：复旦大学出版社，2015 年，第 102 页。

风，可以说朱家便是孟尝君、平原君之流的人物，是鲁国的大豪强。此后《史记》记载的田仲、剧孟、王孟等人，都是类似朱家的人物，他们交关诸侯，声势甚大，绝非普通百姓之俦。

特别是郭解，他的父亲就是因为任侠而被政府诛杀，他自己少年时遇到不合心意的人便杀掉，至于替人报仇、藏亡匿死、铸钱掘冢之事更是家常便饭。等到年长后，他开始修饬名誉，身后有一批追随者，建立起了自己的团伙。汉武帝时期，朝廷迁徙豪富至茂陵，郭解家贫，本不用迁徙，但是当地官吏认为他虽够不上"富"，但实在称得上"豪"，依旧把他列入迁徙名单。大将军卫青亲自向汉武帝求情说郭解家贫，不应该迁徙。汉武帝说，一名布衣居然能够动用将军为他求情，说明他家不贫。等到郭解迁徙到了关中之后，有人说他专以奸犯法，算不上贤人。郭解豢养的门客听说了这样的话，就将此人杀掉了。类似的事件还有很多，御史大夫公孙弘说郭解："布衣为任侠行权，以睚眦杀人，解虽弗知，此罪甚于解杀之。当大逆无道。"因此郭解家被族灭。

试问上述这些人的所作所为，有哪一点称得上是侠义，又有哪一条称得上是"人民"？这几个人的行为有一条共性就是反对汉家朝廷，所以一直遭到朝廷的镇压和监控。虽然古代的政权由于其阶级性，不能够真正地摆脱剥削，也不能真正地为人民的利益着想，但是古代政权毕竟也要维持社会秩序的稳定，稳定的社会秩序也是普通百姓所渴望且呼吁的。在这一点上，古代政权和普通百姓的利益是一致的。《史记·游侠列传》中记录的人物并不是通过直接打击现政权来任侠，从史籍中可以看到的是他们和王侯公卿走得很近，甚至还得到了王侯公卿的帮助。他们将自己的屠刀挥向了力量更为弱小的普通人，以此展示自己不可一世的威压与力量。如此的所作所为，表明游侠们根本就是骑在人民头上作威作福的老爷，他们不敢颠覆现政权，只是做一些破坏社会秩序的危害行为，而这些活动，更多的是伤害了普通百姓，也就是真正人民的利益。由此，班固批评司马迁"序游侠则退处士而进奸雄"，也不能说是全无道理的。

再看司马迁没有独尊儒术的说法。司马迁确实没有独尊儒术，但这并不是因为司马迁胸怀宽广、学术见识较班固更为高明。本书前文已经提及，班彪、班固父子批评司马迁不尊儒术时，已经忽视了司马迁生活的西汉前期的思想环境中，占主流地位的意识形态是黄老之说。司马迁既信奉此说，又何必独尊儒术？虽然司马迁不尊儒术，但不能据此说他具有"人民性"，否则不尊儒术的商鞅、李斯之辈，也可以说有"人民性"了。是否依附支持某种意识形态，或者是否反对否定某种意识形态，只能说明作者所处的时代或者他自己的思想渊源如何，却无法延伸出作者主观上是否具备超越时代或者阶级的意图。进而可以反思的是，在班固所处的时代，统治者愿意奉行儒学主张而宽和待人，又何尝不能给普通百姓带来好处和实惠呢？

因此，用是否具有"人民性"来批评《史记》与《汉书》的优劣，看似引入了新的概念，试图得出超越前人的结论，实际上又犯了苛求古人的错误了。[1] 不过白先生看班固是如此，今

---

① 类似的说法在 20 世纪 50 年代特别流行，如高亨、杨增华、唐赞功、王启兴等人都赞成《史记》的进步性，直至 20 世纪 80 年代依然有学者用"人民历史的开创者"和"人民的歌手"等词汇形容司马迁，说明评价的标尺仍未改变。相关情况参考杨倩如：《汉书学史》（现当代卷），第 226 页。

人看白先生也是如此。

在这一时期，那些坚持从事实出发的观点便如同历史的低语，超越了时间的噪音，显得尤为难能可贵了。冉昭德的系列研究便属于这一类作品。

在 1962 年第 4 期的《历史教学》，冉昭德发表了《班固与〈汉书〉》，仅就历史研究的角度看，这篇文章很普通，只是介绍了班固的生平及其撰写《汉书》的经过，交代了《汉书》的特点。但是这篇文章并没有站在"人民性"或"进步性"的角度上扬马抑班，而是能肯定班固撰述《汉书》的优点。比如，作者肯定了《汉书》重视搜集史料、审查资料、辨别真伪，也能善于利用《史记》的研究成果，并加以创造性发展——这部分是指《汉书》虽然采用《史记》，但没有一篇与《史记》完全相同，更何况，班固新设了很多纪表传志，丰富了史学的内涵。此外，《汉书》在编纂形式方面，整齐了纪传体的体例，如列传编次的顺序、列传标目都相对化一。以上都是《汉书》在史书编纂方面的贡献。冉昭德说《汉书》的优点还包括详尽地记载了政治经济制度和社会文化，扩大了历史研究的领域。比如，《食货志》是研究西汉经济制度和社会生产力的重要文献，《礼乐》《郊祀》《刑法》三志和《百官公卿表》记载了中国专制主义中央集权的政治、法律制度。后代各个王朝无论组织形式如何，都是这一制度的演变和发展。他还肯定了《沟洫志》《地理志》在地理方面、《艺文志》在学术思想方面的贡献。对于《五行志》《天文志》《律历志》这些夹杂灾异思想的志书，冉昭德也肯定了它们保留关于自然灾害、地震、日月蚀等史料的贡献。冉昭德并没有仅就《史记》《汉书》作比较，而是贯通中国古代典志体传统，指出《汉书》十志建立了后代正史志的基本体例，而此后《通典》以降的"三通""九通""十通"，都与《汉书》十志有莫大关联。

冉昭德没有回避班固的历史观点，他概括了其中的进步方面，包括：

第一，班固批评说："其是非颇缪于圣人；论大道则先黄老而后六经，序游侠则退处士而进奸雄，述货殖则崇势利而羞贱贫，此其所蔽也。"这段话表明班固以圣人之"是非"为是非，论大道则先六经的观点。但他并不反对诸子学说，以为"若能修六艺之术，而观此九家之言，舍短取长，则可通万方之略矣"。……他在评论历史人物时，有褒有贬，而不绝对化。他既称赞汉武帝"雄才大略""号令文章，焕然可述"，又指出武帝连年发动战争，使"海内虚耗，户口减半"，对人民造成严重的损失……他总结历史上成功的人物是"遇其时"，失败的人物是"不知时变"，从而提出研究历史要"究其终始强弱之变"，"列其行事，以传世变"，要"以通古今，备温故知新之义"。这些观点，在当时来说是可贵的进步的。

第二，班固能从人民的利害关系，来衡量政治得失。因而关怀人民的思想，在《汉书》中不断地流露出来。他歌颂"兴于闾阎，知民事之艰难"的汉宣帝……反之，对于汉武帝却批评他"征发烦数，百姓贫耗，穷民犯法，酷吏击断"，而不能法"文、景之恭俭，以济斯民"。他歌颂萧、曹为相，"从民之欲而不扰乱，是以衣食滋殖，刑罚用稀"。在《循吏传》中，用"所居民富，所去民思"来表扬文翁、朱邑、召信臣等人……尤其在《鲍宣传》记载了人民有七亡而无一得、有七死而无一生的奏疏。这说明班固对人民的疾苦是抱有同情心的。

第三，班固还能从经济关系来论述历史。他在《食货志》中首先肯定食货为"生民之本"，"食足货通，然后国实民富而教化成"。如果"上贪"则民怨，必然导致"灾害生而祸乱作"……特别是在《地理志》后序中，论证自古以来各地区的人民生活、风俗习惯、生产情况是受自然条件、民族关系和外来的历史影响等所制约，使各地区经济文化的发展有着显著的差异。这在对秦、楚等地的叙述中，表现得最为显著。因此，我们应当肯定这是《汉书》中进步的一面。①

冉昭德对班固与《汉书》的评述确实有其合理之处，毕竟他引用的文句也都是班固所作，其中的确也有批评统治阶级、关爱民众的思想主张。特别是班固在《食货志》和《地理志》中对经济生活的重视，隐约透露出朴素的唯物观点。对比白寿彝的论文，两人都试图用马克思主义的基本原理和观点去解读《汉书》：一个是从"人民性"的角度入手，另一个不光看到了《汉书》中的阶级对立，也看到了《汉书》对经济规律的尊重。虽然如此，两个人的文章也都停留在零星的、片段式的套用马克思主义理论的层面上，反映出那一代历史学家一边学习理论，

---

① 冉昭德：《班固与〈汉书〉》，《历史教学》1962 年第 4 期。

一边运用理论解释中国历史和史学问题的尝试。如同蹒跚学步，虽略有颠簸，但其诚挚的尝试精神仍值得肯定。

不过，冉昭德的研究遭到牛致功尖锐的批评。后者发表《怎样认识班固的历史观——与冉昭德先生商榷》一文，说班固批评汉武帝导致"海内虚耗，户口减半"乃是站在统治阶级立场上说话；至于冉昭德认为的"班固能从人民的利害关系，来衡量政治的得失。因而关怀人民的思想，在《汉书》中不断地流露出来"，也被牛致功反驳为"一个正宗的封建史学家，处处站在地主阶级的立场，为维护封建政权而斗争，怎么能从人民的利害关系来衡量政治得失呢？"他进而评价汉宣帝的励精图治道："汉宣帝知道人民不容易统治，所以就积极致力于封建政治，选拔对封建政治有用的人材，以达到使人民'服从其教化'的目的……'孝宣之治'正是封建史家理想的政治。在这种时代，一般说阶级矛盾比较缓和，人民的生活也相对的安定，于是统治者的地位也就显得比较巩固。但是，矛盾的缓和并不等于矛盾的消除，农民阶级和地主阶级的利益仍然是根本对立着的两个方面。因此，封建史家赞颂这种时代，实质上是赞颂当时的统治者能够采取'高明'的手段而取得封建政权的相对稳定；绝不是赞颂当时的统治者为人民利益着想而表示自己有关怀人民的思想。"① 牛致功的批评从阶级关系的角度出发，认定阶级矛盾不可调和，统治阶级和被统治阶级的利益存在根本的冲突，所以统治阶级不可能关怀被统治阶级。不过，将班固评

---

① 牛致功：《怎样认识班固的历史观——与冉昭德先生商榷》，《文史哲》1965 年第 1 期。

价为"处处站在地主阶级的立场，为维护封建政权而斗争"似乎也不是很恰当，毕竟班固也没有"斗争"过什么。更何况，按照牛致功的观点，一个人的出身就必然决定了他的思想，他无论做怎样的努力和尝试，都不可能改变自己出身所带来的烙印了。这种僵化的观点，今日已经不需要做更多的辩驳。冉昭德已经在他的《怎样对待班固与〈汉书〉》一文中回应牛致功说："牛致功同志在批判班固的历史观时，就是用现代的标准来要求古人……要求公元一世纪的封建史学家班固，用阶级、阶级矛盾和阶级斗争的观点来解释历史，评论历史人物。不能避开阶级矛盾，不能违背历史发展规律，未免过高了。实际上是将古人现代化，也就是非历史主义的。"① 这句话便可以看作对这一时期围绕《汉书》观点讨论的中肯结语。

---

① 冉昭德：《怎样对待班固与〈汉书〉》，《文史哲》1966 年第 1 期。

实证主义《汉书》研究的回归

改革开放以后，《汉书》研究向实证主义的方向回归，学者不再执着于班固的阶级属性，而形成了两个研究重点。其一是以《汉书》作为史料，研究汉代历史，兼以辨正班固记载是否可靠，行文是否有特色。在这方面的成果很多，但因其并非专门研究《汉书》的著作，今不论。其二是从史学发展角度，评述《汉书》成就的著作，这方面值得关注的是安作璋（1927—2019）的《班固与〈汉书〉》①和陈其泰的《再建丰碑：班固与〈汉书〉》②。

《班固与〈汉书〉》只有一百多页，从分量上看并不是很重。但是这本出版于1979年的书一改此前批评班固和《汉书》的态度，实事求是地叙述班固的生平，并评介《汉书》的价值。作者从班固的家世写起，交代了他修史的经过，也提到了他生平的几件大事，并没有因为班固的出身而否定他，也未曾摆出一副教训人的口吻批判他，只是客观平实地陈述而已。全书的

---

① 安作璋：《班固与〈汉书〉》，济南：山东人民出版社，1979年。
② 陈其泰：《再建丰碑：班固与〈汉书〉》，北京：生活·读书·新知三联书店，1994年。

精华在于《汉书》评介部分，主要包括"《汉书》的体例及其对前人的继承和发展""《汉书》在史学上的贡献""《汉书》在文学上的地位""《汉书》的封建正统历史观"和"后人对《汉书》的研究"几部分。这样的讨论可以给班固和《汉书》一个恰当的地位，既不过分拔高，也不过分贬低，标志着《汉书》学的研究回到了学术研究的常轨之上了。

《再建丰碑：班固与〈汉书〉》一书也是从班固的际遇讲起，其与《班固与〈汉书〉》的不同之处在于它更侧重叙述《汉书》的特色，比如《汉书》体例的变化、史识的特点和诸志的价值。作者在最后一章也是讨论历代《汉书》学的发展情况，明确《汉书》的历史地位。

这两部书能够做到如实客观地讨论《汉书》相关问题，并给予班固和《汉书》公允的评价，可以被视作学术领域里拨乱反正的实践。

这一时期实证主义《汉书》研究的风气还体现在研究文献的集成工作方面。

20世纪30年代，鉴于学者苦于古人所作补充正史的表、谱、书、志散落在各种丛书里，不便于翻阅研读，开明书店开始整理这一类文献，形成了《二十五史补编》，包含天文、地理、兵刑、食货等方面的材料，且于经籍方面的保存尤为丰富。这份工作在当时就得到了史学家们的认可。[①] 因为《汉书》历来是学人关注的重点，所以这方面的材料也尤为丰富，如宋人钱文子（1148—1220）的《补汉兵志》等书，赖此得以广为人知。

---

① 二十五史刊行委员会编：《二十五史补编》第一册，上海：开明书店，1937年。

当然，《二十五史补编》的编辑者也承认，还有很多纪传的订补与一般的考证，无论是以专著形式存在还是以札记形式呈现，都有待整理。21世纪以后，随着文献整理工作的开展，搜集《汉书》研究成绩并将之集成的工作也取得了成果。值得一提的是国家图书馆出版社出版的《〈汉书〉研究文献辑刊》①，此书便搜集了《二十五史补编》未囊括的《汉书》学成果。如果将此书与《二十五史补编》对读可以发现，此书搜罗明人评点《汉书》的成果甚多，如《汉书汇评》《史汉异同补评》等等，但也收入了清以降考据《汉书》的成果，如清人齐召南的《前汉书考证》、民国周正权的《汉书律历志补注订误》等书，特别是附录部分包括了"1949年以来影印出版《汉书》文献目录"和"1911年以来《汉书》研究论著目录"，给了后人了解民国以后的《汉书》学发展状况以便利。

随着电子检索的普及，学者获取《汉书》学相关信息的途径越来越多元便利，类似的文献集成工作已经不再有进一步的推动了，但是整理出这样一套丛书供人翻览阅读，确实为进一步研究《汉书》、研究《汉书》学史提供了极大便利。

---

① 吴平等编著：《〈汉书〉研究文献辑刊》，北京：国家图书馆出版社，2008年。

史料批判视野下的《汉书》

　　新世纪以后，在中国中古史领域，兴起了史料批判的研究。这种研究范式的直接渊源在日本学界，对于其研究理念，不同学者各有认识，形成了"史料论式的研究""历史书写的研究"等种种表述。如日本学者安部聪一郎认为史料批判就是"以特定的史书、文献，特别是正史的整体为对象，探求其构造、性格、执笔意图，并以此为起点试图进行史料的再解释和历史图像的再构筑"。[①] 中国学者孙正军则认为：与传统史料处理的重点在于确保史料真实可靠，以求真求实为目标相比，史料批判研究并不满足于确保史料真实可靠，而是在此基础上继续追问：史料是怎样形成的？史家为什么要这样书写？史料的性质又是什么？换言之，史料真伪并不重要，重要的是史料为什么会呈现现在的样式。[②] 如此，史料批判研究侧重的是史家撰述历史时所夹杂的意图。

　　徐冲对"历史书写"的理解基于如下假设：人类的社会行

---

① 安部聪一郎：《日本魏晋南北朝史研究的新动向》，《中国中古史研究》编委会编《中国中古史研究》第一卷，北京：中华书局，2011 年。

② 孙正军：《魏晋南北朝史研究中的史料批判研究》，《文史哲》2016 年第 1 期。

为均需要某种意识形态的指引，即必须在某种正当性的名义下完成行动；而"历史"正是其中重要资源之一。狭义的"历史书写"指成形的、可见的史学作品；广义的"历史书写"，可以理解为一种即时性的人类行为，即人们在行动之际无时不刻不在脑中对与自己相关的过去进行理解和形塑，以此获得现实行动的正当性与安全感。进而他指出：近十年来的"历史书写"类的研究，与传统"史学史"的研究脉络几乎毫无渊源，甚至从中可以辨认出某种"反史学史"的模糊面目。追溯起来，"史学史"与现代历史学的成立，本有密切关联。而在以"现代性"为终点的历史叙述之外，中国史学史学科本身更加入了在中国古代史学中寻求现代历史学踪迹的民族主义式基调。古代史家的"作品"与"思想"成为研究重点，而对这些进行评价的标准取决于学者所设定的与现代史学之间的距离远近。或许正缘于此，在 20 世纪 80 年代，中国古代史和中国史学史尚能和谐互补；而到了 21 世纪，在"后现代"的时代氛围下，研究者可以更多地把目光转向"历史"被书写时的具体语境，对于古人的表达本身抱持"同情之理解"，而未必要执着于从中寻找现代史学的影子。[①]

受到这样学术风气的影响，青年学者自觉反思中古时期正史的形成情况，并探究其背后的史料渊源和史家心态，也形成了围绕《汉书》的相关成果。如曲柄睿的《刘向、扬雄对〈汉书〉合传的影响》《〈汉书〉列传编纂研究》，重新思考《汉书》合传与编次列传的原则，提出"官职位次"是班固心中编纂列

---

① 徐冲：《历史书写与中古王权》，《中国史学史研究动态》2016 年第 4 期。

传的首要考虑因素，由此将前人泛论《汉书》因袭《史记》体例的主张细化。① 他的《班彪班固父子的文史互动与时代图景》提出：班彪在两汉动荡之际写下《北征赋》和《王命论》，先后表达了对和平生活以及汉朝复兴的期待。其子班固居忧时又写下《幽通赋》，感叹自己有志难伸的愤懑。班固被人告发私改作国史，经历牢狱之灾后开始在朝廷监督下修撰东汉历史。这项工作完成后，他才获准继续订补其父的《史记后传》。考察《北征赋》《幽通赋》和《汉书》《典引》可知，班彪班固父子的心态有所不同。在前者，兴复汉朝是发乎自觉的追求；而在后者，"宣汉"似乎又掺杂了政治的胁迫。文学与史学的互动勾连起班氏父子的身世浮沉，其实质则是两汉之际历史运转的时代图景。② 文学领域的学者也关注《汉书》的情况，如陈君的一系列论文《〈两都赋〉的创作与东汉前期的政治趋向》③《政治文化视野中〈汉书〉文本的形成》④《知识与权力：关于〈汉书〉文本形成的几个问题》⑤ 采用新的学术观点，以文史结合的方法，推动了《汉书》的相关研究。这样的研究较传统研究视角更为多元，结论也更加开放，是《汉书》学发展的一个新的增长点。

---

① 曲柄睿：《刘向、扬雄对〈汉书〉合传的影响》，《史学理论与史学史学刊》2014 年刊；曲柄睿：《〈汉书〉列传编纂研究》，《学灯》（第二辑），上海：上海古籍出版社，2017 年。

② 曲柄睿：《班彪班固父子的文史互动与时代图景》，《文学评论》2021 年第 2 期。

③ 陈君：《〈两都赋〉的创作与东汉前期的政治趋向》，《文学评论》2010 年第 2 期。

④ 陈君：《政治文化视野中〈汉书〉文本的形成》，《文学遗产》2017 年第 5 期。

⑤ 陈君：《知识与权力：关于〈汉书〉文本形成的几个问题》，《文学评论》2018 年第 3 期。上述论文结集为《润色鸿业：〈汉书〉文本的形成与早期传播》，北京：北京大学出版社，2020 年。

韩日的《汉书》学

　　《汉书》于唐代传入朝鲜和日本，成为两地学习中国文化的媒介，而由文献所体现出的中国学术风气的变化也会传到文献接受国。与中国明朝同时期的朝鲜明宗二十一年（1566），安玮选编、安璋跋文的《汉书传抄》刊行。而后又出现了崔岦编纂的《汉史列传抄》，李德馨抄选、车天辂注疏删定的《史纂抄选》和《史纂全选》等书。18世纪以后，朝鲜还出现了诸如《十九史略谚解》《史记英选》《汉书列传选》等书。① 由此可知，一方面，朝鲜接受《汉书》以抄略为主；另一方面，明代评点《汉书》的风气也被朝鲜所接纳。上述情况说明，朝鲜的《汉书》学以接受和学习为主，这种风气影响到近现代，便体现为《汉书》的译介之学。

　　据学者总结，20世纪60年代至2012年，韩国出版发行的《史记》与《汉书》的韩文翻译本（全译和节译）共有数十种，其中《汉书》与《史记》相比数量较少。1973年，第一部韩文

---

① 诸海星：《韩国〈史记〉〈汉书〉翻译现状的概括与评价》，张西平、孙健主编：《中国古代文化在世界：以20世纪为中心》，郑州：大象出版社，2017年，第99页。

本《汉书》由圆光大学历史系教授洪大杓完成。1997年，洪译《汉书》的列传部分独立成书。同年，成均馆大学汉文系教授安大会翻译出《汉书列传》，目标人群是具有中等以上文化程度的一般读者和大学生，定位是对中国古代历史知识的推广和普及。1995至2009年间，韩国陆续翻译出版了一些专门的学术性文本，如李世烈解译的《汉书·艺文志》、朴基洙译注的《汉书·食货志》、李容远解译的《汉书·地理志》《沟洫志》、金浩东等译注的《汉书·外国传》。① 由此，韩国的《汉书》研究也进入了更为深入的层次，比如诸海星写成《〈汉书·艺文志〉的体例及学术价值》一文，对《汉书》的学术价值进行了更深入的探讨。②

韩国《汉书》学研究的另一个典型特点就是注重《史记》《汉书》的比较。于此，用韩语写成的论文有郑起燉的《〈史记〉与〈两汉书〉的对外观——〈东夷传〉〈朝鲜传〉的检讨》、尹周弼的《"二十六史"所表现的方外人传之展开样态——〈史记〉与〈汉书〉的先例》、洪承铉的《由〈史记·乐书〉与〈汉书·礼乐志〉看汉代制乐的实际状况——兼分析司马迁与班固的制乐观》③；用中文写成的则有朴宰雨的博士论文《〈史记〉〈汉书〉传记文比较研究》，后以"《史记》《汉书》比较研究"为题出版，代表了韩国学者研究《史记》《汉书》的水准。

---

① 诸海星：《韩国〈史记〉〈汉书〉翻译现状的概括与评价》，张西平、孙健主编：《中国古代文化在世界：以20世纪为中心》，第104页。
② 诸海星：《〈汉书·艺文志〉的体例及学术价值》，《天中学刊》1997年第4期。
③ 分别发表于《忠南史学》（国立忠南大学历史系）第2辑、《中国语文学论集》（韩国中国语文学研究会）第11号、《东方学志》（延世大学国学研究院）第140卷。

　　《汉书》在日本的流传情况更为广泛。前文已经提及，唐代
三史已经传到了日本，此后日本天皇、贵族、僧侣都有学习
《汉书》的举动。比如中岩圆月曾描述名僧虎关师练说他阅读广
泛，以至于"旁入老、列、庄、骚、班固、范晔，太史纪传入
三国及南北八代之史，隋唐以降五代，赵宋之纪传"等等无不
精通。① 到了江户时期（1600—1867），伴随日本学者研究秦汉
史的行为，研究《汉书》的著作也不断出现了，包括猪饲敬的
《汉书长历考》、户崎淡园的《汉书解》《后汉书解》、恩田维周
的《汉书考》《汉书质疑》、土冢田大峰的《史汉补解》、松平
定信的《汉书论说》。此后，明治时代的冈本况斋著有《汉书考
文》《续汉书考文》《汉书律历志图志解》《汉书笔记》《汉书注
引用书目》《十八史略答问》《十八史略校本》等书②，表明日
本的《汉书》学研究较韩国更为深入。

　　一方面，日本的《汉书》研究也特别重视翻译；但另一方
面，日本的《汉书》学也能够利用《汉书》考订史事，从事历
史和史学方面的研究。

　　先看《汉书》翻译的著作。全译本的《汉书》主要有小竹
武夫的两个版本，分别出版于1977年和1997年。此外翻译
《汉书》部分篇章的著作有：本田济编译的《汉书〈后汉书〉
〈三国志〉列传选》，铃木由次郎译注的《汉书艺文志》，福岛
吉彦的《汉书》，高木友之助、片山兵卫的《汉书列传》，富谷

---

① 竺仙梵：《天柱集·示中岩首座》，转引自严绍璗：《中国古代文献典籍东传日本
的轨迹——中国文化的世界历史性意义的研讨》，陆坚、王勇主编：《中国典籍
在日本的流传与影响》，杭州：杭州大学出版社，1990年，第19页。
② 杨倩如：《〈汉书〉在东亚的传播与研究》，《中国史研究动态》2010年第1期。

至、吉川忠夫译注的《汉书五行志》，狩野直喜、西肋常记译注的《汉书郊祀志》，永田英正、梅原郁译注的《汉书食货·地理·沟洫志》。

此外，三木克己翻译的《汉书列传选》，收录了江充、戾太子刘据直至汉元后（王政君，前71—13）等西汉中后期以降的人物列传，并附《解说》《班氏年谱》《职官表》《世系表》和《前汉要图》。根据三木克己的《解说》，之所以选择这些人的传记加以翻译，是因为翻译出全部《汉书》列传有些艰难，所以就选取了关系汉代转折意味的人物传记，用以表现汉武帝晚年的动荡政局、霍氏的没落和汉宣帝时代的开始，以及汉元帝以降儒学的堕落和西汉的衰微。作者并非随意选取《汉书》传记翻译，而是孕育了相当的历史思考于其中。这种翻译便会在潜移默化中，给读者带来知识之外的关于历史运动的教育。根据《解说》后面的注释，此书是筑摩书房1970年《世界文学全集》的一部分，如此说来，日本翻译《汉书》的工作也有非常悠久的历史了。

黑羽英男的《汉书食货志译注》以明历三年（1657）和刻本凌稚隆《汉书评林》为底本翻译，包括汉语原文、日语译文和注释三部分。因为这本书翻译并非简单的语言转译，更对其中的名词做出了解释和推敲，所以也能体现出相当的学术性。作者还对比了《汉书评林·食货志》与日本真福寺藏《汉书·食货志》版本的不同，不过这项工作做得并不详细。特别值得一提的是，作者于1972年在本书初版序言中提及中国于1971年恢复了联合国大会席位，促进了国际政治多极化，向着经济开发的征途迈进，将来会让人刮目相看。本着温故知新的态度，作者希望通过本书的研究，为中国将来的发展助力。作为中日友好人士，作者的工作在学术之外又多了一股温馨的气息。

再看研究性质的著作。大木康的《〈史记〉与〈汉书〉：中国文化的晴雨表》并非一部研究专著，而是向读者介绍《史记》和《汉书》的入门性质的著作。但是这本书讨论了两书在正史中的地位、两位作者的生平、两书的流传等等，其中很多见解表现出了作者高超的史学见识。比如作者从阅读史、知识史的角度提到，在属于写本时代的后汉至唐初，《汉书》相较《史记》来说有着压倒性的优势。这种观点无疑具备了《汉书》学的意味。作者也提到了现存日本最古老《汉书》版本的情况。作为上杉景胜家臣的直江兼续，从京都妙心寺僧南化玄兴和尚那里得到了南宋绍熙至庆元年间（1190—1200）刊行的南宋黄善夫刊本《史记》《汉书》《后汉书》三史，直江家断绝后，这些书归米泽藩主亦即直江家的主君上杉家所有，现藏于国立历史民俗博物馆。① 特别是本书的末尾也附有日本《史记》《汉书》研究的相关著作，为后来人了解其大致情况提供了帮助。

还有一些书名中包含《汉书》，但更多的是利用《汉书》作为研究资料的著作，比如能田忠亮和薮内清的《汉书律历志的研究》、中尾万三的《汉书艺文志到本草衍义的本草书目考察》。前者是系统研究汉代历法的著作，所以书内径题为"三统术的研究"。不过本书最后一部分叫作《汉书律历志读书杂记》，是集注古今学者研究《汉书·律历志》的文献，包括具体的运

---

① 更详细的情况可参考大庭脩著，羌国华译：《关于东传汉籍的研究方法与资料》，陆坚、王勇主编：《中国典籍在日本的流传与影响》，第39页。

算方法，是研究汉代历法不可以绕过的著作。后者则是系统考证传世书目文献中本草学记录的著作，汉志仅居其一。

其实日本社会对于《史记》《汉书》等文献的重视更体现在民众的日常阅读方面。郑孝胥任驻日使馆随员时，曾拜访当地友人，发现友人子时年二十五岁，举止打扮模仿华人，且已经学习了《史记》《汉书》和八家文。① 日本民间对中国古代史学名著的接受，足以引发今人的关注。

---

① 郑孝胥：《郑孝胥日记》，光绪十七年十一月廿八日（1891 年 11 月 29 日），北京：中华书局，1993 年，第 253 页。

欧美的《汉书》学

北美地区接受《汉书》的情况落后于日本。作为美国汉学发源地的东方学会，其图书馆在 19 世纪的汉学藏书侧重宗教事务和语言学习，其中汉文书籍中古籍数量不多，且以四书五经和"三百千"为主，并未见到《汉书》。[1] 这反映出 19 世纪书籍入藏时，中国人阅读的侧重。时至今日，美国中国学研究已经取得了丰硕成果，但是单纯针对《汉书》文本的讨论亦非其中主流。[2] 比较而言，欧洲的中国学研究起步更早，成果也更为丰富。下文将欧美视作一个整体，对其《汉书》学的状况略作交代。

中国学者研究西方《汉书》学情况的文章主要有李秀英和温柔新的《〈汉书〉在西方：译介与研究》[3]，此文相对全面地介绍了欧美学术界翻译和利用《汉书》研究历史的情况。不过

---

① 孟庆波：《美国东方学会图书馆的早期汉学藏书（1842—1905）——兼论 19 世纪的美国汉学目录学》，《燕山大学学报》2020 年第 3 期。

② 美国中国学发展史可以参考朱政惠：《美国中国学发展史——以历史学为中心》，上海：中西书局，2014 年。

③ 李秀英、温柔新：《〈汉书〉在西方：译介与研究》，《外语教学与研究》2007 年第 6 期。

文中提到的介绍西方对《汉书》的译介和研究情况的捷克汉学家鲍格洛（Timoteus Pokora）的《班固及近期的〈汉书〉》一文，其实并没有介绍多少西方学者对《汉书》的观点，倒更像是一篇简要介绍《汉书》主旨并讨论其与《史记》区别的文章。[①] 李文中列举了英国汉学家伟烈亚力（A. Wylie）、美国汉学家德效骞（Homer Hasenpflug Dubs）和美国汉学家华兹生（B. Watson）的《汉书》翻译，其中最为著名的应属德效骞的工作。德效骞先后译注了《汉书》帝王本纪和《王莽传》部分，也翻译了《食货志》等内容。[②] 学者认为他的翻译风格严谨，注释和考证都很精当详细，是学术研究型的典范译本。[③]

欧美学者对《汉书》的研究往往从属于具体的历史研究。他们通常是一边翻译《汉书》本文，一边以此作为资料探讨汉代具体历史问题。比如孙念礼（Nancy Lee Swann）的《古代中国的食货：公元25年前中国最早的经济史，〈汉书〉卷24及相关的〈汉书〉卷91和〈史记〉卷129》，翻译了《汉书·食货志》《史记·货殖列传》等内容，也研究了汉朝的经济状况和经济政策。她的另一项重要工作是以班昭作为研究对象撰写了博士论文《班昭：公元1世纪中国最著名的女学者、女作家：其背景、祖先、生平及作品》。荷兰汉学家何四维的《中国在中亚：早期，公元前125至公元23年：〈汉书〉卷61、卷96译注》，也是既翻译《汉书》的《张骞李广利传》和《西域传》，

---

① Timoteus Pokora：*Pan Ku and Recent Translations from the Han Shu*. Journal of the American Oriental Society , Vol. 98, No. 4（Oct. — Dec. , 1978），pp. 451—460.

② Baltimore：The Waverly Press Vol. Ⅰ, 1938；Vol. Ⅱ, 1944, Vol. Ⅲ 1955.

③ 李秀英、温柔新：《〈汉书〉在西方：译介与研究》，《外语教学与研究》2007年第6期。

又讨论汉朝与西域地区交往关系的著作。他的另一篇文章《国父们与被遗忘的人：〈史记〉〈汉书〉侯表的深入考察》，是一篇思考两书侯表设定目的的文章，并翻译了《汉书·高惠高后文功臣表》附于文末。①

除了何四维的研究，也有一些讨论能够深入《汉书》与《史记》文本的差异上来，比如鲁惟一（Michael Loewe）的《班固：抄袭者、创造者、批评者》，既介绍了班固撰述《汉书》的背景，也对比了《汉书》与《史记》不同章节的差异。他认为《汉书》有些篇章显示了班固的创作主动性，比如《刑法志》是《史记》中所没有的。特别是鲁惟一还指出，班固在《汉书》中放入了一些西汉时对皇帝的尖锐批评意见，他怀疑这些内容在暗示班固自己生活的时代。② 韩大伟的《〈汉书〉、手稿证据与〈史记〉的文本批评——以〈匈奴列传〉为例》，从《匈奴列传》入手，反思前人一般认为的《汉书》抄袭《史记》之处，提出三个意见：第一，《汉书》中关于匈奴的记载保留了《史记》原始叙述的一个较早版本，在某些方面这是一个更好的版本；第二，除非有文字学的证据证明，否则一般来说所有平行记载都应以《汉书》版本为准；第三，每一种平行记载都应该独立进行研究，以确定第二种意见的有效性。③ 上述两种观点在此前的中国学者那里是很少见到的，有必要引起中国学者的重视。

---

① *T'oung Pao*, 1989, Second Series, Vol. 75, Livr. 1/3, pp. 43—126.
② *Bulletin of the School of Oriental and African Studies*, University of London, Vol. 78, No. 2（2015）, pp. 333—355.
③ *Chinese Literature*: *Essays, Articles, Reviews*（CLEAR）, Dec., 1999, Vol. 21, pp. 67—97.

　　综上看来，欧美的《汉书》学研究译介和具体问题讨论兼重，并提出了一些有深入见解的结论。本人限于学力，只能关注部分英语发表的成果，至于更多的欧洲语言的《汉书》学成果尚不能一一加以介绍。可以想见，那一定是一座值得深入发掘的宝库，未来的学者必不能轻易忽视。

尾　章
千年回眸与历史展望

　　《汉书》学自东汉迄今，经历了古代长期的繁荣与近代短暂的衰落。在古代的繁荣中，东汉至唐是一个阶段，宋至清又是一个阶段，呈现出不同的发展面貌和特点。近代迄今的衰落又体现了学术发展的必然。回眸《汉书》学的千年历程，繁荣也好，衰落也罢，其背后是时代需求与学风变化的演变与因应。

　　东汉以后，研究与利用《汉书》主要有三个目标，因而显现出三种样貌。

　　第一，为了读懂《汉书》而注释音义，体现为训诂家为《汉书》作注。单个经学家、史学家对《汉书》的注释零散且不便寻求，故而不断有学者整理的集释本出现。这一取径经由东汉以降服虔发轫，至唐代颜师古而作结。东汉至唐，《汉书》学最主要的研究动向就是注释和集释《汉书》。这种情形的出现，与当时经学史学发展的整体情况密不可分。东汉以后古文经学兴盛，这一派的研究侧重于读懂字义，也重视历史。当时，经学和史学并未分化，史学家多数是古文经学家。比如班固本人就有古文经的背景，他撰述的《汉书》，一定程度上有经学和史学的双重意义。后来学者研读《汉书》的做法，就是借鉴了注释经典的做法，所以《汉书》学从一开始，就沾染上了经典训释的印记。经学的注释不断有人整理，形成集释，《汉书》的注释也如此。至唐代，经学有孔颖达的《五经正义》集汉以降经学之大成，颜师古的《汉书注》便是《汉书》学的大成之作。至于搜罗版本、比对异文、考核史事等工作，都可以看作经学影响下的史学之因应。

第二，从《汉书》中学习历史经验而辅助当代政治实践。由于汉代是中国古代少见的强盛王朝，在生活于纷飞战火中的两晋南北朝士人眼里，对外强硬、境内安定的汉代远超三代，更具备政治榜样的意义。因此，汉唐间的政治家和士人，或者从《汉书》中提炼汉代的典章制度，或者搜罗其中的历史经验形成"故事"，为当代的行政提供借鉴。很多帝王爱读或者爱听《汉书》，并将自身与汉朝皇帝比较，设想同样历史情境下自己的举措选择，以与之一竞高下。正因为《汉书》在政治上的重要作用，所以出现了大量节略本。这些可以视作普及读物的作品，成为一般人物学习、了解《汉书》的基本资料。政治上对《汉书》的重视在唐代达到了巅峰，其标志就是"三史科"的设立。《汉书》成为唐代国家考试的参考书，它在政治上作为标准读本的地位也得以最终确立。

第三，仿照《汉书》体例修撰皇朝史。司马迁撰述的《史记》是纪传体通史，它虽然开创了纪传体史书的基本体裁体例，但是并未专述一朝。班氏父子修订了《史记》体例而成《汉书》，专述汉代一朝史事，由此确定了两个史学传统：一个是一朝专有一史，史书完成则表明前朝已经灭亡；另一个是后代为前代修撰历史，表示本朝继承前朝正统。这两个传统为后代官修正史继承。

其意义则有二。第一，史学因其独到的价值，渐从经学中独立出来；第二，史学的政治意涵日益凸显，由此被王朝统治者牢牢掌握。《汉书》以后的各朝正史，或者由官方组织修撰，或者由与官方关系密切的士人修撰，但不变的是蕴含于其中的正统意识。司马迁个人创设的写作模式，经由班固改造，成为王朝共享的史学传统，延续至清代未改。贞观年间建史馆组织学者修撰南北朝的二史八书，标志着官修史学的模式正式确立，达到巅峰。

东汉以降《汉书》学的三个目标及其呈现出的三种面貌，至唐代得到了最充分的发展及总结。三种面貌，可以概括为"史文""史事"和"史例"。宋代以后的《汉书》学，虽然在某些方面有所发扬，比如宋代以降议论汉史笔记的增加，明人评论汉代史事，清代考史家研讨《汉书》体例和其中内容正误，都有值得称道之处，但是其基本精神和具体内容始终没有突破汉唐《汉书》学的"史文""史事"和"史例"三方面，基本是三者的延续。换言之，宋代迄清的《汉书》学研究，研究思路方面没有新的突破，虽然有成绩，但是无创见。甚至可以说，宋以后的《汉书》学基本陷入了自我复制的停滞状态。这时候研究《汉书》的学者和著作虽多，但是其价值远不能和唐以前相比。此期《汉书》学的繁荣，不过是延续学术发展的惯性造成的低质量繁荣。

近代以后，学术范式改易。过去的史学停留在史文的考订、史事的正误、史例的抽绎与法效层面，而近代史学强调以具体问题切入，首先是就某一主题广泛搜求史料，而后则是考辨史料的真伪，最后通过扎实的逻辑论证和流畅的叙事将问题解决。在这样的学术范式中，《汉书》史例失去了吸引力。传统官修正史的最后一部是清代修撰的《明史》，而民国以后修撰的《清史稿》虽然延续纪传体的体例，但是始终未获定稿，故而一直称作"稿"。与此同时，民国以后，关于史书体例的争论虽始终不绝，然纪传体已经遭到学术界的排斥。至于"史文"和"史事"，虽可被列作论文的选题，但是当时学术界的研究对象已大大拓展，很多基础性的问题尚未解决，有关《汉书》的讨论因之遇冷。自近代迄今，《汉书》学的研究呈现出衰落的态势，既不能追迈汉唐，也无法与宋明相比。

更为重要的是，近代中国政治的制度安排及运作逻辑已与汉代迥不相同，两千年前的《汉书》借鉴意义有限，《汉书》在实际政治中作为参考书的功能也大不如前。加之近代社会提倡民主与科学，选拔人才重视实际能力，只靠谈谈古代政治并略加润饰就能身登高位的时代一去不复返了。科举废除，新式学校建立，旧有的考试模式和人才培养模式发生了天翻地覆的变化，《汉书》作为教材和考试范围的地位也不复存在了。凡此都提示今人，《汉书》学的繁荣与衰落并不仅仅是一本书与一个学科的事，而是关乎社会思想变迁的大问题。

从学术范式转换的视角来考察《汉书》学的发展演化，而不是从研究人数和研究成果数量多寡的角度来判断《汉书》学的成就高下，是科学反思学术史的态度。数量方面，由宋至清《汉书》学呈现繁荣之势，而质量上，却并没有值得称道的新见解出现，也甚少解决新的问题。近代至今，研究《汉书》的学者数量无法与古代媲美，学术作品的数量和质量似乎也难以与古代同类型著作相提并论。但是，这并不代表新学术范式下《汉书》的研究没有前途。当代历史学研究经历了实证主义史学、后现代史学、新文化史等风气的影响冲击，呈现出多元发展的趋势。传统的史学史与文献学，也不可固守既有的学术阵地，失去向外发展的勇气。在《汉书》的精神意涵及史学价值等老问题之外，蕴含着《汉书》学的研究的新空间。未来的《汉书》学研究应该在两个领域里继续着力，提出新问题、新思路，采纳新范式。

其一，《汉书》学的研究应从探索、解决具体的历史问题出发。近代以来，历史学研究越来越回避传统史学重视资治的一面，强调为学术而学术，专门解决具体的问题。只从《汉书》采择古代帝王臣僚事迹，简单加以宣说、劝诫，已不是新史学的应有之义。发现具体问题、解决具体问题才是新时代史学的追求。《汉书》首先是记录汉代历史的材料，必须与其他材料如子部和集部文献、出土简牍、传世金石等相互佐证。中国古代史研究的经验提示我们，很多文献上的细致工作，往往是由历史学家在解决具体历史问题时发现的。这些工作也成为推动我们理解文献的坚实基础。因此，未来《汉书》的研究，必须贯彻历史学的问题意识。

其二，史学史家在《汉书》研究中，要保持广博的涉猎，采用贯通的视野。随着史料批判的兴起，学者们意识到不能就一部书而谈一部书，而应该更多地关注成书的环境、作者的心态、撰述的条件、史料的采择等等。这些问题过去虽有学者涉及，但是其完成度仍然有限。对于学者来说，自身视野的贯通、知识面的丰富是最为关键的。倘若一个人的眼光只盯着汉代，不了解后代的情况，不了解国外的情况，那他只能看到《汉书》本身记载的内容，却不能发现这些内容的特异之处。所以并不是好题目都被人研究完了，关键是研究者是否具备想象力。

行文至此，可以说《汉书》学研究的困境，本质上讲是研究者的困境。似乎如果没有可以与班固、颜师古媲美的学者，也不用希图《汉书》学再有辉煌繁荣的图景了。不过对于今日的学者而言，即便无法与班、颜诸人比肩，也可以努力争取达到我们这一时代的高峰。否则，《汉书》学的未来展望，也终究只停留在图纸之上而已。

进而也可以讨论的是，在当今社会，《汉书》作为中华优秀传统文化的代表该如何走入人们的日常生活。较之古代《汉书》广受关注的情形，今日人们对《汉书》的态度，与其说是冷淡，毋宁说是默然。此番情形，固然与学术风气转化有关，不过普通人阅读兴趣的转移，则是更值得被考虑的现象。

观察今日人们对古代文史的接受途径，似乎自基础教育阶段结束之后，便进入随遇而安的状态了。除去教材要求背诵的篇目外，普通读者跟古文书籍之间保持着敬而远之的距离。书店上架的古籍或者部头太大、装帧华美，和礼品店中装点气派的饰品别无二致；或者点校粗糙、译文浅略，供初学者入门尚属不宜，遑论深入了解。电视与网络媒体，本应在弘扬传统文化方面起到正向的引导作用，而当下流行的各种古代剧目重流量而轻剧本、架空历史、借壳生蛋的情况比比皆是。凡此种种，堵塞了人们了解历史的途径，甚至起到误导史观的消极作用。

古籍是否难读？这是一个见仁见智的话题。人们往往有种印象，时代越早，文献越古奥，越难理解；时代晚近的作品，更易为人接受。以我浅见，前四史是古代散文中特为好读易懂的文字。四部史书的撰写者都是当时的大手笔，他们撰述的史书，更是千百年来传承不衰的经典作品。倘若与明清乃至唐宋的名家名篇相比，前四史甚至更为浅明易懂。这里面有语言文字发展的规律，此处不多阐发。只是提示读者，仅仅单纯从文献发展的角度考虑，前四史不仅应读，而且易读。当我们真正翻开书卷，进入司马迁、班固叙述的时间情境中，我们会发现两千年事如在眼前。这正是古人喜爱《史记》《汉书》的根本原因——共情的感受引发了对历史的兴味。

其实，古人往往把《汉书》视作故事书籍，而非现代理解的学术书籍。他们会寻拣出其中的故事，用通俗易懂的语言表达出来，流传于大街小巷。戏剧、话本、小说往往从《汉书》中汲取养料，形成供人娱乐的谈资。今人似乎不再以此为重，导致古籍与历史不能走入寻常百姓家门。越是缺乏接触与了解，大众对经典的态度愈加疏离，经典也越来越被束之高阁。

经典古籍的内涵需要被重新发掘，传播形式更需要重新尝试。《汉书》及其所代表的古代经典文献要想走向大众，离不开对中华优秀传统文化的创造性转化。如何将古代文化瑰宝以恰当的形式呈现在今人面前？如何让今人生发出对古代文化遗产的热爱，并自觉寻求或加以探索？这些问题的答案，需要广大哲学社会科学工作者的共同努力、深入探索。建设民族的、科学的、大众的文化，更需要全社会的共同努力和参与。从《汉书》的学术史说开去，我们对于古代经典的理解，应该更上一层楼。

后　记

这是我完成的第二本书。

2018 年的元旦，学院张越老师问我是否愿意承担起《汉书学术史》的写作工作。那时候，我的博士论文出版尚无着落，博士后出站报告也刚刚完成，下一步的研究方向是什么，我心里也没谱。总听人说，博士论文后的第二本书特别重要，代表着成熟的学术思考。我没什么思考，只是不好意思拒绝张老师的厚意，就应承下此事。

于是他马上推荐我和李振宏老师联系。其实，我已经在《史学月刊》发表过两篇文章了，却从没和主编李老师联系过。正因为如此，我总和熟悉的朋友传达《史学月刊》审稿正规的信息，鼓动他们去投稿。这时候，谁会拒绝和主编结识呢？自从认识李老师以后，我的投稿再也没被《史学月刊》接受过，这更加印证了我对这份刊物的评价。后来我匆匆去了济南，参加了写作动员会，但领了任务的我很快把自己在会上的豪言壮语忘了。

到正式动笔已经是 2019 年底。因为我隐约记起和出版社签订的合同是 2020 年出版第一批学术史系列的十本书，2021 年出版第二批的十本书。纵然我一贯懒散，可掐指算来，拖到 2021 年第二批出版，我也应该在 2020 年写完初稿。逢年过节，李振宏老师就在编写组群里问候大家，顺带提示进度要抓紧了。其他老师都摩拳擦掌，纷纷表示进展顺利，而我就发几个表情包祝大家节日快乐。

2020 年是疫情最严重的时候，我也在那时才相对认真地投入写作。魏晋以前，我还算熟悉，写得就流畅；隋唐以后，不是我主场，写得就迟钝。在这里我必须感谢那些前贤学者，有些是师友，有些从未谋面，我一边学习他们的著作，一边按他们的提示查找史料。先生们的名字都已经在文中的注释里出现了，不过我还是要特别提到余欣、江学旺、倪小勇、范宇焜、杨倩如诸位老师，没有他们的论著，我的很多叙述无从谈起。

现在完成的这本名为《汉书学术史》的书，写作初衷就是方便普通读者了解《汉书》学的沿革史，既没有高深的论断，也没有博杂的史料。而且据我所知，一些师友正在致力于撰写研究意味更浓的《汉书学史》，如果有希望在这个领域里作更深入探索的读者，正可拭目以待。

但我也有些不成熟的见解供读者朋友们一笑。《汉书》的创作分前后两段，由班彪的自由创作到班固的被监督完成，背后是学术和政治间的紧张状态。《汉书》学的发展大致也分前后两段，唐代以前侧重明训诂、考史实、习典制等，唐代的颜师古注是上述工作的集大成；宋代以后，《汉书》学仍旧延续唐以前的路子，后继乏力。《汉书》学发展的两个阶段反映出学术自身发展的周期性衰变规律。《汉书》本身不像《史记》那样有性格，《汉书》学也并不是当代的学术热点，认识到这个现实，是理解《汉书》和《汉书》学的前提。

　　虽然我本人花了很多精力阅读和研究《汉书》，但我认为，承认《汉书》学正处在颓势没什么大不了。梳理学术史的工作未必就能指明未来研究的方向，但是可以看清来时的路径，进而帮助人们明白什么样的题目可以不必再做了。这未尝不是一件好事。

　　比较起鼓吹古人的伟大、成果的丰硕、见解的高明，不如坦陈他们的研究也有低水平重复，有些研究也没那么大的学术价值。班固就是班固，颜师古就是颜师古，王先谦就是王先谦，被后学小辈品评几句，说对了，无损他们日月之明；讲错了，也犯不着大张旗鼓挞伐。同样，不停地赞美他们，也不能增加他们的光辉，反而有攀附骥尾的嫌疑。毕竟，《汉书》就是《汉书》，一本书写出来快两千年都还有人读，本身不就说明了很多吗？

　　再进一步说，学术史或思想史的研究，不能不关注大的学术发展脉络，可也不能仅限于此。主流的意见、精英的态度，都要考虑在内。但是那些旁支斜径，潜流的走向、大众的喜好，在我写作的时候反复出现在脑海里。这些声音提示我，现在完成的《汉书学术史》，很大程度上仍是传统的士人阅读、接受、利用《汉书》的历史，其中缺乏的是《汉书》走下庙堂、走进民间的历史。如果有这样的历史，那应该是什么形式的，在多大范围内得以呈现的呢？

　　所以未来，如果还可以在《汉书》的园地中耕耘，我计划多读一些传统士大夫不读的书，搜罗些其他社会阶层了解《汉书》的历史情况。倘若还有可能，我想去探索历史知识如何在民间被传播和接受。我越来越感觉到，真正深入江湖之远的事，远非处在庙堂之高可以做到。

2021 年 10 月 9 日
2021 年 10 月 12 日修订
2022 年 4 月 18 日再订